Como esquecer

Um romance emocionante de

ROSE ELIZABETH MELLO

Rotular pessoas e situações com base em ideias preconceituosas é o caminho mais curto para decisões e ações equivocadas. Saber conduzir a própria vida sem as amarras sociais e culturais, por meio da compreensão da magnitude da existência, é um aprendizado que conduz ao equilíbrio interior e, como consequência, a uma vida mais plena e feliz.

Rose Elizabeth Mello

Prólogo

"Onde foi que minha vida se perdeu...? Em que momento abandonei a mim mesma...?", divagava Beatriz, enquanto seu olhar reflexivo se detinha nas inúmeras gotas da fria chuva de inverno, que pareciam pequenos brilhantes adornando sua janela.

"Me perdi? Será que em algum momento no passado eu me encontrei? Será possível que a gente se encontre na juventude?

Ah! Meus dezessete anos... Eu queria tanto dirigir, adorava os carros... Bem, na verdade, só comecei a gostar quando me interessei por aquele rapaz que era nosso vizinho. Como era mesmo o nome dele? Hélio! Ele e o irmão estavam sempre recebendo amigos para falarem sobre carros, e eu decidi aprender tudo o que podia para, quem sabe, impressioná-lo com meus conhecimentos em uma das raras oportunidades que tínhamos de conversar.

Na verdade, eu não gostava de carros, mas sim do Hélio. E meu interesse se foi, assim como o interesse por Hélio, no dia em que ele partiu em seu luxuoso automóvel, acompanhado de uma versão mal acabada de Carole Lombard. Não, não estou sendo justa... Ela era um 'broto', incomodamente bela, mas Hélio definitivamente não era nenhum Clark Gable.

E Hélio se foi, sem deixar rastros nem vestígios e deixando pais desconsolados: os dele e os da Carole Lombard do Rio de Janeiro.

Hoje, eu não gosto de carros. Estão cada dia mais rápidos, fazem uma imensa algazarra nas ruas, e os rapazotes passam como balas de fuzil chispando perto dos pedestres. Às vezes, penso em que tipo de arma esses veículos podem um dia se transformar em mãos irresponsáveis e por isso continuo preferindo o bonde, que me leva com tranquilidade aos lugares que preciso.

E gosto das amizades que fiz nos trajetos lentos e agradáveis.

Casei-me tão cedo, tão apaixonada por Antônio... Mas não me lembro do que eu gostava aos dezoito anos, além de acompanhar rigorosamente os exemplares da revista *Fon-Fon* como faço ainda hoje... Eu queria tanto ter sido jornalista..."

Capítulo 1

Beatriz.

Quarenta e oito anos, um casamento bem-sucedido com Antônio, e dois filhos caminhando pela complexa vida adulta.

Henrique, aos vinte e cinco anos, era engenheiro como o pai, e Ana Raquel, aos vinte e três, era professora formada pelo Instituto de Educação, um sonho acalentado ao longo de sua jovem existência. Ambos ainda moravam no lar em que nasceram, mas Henrique já começava a traçar um voo solo rumo a horizontes norte-americanos, onde tencionava aprimorar seus estudos em um mestrado na Princeton University, em Nova Jersey. Como excelente e dedicado estudante que sempre fora, ele conquistara com sucesso a primeira etapa de concessão de bolsas de estudos da universidade. Determinado, sabia que era só questão de tempo para atingir seu objetivo e receber a aceitação final.

Já Ana Raquel possuía ambições bem menos arrojadas. Desejava uma vida tranquila, um bom marido, como sua mãe conquistara, e uma situação estável, que lhe permitisse criar seus dois filhos, como assim planejava, com muito amor e segurança.

E os sonhos de Beatriz? Sim, ela os tivera em algum momento, e até fora incentivada pelo pai a seguir a carreira de jornalista. Mas, como um rio diante das comportas fechadas, teve seu desejo represado por sua mãe, que apenas conseguia antever o casamento da filha com um rapaz de boa família e com uma situação financeira sólida. E não era de bom-tom uma moça de família ser jornalista. E ponto final.

A mãe de Beatriz faleceu de um mal súbito, e especulou-se uma falência do coração nunca comprovada. Ela não viu o primeiro neto nascer, mas se foi em paz porque a filha realizara seu desejo ao se casar com Antônio. O pai de Beatriz encontrou-se com a esposa apenas um ano depois de sua partida, e a causa de sua morte, essa todos sabiam, foi o mal de amor. Não conseguiria e não tinha por que continuar vivendo sem aquela que foi a razão de sua existência.

Beatriz amava o amor dos pais e acreditava que seria sempre assim, com todos os amores.

Uma leve batida na porta interrompeu o afetuoso amanhecer do casal:

— Entre, Neusa — falou Beatriz, enquanto retribuía o beijo hortelã dado por Antônio, que voltava ao banheiro para terminar de se arrumar:

— Bom dia, dona Beatriz. O menino do escritório do patrão deixou aqui esse envelope dizendo que era importante.

— Ah! Deve ser a passagem de avião. Pode deixar aí na cômoda, por favor, Neusa.

— Vixe! Seu Antônio vai viajar de novo?

Suspirando enquanto penteava os cabelos, Beatriz lamentou:

— Pois é, Neusa, mais uma viagem para Porto Alegre. Mas não devo me queixar. As responsabilidades de meu marido cresceram com sua promoção para gerente, e eu estou muito orgulhosa de seu progresso.

— É verdade, patroa. Depois que conseguiu esse cargo, seu Antônio está muito feliz e, se me permite o atrevimento, ele está até mais bonito! — concluiu com um sorriso brejeiro.

Sentando-se na cama, Beatriz sentiu o coração transbordar:

— Você apenas falou a verdade, Neusa. Não se acanhe por seu comentário. Todos os dias, agradeço a Deus pela vida que tenho. Um marido esforçado e dedicado e filhos lindos e de bom caráter já encaminhados na vida. E é verdade! Antônio está cada dia mais lindo. A idade está fazendo muito bem a ele.

— Mas também à senhora. Ninguém diz que já tem filhos adultos e que está perto dos cinquenta anos. E seu Antônio, com mais de cinquenta, de jeito nenhum aparenta a idade que tem.

Levantando-se repentinamente, Beatriz tentou dar termo a conversa, enquanto se olhava no espelho buscando o reflexo das amáveis palavras de Neusa:

— Bem, vamos voltar aos nossos afazeres?

— Como devo preparar o almoço?

— Acho que apenas eu e Ana Raquel almoçaremos em casa. Henrique terá um dia atarefado no trabalho, e Antônio passará na empresa agora pela manhã e seguirá depois para o aeroporto.

— A senhora conhece Porto Alegre? Tenho muita vontade de conhecer o sul do Brasil. Vejo fotos nas revistas. Dizem que parece com aquele país, a Europa.

— Conheço sim. Passamos umas férias viajando pelo Sul, que é lindo. Mas Europa não é um país, Neusa, e sim um continente.

— Que besteira eu falei! Desculpe. Por isso, assim que der, quero voltar a estudar para poder trazer minha família para viver aqui na capital federal. Isso sim é vida! Mas já passei da idade de estudar, não vejo futuro.

— O estudo é o caminho fundamental para que qualquer pessoa possa ter meios de conquistar uma vida digna em sociedade. Mas não diga isso, Neusa. Os governantes estão atentos a esse problema da educação para adultos, e tenho confiança de que em breve você terá como voltar a estudar. Tudo o que queremos é um país com oportunidades para todos e estamos no caminho certo.

— Deus lhe ouça, senhora.

Antônio apareceu:

— Não pude deixar de ouvir a conversa. Fique tranquila, Neusa. Beatriz está certa e também acredito que em breve você terá meios de realizar seus desejos. O mundo está mudando, e a consciência dos governantes também. A Segunda Guerra foi terrível, mas algo de positivo temos que tirar de tanto sofrimento.

— É verdade, querido. Minha família sentiu muito de perto o horror da guerra.

— Foi mesmo, dona Beatriz? — indagou Neusa curiosa.

Com entonação pesarosa, ela respondeu:

— O filho de minha prima, um jovem de apenas dezenove anos, era militar do exército e havia partido para o Nordeste no navio Baependi, que acabou sendo torpedeado por um submarino alemão. Foi uma tragédia. Foram mais de duzentos mortos só nesse navio.

Neusa levou as mãos em cruz ao peito:

— Minha Nossa Senhora, que tristeza! O homem não pode estar em seu juízo perfeito quando faz uma guerra... Pra quê isso, meu Deus?! Já me assombro com qualquer briguinha que vejo, envolvendo alguém que quer ter mais razão que o outro! Imagine, então, uma guerra! Sou ignorante, mas acho que tenho mais bom senso que muita gente letrada por aí.

Abraçando a esposa, Antônio finalizou:

— É a ganância pelo poder, Neusa, e o fanatismo religioso, ideológico ou de qualquer outro tipo. Tudo isso cega a humanidade, mas tenho certeza de que o ser humano aprendeu a lição com essa guerra pavorosa. Daqui para frente, o objetivo de todos será o progresso e o bem-estar da humanidade — sorriu entusiasmado. — Bem, a conversa está muito agradável, mas agora preciso realmente ir.

Neusa pediu licença e saiu. Beatriz acariciou os cabelos do marido:

— Meu bem, tenho tanto orgulho de você, de sua sabedoria e de sua boa alma... Eu o amo muito.

Com ternura, Antônio beijou os lábios de Beatriz:

— Adoraria que pudéssemos ficar mais um pouco aqui namorando — disse sedutoramente. — Em dois dias, estarei de volta e a quero só para mim.

Beatriz iniciou sua vida de casada ocupando-se apenas dos afazeres domésticos. Depois, vieram os filhos, que trouxeram com eles a convicção de que sua missão era cuidar de sua família, tarefa que sempre executou com louvor.

Em algum momento um tanto impreciso, no entanto, ela percebeu que os filhos já caminhavam sozinhos, fazendo suas escolhas e tomando algumas decisões sozinhos.

O marido estava cada vez mais envolvido com o trabalho, Neusa cuidava da casa com muito zelo, e ela, Beatriz, entrou em um processo lento e quase imperceptível de estranheza sobre si mesma.

Um leve desconforto passou a acompanhá-la diariamente, quando ela se perdia em um tédio aparentemente injustificado. Beatriz buscava resgatar atribuições exercidas ao longo da vida, mas que já não requisitavam sua atenção e tampouco seu acompanhamento.

Antes que a melancolia a assaltasse, Beatriz buscou uma atividade fora de casa para elevar sua autoestima, resgatando, assim, o sentimento de necessidade por sua presença. E foi assim que ela ingressou como voluntária na Santa Casa de Misericórdia do Rio de Janeiro. Seu trabalho parecia simples e quase invisível, limitando-se a confortar os necessitados à espera de atendimento e, posteriormente, visitar as enfermarias repletas de pacientes bastante debilitados, para levar até eles sua assistência, que muitas vezes não precisava ser traduzida em palavras.

A princípio, Beatriz agendava sua ida à Santa Casa uma vez por semana, mas se envolveu de tal forma com aquela atividade, que alterou sua rotina para três vezes na semana, pelos períodos da manhã e tarde.

Ela almoçava nesses dias em restaurantes próximos e foi em um deles que conheceu Leonor, enfermeira do mesmo hospital, cinco anos mais jovem que ela, casada e sem filhos.

As duas já haviam se cruzado algumas vezes pelos corredores aflitos, mas foi nesse almoço que iniciaram uma amizade que se fortaleceu ao longo dos anos, gerando uma verdadeira irmandade entre elas.

Capítulo 2

O telefone tocou, quando Beatriz atravessava a sala de visitas, após se despedir de Ana Raquel. A jovem acabara de sair para a escola onde lecionava:

— Bem, então? Antônio já viajou? — perguntou Leonor curiosa.

Beatriz respondeu com desânimo:

— Saiu pela manhã e só retornará daqui a dois dias.

— Perfeito!

— Não imagina como sinto falta dele, enquanto você comemora a ausência de meu marido — disse Beatriz simulando estar zangada.

Com a vivacidade que lhe era peculiar, Leonor fez-se de desentendida:

— Deixe de bobagens! Não estou comemorando nada. Apenas fico feliz em poder lhe convidar para programas que eu sei que aprecia. E sejamos francas que, nesse ponto, Antônio nunca lhe foi boa companhia.

— Não fale assim, Leonor. Meu marido sempre é boa companhia.

— Sim, concordo, mas definitivamente ele só gosta de fazer os programas que interessam a ele. Quantas vezes a levou ao cinema? Ao teatro?

Desconcertada, Beatriz tentou justificar:

— Eu já lhe falei que, quando me casei, sabia exatamente como Antônio era. Ele não aprecia as artes, está sempre voltado para seus livros técnicos, e isso é seu verdadeiro prazer. Não posso cobrar sua companhia agora para me acompanhar a lugares que o deixam entediado e impaciente. Não seria justo.

— É por isso que aproveito a ausência dele para convidá-la, já que temos o mesmo gosto. Essa semana, estreou um filme com Oscarito e Grande Otelo chamado *Aviso aos Navegantes*. Está em cartaz no Metro Copacabana. Não podemos perder! Podíamos ir hoje à sessão do final da tarde. O que acha?

— Eugênio irá também? Sabe o quanto acho constrangedor ficar segurando vela.

Com uma gargalhada vivaz, Leonor não se conteve:

— Beatriz, ninguém segura vela para um casal junto há dez anos! Que bobagem! Mas ele não irá. Esqueceu-se de que hoje é a noite que ele vai ao Jockey Club com os amigos?

— Acho isso deveras estranho!

— O que há de estranho no Jockey Club? É um excelente ambiente.

— Não, não é o local que é estranho, Leonor, e, sim, um casal fazer programas separados. Eu saio algumas vezes com você, mas apenas quando Antônio viaja. Estando aqui, só saímos juntos.

— Beatriz, minha querida, eu e Eugênio somos um casal moderno, que vive as mudanças do tempo. Você é bem informada e sabe como ficou o mundo no pós-guerra.

Novas ideias e expectativas, abertura em todos os campos, fim dos racionamentos... Temos que aproveitar e seguir essa marcha da modernidade.

— Eu concordo, mas existem certas tradições que devem ser seguidas, e você sabe o que acontece com mulheres muito soltas por aí...

Novamente às gargalhadas, Leonor respondeu:

— O que acontece? Podem arrumar um amante?

— Não diga uma coisa dessas nem de brincadeira! Esse é o tipo de assunto que jamais deveria entrar em nossas conversas! Você não se emenda, Leonor! Mas quanto a ficarem malfaladas... Você sabe que isso acontece e é muito triste, quanto mais para uma senhora casada.

— Deixe de bobagens. Vamos ou não ao cinema? Diga que sim.

Refletindo por alguns segundos, Beatriz concordou:

— Está bem, vou com você. Já li sobre esse filme e sei que Anselmo Duarte está no elenco. Ele é um "pão"!

— Esse tipo de comentário sobre o Anselmo Duarte também não deveria fazer parte das conversas de duas senhoras casadas, Beatriz! — divertiu-se Leonor, antes que terminassem a ligação confirmando de se encontrarem à porta do cinema.

Após o filme, as amigas decidiram encerrar o passeio com um lanche na Confeitaria Colombo.

Impelida por um comentário feito por Leonor ao telefone e que aguçou sua curiosidade, Beatriz indagou enquanto comiam:

— Hoje você expressou uma opinião que me deixou desconcertada. Você seria capaz de ter um amante? — concluiu com olhar culposo, como se houvesse acabado de blasfemar.

Sem nenhum sinal de estranheza ante a pergunta de Beatriz, Leonor levou calmamente o fino guardanapo de linho aos lábios dizendo em seguida:

— Você não deve me levar tão a sério em algumas ocasiões, Beatriz. Sabe que possuo um incorrigível senso de humor.

— Teria ou não coragem, Leonor? — insistiu Beatriz, testando a veracidade da resposta da amiga.

— Não, Beatriz, eu jamais teria um amante, por razões tão diversas que seria cansativo enumerá-las agora. E você... teria? — Leonor rebateu provocativa.

— Que pergunta mais descabida!

— Por quê? Você me perguntou a mesma coisa, e não me ofendi.

— Não foi minha intenção ofendê-la. Apenas sabemos que você tem uma maneira de enxergar a vida bem menos convencional que a minha. E respondendo à sua pergunta, eu também jamais trairia meu marido. Assumimos um compromisso perante o altar, a Deus e a sociedade e confirmamos esse compromisso com nossos filhos. E tanto para mim como para Antônio, isso é sagrado.

— Você nunca me pareceu ser religiosa praticante.

— Posso não frequentar a igreja e seus rituais, mas me casei em uma cerimônia religiosa e respeito isso.

— Engana-se quem pensa que, pelo fato de fugir um pouco dos padrões estabelecidos, meu casamento seja um compromisso menos valoroso. Sei do amor que existe entre nós. Casamos de livre e espontânea vontade, portanto, não existe espaço nem motivos para traições em minha vida.

— E quando Eugênio sai com os amigos, você não desconfia de que ele possa traí-la? Você sabe... existem muitas mulheres sem decoro e prontas para agarrar o primeiro bom partido que lhes aparece na frente.

— Beatriz, querida, essas mulheres são extremamente descartáveis e volúveis. Se um alvo mais interessante e vantajoso aparecer, é lá que irão mirar sua artilharia. Nenhum homem sensato vai correr o risco de se envolver seriamente com uma mulher assim. Elas não oferecem perigo real. Uma noite ou duas... quem pode saber.

— Mas você então acredita que Eugênio já possa ter se envolvido com alguém dessa maneira?

— Jamais ele me deu motivos para desconfiar de nada, mas também não procuro vestígios de alguma evidência. E alguma vez você já desconfiou de Antônio?

— De maneira alguma. Nunca conheci um homem que viva tanto para o trabalho e para a família. Por isso, também nunca me passou pela cabeça algo semelhante. Já você... não entendo como admite essa possibilidade e permanece tão tranquila.

— Não é bem uma questão de tranquilidade, Beatriz. Tenho consciência de que não tenho um temperamento fácil e dócil e que sou muito controladora. Se algum dia eu desconfiar de Eugênio, não terei mais paz e ele, menos ainda. Não quero transformar minha vida em um inferno, então, prefiro não ficar especulando sobre essa possibilidade, embora não seja tola. E se um dia eu descobrir que ele de fato está envolvido com alguém, pode ter certeza de que colocarei as malas dele na sarjeta sem pestanejar.

Sentindo a voz ratear como um motor à beira da ruína irreversível, Beatriz disse com dificuldade:

— Que loucura! Você não pode nem pensar numa coisa dessas! Você se tornaria uma desquitada!

Segurando com firmeza a mão de Beatriz, Leonor respondeu com uma expressão determinada de quem jamais se intimidou diante das dificuldades:

— Tive que enfrentar muito preconceito e falta de apoio quando decidi ser enfermeira e trabalhar, Beatriz. Meus pais me colocaram para fora de casa, porque não aceitavam que eu quisesse minha independência financeira — o olhar de Leonor perdeu-se em um passado que ela raramente buscava se lembrar. — Naquela época, eu não pensava em me casar. Só queria ter uma profissão e meu próprio dinheiro. Morei em um quarto alugado, tive que suportar olhares atravessados, que denunciavam ideias pouco amistosas sobre mim, e a desconfiança de muitas pessoas em relação aos meus propósitos e objetivos. Nunca era convidada para festas, porque era considerada uma ameaça às moças que zelavam como feras por seus namorados. Se um dia tiver que me tornar uma mulher desquitada, saberei enfrentar a situação com a mesma altivez e obstinação que me levaram às minhas atuais conquistas.

Passando a mão levemente pela testa, Beatriz deu fim ao assunto:

— Essa conversa me deixou com dor de cabeça. Acho melhor voltarmos para casa. Já está tarde, e meus filhos com certeza já devem ter jantado. Não quero chegar depois que eles tiverem se recolhido.

Soltando um profundo suspiro, Leonor retomou seu ar leve e aprazível:

— É verdade, já nos divertimos bastante por hoje com Oscarito e Grande Otelo, e esse assunto de agora não faz sentido! Afinal, somos duas mulheres felizes e bem-casadas e nada do que falamos diz respeito às nossas vidas, não é mesmo?

Quando Beatriz entrou em casa e viu os filhos sentados na sala de estar, esqueceu-se imediatamente da conversa que tivera com Leonor. Para ela, os momentos que passava em família eram os mais preciosos de sua vida, quando se sentia em paz.

Ela cumprimentou Henrique e Ana Raquel beijando--os com carinho e pediu que eles a esperassem tomar um banho, para conversarem depois como de costume. Todos mantinham uma relação bastante íntima, não havendo segredos entre eles, e a harmonia era predominante na convivência familiar.

Quando retornou à sala, Henrique logo disse entusiasmado:

— Mãe, veja o que recebi hoje — estendeu a mão entregando a Beatriz um pequeno papel, sob o olhar atento e brilhante da irmã.

— Um telegrama? Boas notícias?

— Ainda não são definitivas, mas a universidade disse que toda a documentação que enviei está correta e que em breve devo receber a carta de confirmação de minha bolsa de estudos em Princeton.

Desdobrando a mensagem cuidadosamente, Beatriz leu seu conteúdo sem qualquer dificuldade em compreender as palavras em inglês. Todos na casa falavam o idioma, consequência da grande influência norte-americana na cultura brasileira desde o período da Segunda Guerra e que se intensificou no início da década de cinquenta.

Com um sorriso emocionado, voltou-se ao filho:

— Parabéns, querido! Você merece todo o sucesso do mundo. Essa vitória é apenas o resultado de sua dedicação e perseverança. Parabéns! — repetiu, enquanto se aproximava para envolver Henrique em um caloroso abraço.

Ao se afastarem, o rapaz percebeu que a mãe procurava ocultar os olhos marejados. Carinhosamente, ele a tomou pela mão:

— Dona Beatriz, por que está chorando? Não está feliz?

Ana Raquel aproximou-se e, enquanto acariciava os cabelos da mãe, disse:

— Claro que ela está feliz, Henrique, mas já até sei o que está sentindo. O coração de nossa mãe está apertado por ter que deixar o filho partir... Não é isso, mamãe?

— Mãe, não fique assim. Passarei apenas um ou dois anos por lá. Depois, voltarei para consolidar minha carreira aqui e contribuir para o desenvolvimento não só do Rio de Janeiro, mas de várias cidades.

— Ana Raquel, você sempre consegue ler o que se passa em minha alma... — disse Beatriz com um afetuoso sorriso. — Sempre soube que esse dia chegaria, meu filho, mas me afastar de você... — e lançou um olhar para a filha —, ou melhor, de vocês, é algo que ainda terei que aprender a administrar. Não consigo sequer imaginar chegar em casa e não o ter aqui para nossas conversas no fim do dia.

Comovido com o sentimento de Beatriz, Henrique procurou dizer algo que aliviasse a tristeza da mãe:

— Eu lhe enviarei muitas cartas. A senhora sempre saberá de tudo e poderá acompanhar meu cotidiano como faz aqui. Espero também receber muitas cartas suas, minha irmã — concluiu diante da afirmação de Ana Raquel de que assim o faria.

— Eu sei, meu filho! Não se preocupe comigo. Foi apenas um momento de emoção que já está sob controle. Eu e seu pai educamos vocês para serem boas pessoas, seguras e independentes — sorriu, enquanto enviava uma piscadela aos dois. — E vocês se saíram muito bem e sabem que são motivo de muito orgulho para nós.

— Se nos tornamos pessoas bem equilibradas e felizes, é porque você e papai fizeram um excelente trabalho. Devemos tudo aos dois — disse Ana Raquel, expressando toda sua sincera gratidão e amor.

— Mas vocês fizeram a parte que lhes cabia, utilizando o que ensinamos desde os primeiros passos, para buscarem o caminho do bem e de importantes descobertas. E hoje somos assim: uma família tranquila e feliz — concluiu Beatriz.

— Quando papai volta? Poderíamos ligar para ele e dar a notícia em primeira mão. O que acha? — questionou Henrique ansioso.

— Não sei, a essa hora... — analisou Beatriz, enquanto conferia na parede o relógio de carrilhão herdado de seu pai. — Bem, vamos tentar. Se ele não teve nenhum jantar de negócios, já deve estar no hotel.

— No Majestic como sempre?

— Sim, ele não fica em outro hotel. Sabe como seu pai é conservador em seus hábitos.

— Deixe que peço a ligação — prontificou-se Ana Raquel.

Enquanto aguardavam o retorno da telefonista, continuaram conversando:

— E como foi seu dia, Ana Raquel? Correu tudo bem? — interessou-se em saber Beatriz.

— Foi tudo muito bem, mas tivemos poucas aulas. Nos reunimos no auditório para a posse do novo diretor.

— Que bom. E que tal lhe parece? Você dizia que a antiga diretora não era bem-vista pelo corpo docente.

— De fato, ela possui ideias herméticas quanto ao progresso e a novos métodos na educação. Já o professor Rubens, apesar de sua retórica rebuscada, aparenta ser um homem com o olhar voltado para o futuro e muito receptivo às novas pesquisas, e isso é fundamental.

— Me parece ser um senhor simpático, então.

— Sim, é, mas é bastante jovem para o cargo que ocupa. Deve ser apenas alguns anos mais velho que eu. Talvez esteja na casa dos trinta.

Henrique fez seu aparte:

— Precisamos muito de pessoas assim no Brasil. De pessoas inovadoras e determinadas a investir seu tempo e seus esforços na formação de crianças e jovens. Somente a educação é capaz de construir um país rico e desenvolvido. Tenho muito respeito por sua profissão, minha irmã.

Antes que Ana Raquel pudesse responder, o telefone tocou, e Henrique prontamente atendeu à ligação:

— Pois não, obrigado — e alguns segundos depois:

— Olá, papai. Como está? O senhor não imagina a novidade maravilhosa que tenho para lhe contar.

Após uma breve conversa com o pai, em que Henrique expôs o conteúdo do telegrama recebido, Antônio pediu para falar com a esposa:

— E, então, querida, que felicidade a aprovação de nosso filho, não?! Gostaria muito de estar com vocês para comemorarmos juntos.

— Seria ótimo, mas, como não é possível, providenciarei um jantar especial no dia em que você chegar e faremos um brinde adequado ao momento.

Com uma sutil pigarreada, Antônio respondeu:

— Pois bem, querida, foi uma imensa coincidência vocês terem me telefonado pouco antes de eu pedir uma ligação para casa — finalizou, deixando Beatriz curiosa. — Não poderei voltar depois de amanhã como previsto.

Procurando dissimular a decepção, ela respondeu:

— Que pena, querido. Algum problema no trabalho?

— Não exatamente. Tivemos que adiar a entrega de um material para a obra, e terei de estar aqui para verificar o recebimento. Mas, em quatro dias, tudo estará resolvido, e prometo-lhe que nada me impedirá de voltar para casa — concluiu Antônio.

— Tem mais alguma viagem agendada para este mês?

— Não, de jeito nenhum. Em pouco mais de uma semana, começa a Copa do Mundo, e, como você mesma sabe, o país vai parar.

— É mesmo, eu nem me lembrava da Copa. Não sei para que tanto entusiasmo coletivo por algo tão fútil. Agora mesmo, estávamos conversando sobre a escola de Ana Raquel e a preocupação com a educação dos jovens. Existe tanta coisa mais importante para a sociedade se ocupar em vez de futebol.

— Bem, então é isso. Só poderei estar de volta no final da semana.

— Compreendo... paciência. Terei que suportar mais um pouco a saudade.

— Você ainda parece aquela jovem sonhadora por quem me apaixonei há trinta anos. E continua encantadora.

— E não importa a passagem dos anos, você sempre será o homem da minha vida.

Capítulo 3

Na manhã seguinte, aproveitando que Ana Raquel não teria aulas para dar, Beatriz convidou a filha para irem à mercearia do seu Juca para comprar alguns itens para o jantar que seria realizado quando Antônio voltasse.

Caminhar pelas ruas arborizadas e tranquilas do Grajaú, bairro onde morou a vida toda, era um dos pequenos prazeres de Beatriz. Ela conhecia os moradores da região, e suas caminhadas sempre superavam o tempo previsto, porque Beatriz era requisitada a fazer várias paradas no percurso para cumprimentar seus vizinhos, que invariavelmente puxavam um dedo de prosa com ela. Beatriz era muito querida por todos, pela sua simpatia e simplicidade.

A casa em que moravam era herança recebida de seus pais, e Beatriz ficou radiante quando Antônio não se opôs a construírem sua vida no local. Ele apenas pediu que fossem feitas algumas reformas ao longo dos anos. O resultado foi um belo e aconchegante sobrado em tom pastel, com um jardim que Beatriz cuidava com constância e carinho e com muito espaço para que todos vivessem confortavelmente.

Enquanto prosseguiam de braços dados, Beatriz olhou encantada a natureza que as rodeava. Ela disse:

— Em breve, seu irmão irá para os Estados Unidos conviver com outra cultura, uma experiência que certamente será maravilhosa. Mas sabe, minha filha, quando eu respiro o ar de nosso bairro, penso que jamais conseguiria ser feliz fora daqui.

— Eu amo o Rio de Janeiro, mamãe, e também não tenho a menor intenção de me mudar para outro lugar, embora eu saiba que existem lugares espetaculares no Brasil e no mundo.

— É verdade, mas tudo aqui me remete ao aconchego. Tudo é familiar, como se fosse meu porto seguro. Lembro-me de minha avó dizendo que o melhor lugar do mundo para se viver é onde nos sentimos felizes. E eu sou imensamente feliz aqui.

— Sabe, mamãe, às vezes fico preocupada em gerar muitas expectativas para meu futuro.

— Como assim, minha filha?

— É que observo você e papai e vejo a imensa felicidade que sentem quando estão juntos. É tão nítido que nasceram um para o outro. Eu, então, imagino se terei a felicidade de encontrar alguém com quem possa viver essa plenitude de amor que vocês vivem.

— Sabe que eu pensava assim também? Já contei várias vezes para vocês que meu pai morreu de amor. Eu olhava para ele e para minha mãe e sonhava em ter uma vida como a deles. Exatamente como você faz agora. Então, conheci seu pai, e o restante da história você conhece bem.

Com um sorriso terno, Ana Raquel respondeu:

— Acho que é uma questão de sorte, e eu desejo do fundo do coração que ela seja genética.

Rindo, Beatriz respondeu:

— Talvez a sorte tenha sua participação, mas acredito que atraímos para nós aquilo que se afina com nossa alma. Que tipo de homem se interessaria por mim? Que tipo de homem poderia despertar em meu coração tamanho amor, como o que sinto por seu pai?

— Claro! Você quer dizer que só poderia ser alguém que tivesse dentro de si os mesmos sentimentos.

— Ou, no mínimo, alguém que se sentisse atraído por essas características. E você sabe que seu pai também aprecia uma vida tranquila ao lado da família, não gosta de sair com amigos para farrear... — e franziu o cenho: — E não é chegado a festas.

— É verdade. Papai vive para o trabalho e para nós. Lembro-me tão bem das brincadeiras que ele fazia comigo e com Henrique quando éramos pequenos. Ele sempre foi muito carinhoso e presente em nossas vidas.

— Então, querida, não ocupe sua cabecinha com esse tipo de preocupação. Não baseie sua felicidade na vida alheia. O que é felicidade para uns pode não ser para outros. Você é uma pessoa maravilhosa e doce. Logo encontrará seu grande amor.

— Já estou com vinte e três anos... — respondeu fazendo uma careta.

Com um grande sorriso, Beatriz deu um leve tapinha na mão da filha, que repousava em seu braço:

— Ah! De fato você já está com idade avançada, e isso é uma grande preocupação.

— Mas a senhora se casou aos dezoito.

— Outros tempos, querida... outros tempos. Nesse ponto, devo concordar com Leonor. Ela sempre diz que a mulher de hoje é mais independente, dinâmica. Ela nem sequer acredita que o desquite seja um verdadeiro problema na vida de uma mulher. Veja só.

— Conheço bem o temperamento e a visão de vida de sua amiga. Até a considero sensata em alguns pontos, mas meu temperamento se afina mais com o seu. E se demorar muito para aparecer meu príncipe encantado, vou acabar ficando para titia.

Estacando e olhando fixamente com muito amor para Ana Raquel, Beatriz abriu seu coração:

— Não se apresse, meu bem. O amor sempre vem ao nosso encontro, quando estamos de fato prontas. Aproveite esse tempo para se aprimorar em sua profissão, cuide de você, e, na hora certa, a vida ajeitará tudo.

Naquela noite, todos se recolheram mais cedo na casa da família de Antônio.

Recostada em uma poltrona em seu quarto, à meia-luz, Beatriz lembrava-se da conversa que tivera pela manhã com a filha, enquanto fragmentos das palavras de Leonor invadiam seus pensamentos.

Ela sempre procurou orientar os filhos da melhor maneira possível, baseada em suas experiências e na educação que recebera. Em alguns momentos, no entanto, Beatriz sentia que, apesar de ser uma mulher madura, não sabia tudo e não tinha fórmulas prontas e eficientes para muitos problemas da vida. Havia tentado tranquilizar Ana Raquel, mas ela mesma já se questionara sobre isso em seu íntimo. A filha era uma moça bonita, inteligente e fazia boa presença onde estivesse. Por que será que não despertara ainda o interesse de algum bom rapaz que a quisesse desposar? No fundo, Beatriz preocupava-se com o futuro da filha, mas jamais deixaria transparecer sua insegurança.

Na verdade, ela não queria que Ana Raquel se tornasse, com o tempo, alguém com pensamentos revolucionários como Leonor. Só, então, Beatriz se deu conta do quanto ainda era conservadora.

Ela, no entanto, sentia-se muito bem sendo daquela forma. E, afastando a preocupação de sua mente, pegou o exemplar da revista *Fon-Fon* que repousava em seu colo e retomou a leitura, confiante de que a vida realmente agiria do modo certo e em seu devido tempo para que a filha tivesse um futuro tranquilo e feliz.

Os dias que se seguiram foram de expectativa pela chegada de Antônio. Beatriz estava acostumada com as constantes viagens a trabalho do marido, mas, desta vez, haveria um jantar especial para homenagear o sucesso de Henrique, cujos preparativos lhe estavam tomando bastante tempo.

Neusa procurava atenuar o trabalho da patroa, mas Beatriz queria cuidar de todos os detalhes. Apesar de ser uma ocasião restrita à família, ela procurou organizar tudo com um toque de requinte e certa formalidade.

Quando Antônio chegou, trazia um belo buquê de flores para Beatriz, que foi cuidadosamente arrumado em um arranjo que enfeitou o centro da mesa de jantar. Para Ana Raquel, ele trouxe uma caixa de chocolates artesanais, que sabia serem os preferidos da filha. E não se esqueceu de presentear Henrique com uma sofisticada caneta, para que fosse usada em seus primeiros dias em Princeton. Neusa também foi lembrada. Ele sempre procurava trazer para ela algum *souvenir*, que a deixava encantada e feliz, pois ela sentia que, assim, podia viajar o mundo sem sair do lugar. Dessa vez, Neusa foi presenteada com uma pequena imagem do famoso Laçador gaúcho. Ela olhava com curiosidade a vestimenta típica campeira daquela figura tão máscula, para, em seguida, decidir que só se casaria no dia em que encontrasse um gaúcho bonito como aquele.

O jantar foi perfeito e alegre. E depois que os filhos foram deitar-se, Antônio pegou uma garrafa de vinho, duas taças, e convidou Beatriz para se sentarem no jardim.

Uma magnífica lua cheia os recepcionou. Antônio não poupou elogios a Beatriz:

— Que noite maravilhosa você proporcionou a todos nós, querida.

— A felicidade de vocês é a minha felicidade. Que bom que tenha gostado. E todos se encantaram com o que você nos trouxe. Sempre é tão amável com Neusa e jamais se esquece de trazer algum mimo para todos nós.

Com um sorriso, Antônio respondeu:

— Gosto de ver a expressão atenta de Neusa e sua vontade de aprender sobre cada lugar. E ela faz isso com tão pouco. Pouco, mas que possui a capacidade de fazê-la sonhar. Eu a admiro muito. Mesmo com pouco estudo, ela se interessa em aprender, está sempre buscando informações sobre o que não conhece e é esforçada.

— É verdade. Neusa tem muito cuidado com cada objeto, deixando-os expostos em seu quarto com tanto gosto. Existem muitas maneiras de despertar um sorriso em alguém, sem que sejam necessários atos dispendiosos. A grandeza está na atitude, e esse é seu valor.

— Por falar em presentes, quero que saia comigo amanhã pela manhã.

Surpresa, Beatriz disse:

— Mas você não vai ao escritório?

— Já avisei que tinha um compromisso e chegaria apenas perto da hora do almoço.

— Mas aonde vamos?

— Amanhã você saberá. Acho que consegue segurar sua curiosidade por uma noite? — Antônio respondeu com um ar enigmático.

— Você falou em presentes... agora em surpresa... Ah! Não sei se conseguirei dormir desse jeito!

Tocando delicadamente o rosto de Beatriz, Antônio apenas falou:

— Então, que tal irmos nos deitar? Acho que posso ajudá-la a relaxar e adormecer mais tranquila. O que acha? — concluiu com um olhar arrebatador.

Sem conseguir se expressar, Beatriz apenas o fitou apaixonadamente, enquanto ele a tomava pela mão. Ambos, então, seguiram abraçados como namorados em direção ao quarto.

Nem todo o esplendor do sol daquela manhã magnífica seria capaz de ofuscar o brilho de Beatriz diante da vitrine da Casa Sloper.

Ainda surpresa, ela articulou sua pergunta quase sussurrando:

— Querido, o que você tem em mente? Essa é uma das casas mais renomadas da cidade. Tudo aqui é maravilhoso, mas os preços são nas alturas.

— Meu bem, nada tem valor maior do que meu amor por você. E quero lhe dar um presente inesquecível, como você merece.

— Mas...

— Nem adianta argumentar! Vamos entrar e, se você ficar em dúvida sobre o que escolher, eu o farei e sem discussões — Antônio concluiu com um sorriso.

Não foi necessário que ele opinasse. Em menos de meia hora, Beatriz já havia se encantado com um belo vestido de saia rodada, listrado nas cores salmão e branco e que acentuava lindamente sua cintura fina. Ela chegou a se emocionar ante o semblante embevecido do marido.

Já na saída da loja, Beatriz estacou diante de um deslumbrante *manteau* cor de marfim.

Vendo a reação da esposa, Antônio logo sugeriu com um sorriso:

— Acho que devemos voltar.

— De jeito nenhum — respondeu perplexa Beatriz. — Veja aqui o preço disso. Jamais o deixaria ter essa despesa comigo.

Antônio mediu a peça de alto a baixo:

— Realmente, é muito elegante e perfeito para uma mulher especial e deslumbrante.

Enquanto um leve rubor se apossou de seu rosto, Beatriz pegou a mão do marido:

— Agradeço o elogio, mas vamos embora, antes que você cometa mais alguma loucura.

Ainda estavam rindo, quando chegaram à calçada e foram surpreendidos por uma brusca mudança no tempo. Enquanto estavam distraídos no interior da loja, uma chuva fina avançara e uma camada cinza chumbo encobrira o lindo azul celeste de momentos antes.

Antônio envolvia Beatriz em seus braços, procurando aquecê-la e protegê-la da chuva, quando ela disse:

— Como esfriou! Acho melhor voltar para casa de ônibus. Se a chuva aumentar, o bonde aberto ficará muito vulnerável, e não pretendo chegar em casa ensopada. Você vai direto para o escritório, não é?

— Sim, preciso ir, embora preferisse acompanhá-la até nossa casa. Mas claro que não a deixarei ir de ônibus. Venha! Logo ali há um ponto de táxi — percebendo que Beatriz tencionava detê-lo, Antônio adiantou-se: — Querida, sei que lutamos muito para alcançarmos nossa estabilidade financeira, mas, agora, você precisa se acostumar com nossa nova vida. Desde minha promoção na empresa, não temos que ser mais tão cuidadosos e restritos em nossas despesas.

— Eu sei, querido, mas, mesmo assim, sabe que sou avessa a gastos desnecessários.

— Como desnecessário? Proporcionar o melhor a você é primordial. Agora, venha! É melhor que se adiante.

Despediram-se com um beijo quase furtivo, enquanto Beatriz entrava no táxi e exigia que Antônio procurasse um lugar para se abrigar da chuva, recomendação que ele ignorou. Ele permaneceu em pé até o carro se afastar e acenou para Beatriz.

Assim que o táxi se perdeu em meio ao trânsito, Antônio retomou o caminho percorrido há pouco com a esposa e cruzou novamente o portão da Casa Sloper.

Capítulo 4

Como fora previsto, a Copa do Mundo parou o país. Beatriz evitava sair em dias de jogos no Rio de Janeiro, e Antônio, embora continuasse indo como de costume ao escritório, acabava chegando mais cedo em casa por não compartilhar com os colegas de trabalho o gosto pelo futebol e pelos encontros regados à cerveja nos bares após as partidas.

Até que finalmente chegou a grande final do campeonato: Brasil x Uruguai no Maracanã.

A família de Antônio mostrava-se indiferente ao evento, mas era impossível manter-se distanciado da algazarra por toda a cidade. E, para surpresa de Beatriz, ele lhe comunicou que iria dessa vez ao estádio:

— Isso realmente é necessário? — ela indagou, preocupada com a tarefa maçante que o marido enfrentaria.

— Por mais desagradável que seja, não posso declinar do convite. Vou acompanhar clientes importantes da nossa empresa, que vieram ao Rio de Janeiro apenas para esse jogo. É lastimável que eles imaginem ser uma grande gentileza, me proporcionando um lugar no camarote.

Com descaso, Beatriz falou:

— Mal sabem o quanto você detesta esse tipo de programa. Mas lhe sou solidária, você me conhece. Gostaria que eu o acompanhasse? Faço qualquer sacrifício para não deixar você suportar essa situação sozinho — finalizou com um sorriso.

Tomando um ar grave, Antônio respondeu:

— Eu jamais iria submetê-la a esse desconforto e a um ambiente barulhento e confuso como esse que enfrentarei. Além do mais, querida, acho que dessa vez não poderei evitar acompanhá-los após o jogo na comemoração.

— Ainda mais essa! Chego a estar sinceramente penalizada com sua situação. Chegará tarde?

— Não quero estipular um horário para não preocupar você, caso me atrase.

— De fato, após a vitória, imagino que o povo ficará descontrolado. E ainda tem o risco de ser interceptado por torcedores embriagados.

— Mas fique tranquila que tomarei meus cuidados. E nossos filhos? Não gostaria de vê-los pela rua hoje.

— Pois pode aplacar suas preocupações. Ana Raquel está em seu quarto lendo e nem toma conhecimento do jogo. E Henrique acabou aceitando o convite de um amigo e vai dormir na casa dele. Só retornará amanhã, quando tudo estiver mais calmo.

No horário previsto, Antônio despediu-se de Beatriz e rumou ao encontro com os clientes. Beatriz havia dado folga a Neusa, então foi até a cozinha e serviu-se de um chá de cidreira, buscando em seguida a quietude de seu quarto.

Algum tempo depois, já era possível ouvir os gritos dos torcedores, o som dos apitos e das cornetas e os intermináveis fogos de artifício. Mas nem todo o ruído foi capaz de tirar a atenção de Beatriz do livro *Espumas Flutuantes*, de Castro Alves, que ela tinha em mãos. O último grande poeta da terceira geração do Romantismo, que sabia expressar tão bem a indignação em relação aos graves problemas sociais daquele tempo e que também foi um poeta do amor, a acompanhava desde sua adolescência e era um de seus preferidos.

Tão entretida estava na leitura, Beatriz nem sequer percebeu o tempo passar e assustou-se apenas quando os gritos e fogos se tornaram quase ensurdecedores, o que a fez deduzir que a seleção brasileira havia feito um gol.

Algum tempo depois, no entanto, Beatriz percebeu que o silêncio imperava. Um silêncio como não se lembrava ter observado em toda a sua vida. Estranhando o fato, ela fechou o livro e olhou para o relógio de louça em cima da cômoda, com seu tic-tac incessante e mais perceptível que nunca. Já se aproximava o final da tarde e, a essa altura, imaginou que o jogo tivesse terminado ou estivesse prestes a isso.

Tudo estava tão absurdamente quieto que Beatriz era capaz de ouvir sua própria respiração. Lentamente, ela saiu do quarto, deu alguns passos no corredor e entreabriu com cuidado a porta do aposento de Ana Raquel apenas o suficiente para verificar que a filha dormia alheia a tudo.

Beatriz desceu as escadas cautelosamente, certificando-se de não pisar em falso devido à penumbra do entardecer.

Chegando à sala de visitas, deteve-se próxima ao sofá. Ela aguçou o quanto pôde sua audição, mas não havia um único ruído de pessoas, carros ou do que fosse.

Deu alguns passos e ligou, receosa, o rádio bem baixinho, evitando afrontar tamanha calmaria. E então, o inesperado: o time do Uruguai era o novo campeão mundial de futebol.

Para Beatriz não fazia realmente nenhuma diferença, mas, ainda assim, desligou o rádio e foi até o jardim. Ela aproximou-se do portão e olhou em volta. Não havia ninguém lá. As casas da vizinhança estavam fechadas, e a maior parte das luzes, apagadas. O vento fazia tremular as centenas de bandeirolas que enfeitavam alegremente as ruas, revelando-as fadadas ao abandono e esquecimento, retorcidas na dor compartilhada de toda uma nação.

Estarrecida, Beatriz pensou: "É inacreditável!".

O telefone a despertou abruptamente daquele marasmo, e ela correu de volta para a sala pensando em Antônio. Tanta quietude também a deixara preocupada:

— Alô. Antônio? Está tudo bem?

— Sim, querida, mas não posso dizer o mesmo em relação à maioria da população. Se lhe contar você não vai acreditar. O Brasil perdeu o jogo.

— Sim, eu sei. Acabei de ouvir no rádio.

— Inacreditável, Beatriz. Para todos os lugares que eu olhava, as pessoas choravam desesperadamente como crianças. Quando estávamos saindo do estádio, me senti acompanhando o maior cortejo fúnebre que já existiu. Nunca imaginei presenciar algo assim.

— É seguro seu retorno para casa?

— Creio que não haverá problemas, mas devo chegar mais tarde.

— Como assim? Certamente não haverá nenhuma comemoração.

— É fato. Mas meus clientes querem ir a um restaurante para jantarmos. Eles, sim, estão muito irritados com esse desfecho e fazem questão de minha companhia. Acham que assim será mais divertido e mais fácil esquecer o que chamam de desastre total. Veja só.

Mesmo contrariada, Beatriz sabia que precisava mais uma vez apoiar o marido:

— Bem, fazer o quê? São pessoas importantes para seu trabalho. Você deve ir.

— Não me espere. Sabe como são essas coisas.

Após um breve momento de silêncio, ela respondeu:

— Vou retomar minha leitura. Se conseguir me manter acordada e você não chegar muito tarde, nos veremos ainda hoje.

Quando Antônio retornou para casa, a madrugada já ia alta, e Beatriz dormia profundamente.

A ressaca causada pela derrota da seleção permaneceu anuviando o alegre espírito brasileiro por quase uma semana, mas, aos poucos, todos retomaram suas atividades e voltaram a atenção para a eleição presidencial, que ocorreria no dia três de outubro daquele mesmo ano. Faltavam apenas pouco mais de dois meses, mas era tempo suficiente para memórias voláteis mudarem seu foco.

Durante todo o campeonato mundial, um hiato havia se formado na vida de quase todos os trabalhadores e, sob essa alegação, Antônio estava trabalhando mais e seus horários passaram de hábitos precisos à inconstância diária.

Muitas vezes, Beatriz e os filhos adiavam a hora do jantar na esperança de poderem compartilhar da companhia de Antônio, mas tudo em vão. Ele geralmente chegava tarde da noite, muito cansado e ansiando por umas horas de sono restaurador, o que já estava deixando a esposa receosa pela saúde do marido. E esse foi seu assunto durante um almoço com Leonor:

— Estou bastante preocupada com Antônio, Leonor. Ele não é mais um menino e precisa se cuidar. Tem trabalhado muito, e receio que caia de cama a qualquer momento, vencido pelo estresse.

— Se for apenas isso, menos mal, querida. Na idade dele os infartos são muito comuns. E os derrames igualmente — respondeu Leonor com naturalidade.

Chocada e com os olhos esbugalhados, Beatriz respondeu:

— Ah! Muito obrigada. Suas palavras foram bastante tranquilizadoras. Tenho estado ansiosa com a saúde de Antônio, a viagem de Henrique, os cuidados com Ana Raquel, e você agora conseguiu aumentar minha preocupação.

Rindo sem graça pela gafe cometida, Leonor procurou desfazer seu erro:

— Desculpe, Beatriz, não foi minha intenção. Ambas convivemos com a vida e a morte diariamente naquele hospital, e jamais pensei que fosse se impressionar com minhas palavras. Foi apenas um alerta de que talvez você deva ter uma conversa mais séria com ele, fazendo-o ver que nada no mundo vale mais do que a saúde. Se a temos, podemos conquistar todo o resto.

— Antônio sempre foi metódico e precavido, faz exames anuais desde seus quarenta e cinco anos, mas também é um profissional extremamente responsável. Sendo assim, se a empresa necessitar de sua atenção extra, certamente ele não irá se furtar de cumprir com suas obrigações. Sinto muito orgulho por ele ser assim, mas também desejaria que Antônio fosse um pouco mais descontraído em alguns momentos.

— Acho que você poderia fazer uma tentativa. Tente conversar com ele esta noite.

— Acredita que pouco temos nos visto? Ele tem chegado muito tarde quase todos os dias, e geralmente já estou dormindo. Parece que os tais clientes de Porto Alegre estão aqui novamente e promovem reuniões sem fim.

— Que tal conversar com ele no café da manhã? Sempre é possível criar uma ocasião adequada, quando ela não se apresenta por si só — finalizou estalando os dedos para enfatizar sua ideia. — Agora tenho que voltar ao trabalho. Você vem comigo?

— Não, acho que não voltarei ao hospital agora à tarde. Você acabou de me dar uma ideia.

— Vai ao escritório de Antônio? Não sei se...

— Claro que não! Jamais estive na empresa. Antônio é muito rigoroso em seu ponto de vista de que trabalho e vida pessoal jamais devem se misturar, e concordo inteiramente com ele.

Oscilando entre um resquício de inveja e profunda admiração, Leonor disse:

— Você e Antônio foram mesmo feitos um para o outro. A afinidade entre vocês é perfeita. Você o ama muito...

Com olhos reluzentes e palavras banhadas em mel, Beatriz declarou-se:

— Eu o amo tanto, que chego a pensar que pode me faltar o ar que respiro. Não conseguiria viver sem meu marido.

Franzindo o cenho, Leonor deu três batidinhas na mesa com a mão fechada enquanto argumentava:

— Por favor, Beatriz, sem excessos. Acho realmente lindo o amor entre vocês, mas que não pareça um folhetim, pois muitas vezes eles não têm finais felizes. Mas, afinal, que ideia dei a você?

— Vou caminhar um pouco pelo centro da cidade, olhar as vitrines e desanuviar a cabeça. E passarei na Rua do Ouvidor. Quem sabe não compro algo para Antônio na Casa Masson para retribuir o vestido que ele me deu e aproveito para falar sobre sua saúde.

— Adequado. Ele ficará feliz com o presente, e isso o deixará mais disposto a atender seus pedidos.

— Que horror! Não é minha intenção subornar meu marido — Beatriz divertiu-se rindo.

— Pode não ser sua intenção, mas, se surtir bom efeito, que seja — Leonor gracejou em resposta.

Beatriz caminhava distraída olhando as vitrines, quando uma presença indecisa chamou sua atenção. Parada no meio da Rua do Ouvidor, uma moça parecia não conseguir se decidir sobre qual caminho seguir. Beatriz talvez tivesse, como a multidão de pedestres, passado sem percebê-la senão por um detalhe: aquela moça estava vestindo o *manteau* que a encantara na Casa Sloper.

Beatriz ateve-se por alguns instantes apenas observando-a, mas, ao constatar que de fato a jovem parecia perdida, aproximou-se:

— Olá, boa tarde. Parece que precisa de ajuda.

Quando a estranha se virou, Beatriz percebeu que a desconhecida não era tão jovem. Devia estar na casa dos trinta anos. Os cabelos louros e os olhos azuis camuflavam de alguma maneira o rosto comum e não muito bonito. Era magra e pouco mais alta que Beatriz, mas a elegância do vestuário a fazia parecer ainda mais alta e bela. Um tanto constrangida, a mulher respondeu:

— Muito obrigada. De fato, estou em apuros. Tenho um encontro com hora marcada e me esqueci do pequeno mapa que me foi dado em cima da cama do hotel. Agora não consigo me lembrar que direção devo tomar.

— Se me der alguma indicação para onde vai, posso tentar ajudá-la.

— Meu encontro está marcado na Praça XV. Sabe onde fica?

Sorrindo, Beatriz respondeu:

— Você está com sorte. Estamos muito próximas de seu destino. Basta seguir aqui pela Rua do Ouvidor até a

Rua Primeiro de Março. Chegando lá, vire à direita e, pouco mais à frente, verá a Praça XV.

— Que boa notícia. Estou quase em cima do horário marcado.

— Pode aproveitar a caminhada e conhecer o entorno. Você é do Sul?

— Sim, de Garibaldi. Vim para assistir àquele fatídico jogo e, para não perder totalmente a viagem, aproveitei para conhecer melhor a cidade por uns dias.

— Você não imagina quantos de seus conterrâneos estiveram aqui por causa dessa Copa — brincou Beatriz — Quer que eu a acompanhe? Sente-se segura para ir sozinha?

— Sim, fique tranquila. É melhor que eu não apareça acompanhada — respondeu com um sorriso embaraçado. — É um encontro romântico.

— Então, o Rio de Janeiro ainda lhe rendeu um novo amor, que aquecerá mais suas lembranças de minha linda cidade.

— É verdade que levarei as melhores lembranças, mas não é exatamente um novo amor. Já namoramos há algum tempo.

— De qualquer forma, encontros românticos são sempre lindos.

A moça olhou seu relógio de pulso:

— Nossa! Preciso ir. E, mais uma vez, muito obrigada por sua gentileza. Adeus.

Beatriz a olhava se afastar, enquanto pensava: "Que pena. Deveria ter deixado Antônio me dar aquele *manteau.* É realmente maravilhoso".

Capítulo 5

Uma animada conversa orquestrou o jantar naquela noite. Antônio surpreendera a família chegando mais cedo, e todos puderam, enfim, usufruir daquele bom momento tão escasso nos últimos tempos.

Após a sobremesa, Beatriz voltou-se para os filhos:

— Meus queridos, hoje não estenderemos nossa agradável reunião. Gostaria de me recolher mais cedo com o pai de vocês — concluiu, sendo observada por Antônio com curiosidade. — Gostaria de conversar com você, meu querido. Me acompanha?

O casal despediu-se e subiu para o quarto. Assim que fecharam a porta, Antônio questionou-a com um semblante desconfiado:

— Algum motivo especial para esta conversa?

Beatriz nada respondeu. Foi até sua mesinha ao lado da cama, pegou uma pequena caixa envolta em um elegante papel e a entregou ao marido, que, em silêncio, abriu o presente. Quando o ouro reluzente do relógio de pulso saltou aos olhos de Antônio, ele não se conteve:

— Minha querida! Que espetáculo de relógio! Mas por quê isso? Será que esqueci alguma data especial? — perguntou embaraçado.

— Não, meu amor. É apenas uma pequena retribuição pelo lindo vestido que você me deu — respondeu Beatriz com ternura.

Imediatamente, Antônio colocou o relógio, abraçando e beijando a esposa em seguida:

— Você não precisava retribuir o presente que lhe dei. A maior retribuição é vê-la feliz. Já falei disso mais de uma vez.

— Então aceite que isso me fez feliz. Mas eu gostaria de falar com você sobre algo que tem me preocupado muito — Beatriz lembrou-se das palavras de Leonor sobre subornar Antônio, o que a fez rir intimamente.

— O que está acontecendo?

— Ando muito apreensiva com sua saúde. Você tem trabalhado demais, sempre chega tarde em casa e deve estar se alimentando mal na rua. Não somos mais tão jovens, Antônio, e eu gostaria que você diminuísse seu ritmo de afazeres.

Acariciando o rosto de Beatriz, ele respondeu aliviado:

— Então é isso! Seu amor me fortalece e me abastece de toda a energia de que necessito.

Franzindo o cenho, Beatriz retrucou:

— Não brinque, estou falando sério. Tenho receio de que você caia de cama com uma estafa.

— Isso não vai acontecer. Já fiz meus exames esse ano e estou ótimo. Mas, para aliviar sua tensão, trago-lhe boas notícias — os olhos de Beatriz brilharam. — Até o final do próximo mês, não terei nenhuma viagem marcada e meus horários voltarão a ser como antes. Virei jantar em casa todas as noites.

Beatriz não se conteve e enlaçou o marido em um entusiástico abraço:

— Essas sim são boas-novas!

— Um presente, boas notícias... Acho que temos muito a comemorar! — sorriu Antônio, levando-a gentilmente para a cama, onde se amaram com a serena maturidade.

Ainda não eram dez horas da noite, quando o casal aconchegado e adormecido se sobressaltou com batidas nervosas à porta:

— Papai, mamãe, podemos entrar? — perguntou ansiosa Ana Raquel acompanhada de Henrique.

Beatriz levantou-se indo em direção ao seu robe de chambre, deixado displicentemente sobre uma cadeira, enquanto Antônio se sentava na cama recompondo o pijama e os cabelos mal-ajeitados.

Quando Beatriz abriu a porta, os filhos se precipitaram nervosos, e Henrique tomou a palavra:

— Aconteceu uma coisa horrível! Desculpe entrarmos assim, mas estamos muito chocados.

— Meu Deus! O que houve? — perguntou Beatriz assustada.

Ana Raquel prosseguiu com a voz entrecortada:

— Um acidente pavoroso com um avião! Parece que não há sobreviventes. Ouvimos no rádio.

Beatriz levou a mão à boca, estarrecida, e Antônio sobriamente perguntou:

— Realmente uma tragédia. Mas vocês não deviam se deixar impressionar. Fiquem calmos. Onde ocorreu o acidente?

— Foi aqui, papai! — respondeu Henrique aflito. — Um voo da Panair, que saiu daqui do Rio de Janeiro em direção ao Rio Grande do Sul. Parece que o Constellation entrou com tudo em um morro. Não sobrou nada.

Nesse momento, Antônio ficou lívido.

Os filhos e Beatriz discutiam as notícias, mas Antônio permanecia sentado na cama sem conseguir articular uma palavra. Beatriz, então, o despertou:

— Querido, vamos à sala ouvir o noticiário.

Para assombro de todos, Antônio levantou-se abruptamente e caminhou desorientado e nervoso pelo quarto, buscando alguma roupa que pudesse vestir.

— Antônio, o que houve? Vai sair? — perguntou Beatriz confusa.

— Preciso sair! — limitou-se a responder o marido, terminando de abotoar uma camisa.

— Mas vai sair para onde uma hora dessas? O que está acontecendo?

Inesperadamente, Antônio estacou no meio do quarto, alertado pela consciência de que teria que manter a calma:

— Desculpe, querida. Me perdoe, mas fiquei muito abalado com esse acidente.

Henrique e Ana Raquel saíram discretamente em direção à sala, e Beatriz, ainda aturdida, argumentou:

— Sim, entendo. Estamos todos abalados, mas sua reação...

Olhando para a mulher com olhos aflitos, ele apenas disse:

— Alguns colegas do escritório estavam indo para Porto Alegre hoje. Eles cuidariam, nesta fase atual, do projeto que temos lá. Por essa razão, eu teria mais tempo livre e faria menos viagens.

Beatriz o encarou estupefata.

— Você entendeu o que eu lhe disse? Meus companheiros de trabalho... estão todos mortos!

Muito aflita, Beatriz tentou confortar o marido:

— Mas o que você pode fazer? Para onde vai? Você precisa se acalmar primeiro.

— Não quero me acalmar! — respondeu rispidamente, assustando Beatriz. — Não sei aonde vou... Talvez para a empresa... ou para o aeroporto...

— Quer que eu o acompanhe? — perguntou Beatriz vacilante.

— Não! Fique aqui para o caso de divulgarem novas notícias.

— Mas você está em condições de dirigir?

Fitando a esposa com frieza inesperada, Antônio falou devagar e pausadamente:

— Me deixe em paz! — Antônio saiu em seguida e passou pelos filhos na sala, sem lhes dar nenhuma explicação.

Estática e tentando conter as lágrimas, Beatriz ainda ficou alguns instantes no quarto e com as últimas palavras do marido, que se fixaram em sua garganta, como se pudessem sufocá-la.

Antônio decidiu seguir direto para o aeroporto.

Com muito custo, ele conseguia manter o olhar atento ao caminho, embora sentisse suas mãos trêmulas e o coração descompassado. Sem controlar os pensamentos vertiginosos que lhe invadiam a mente, em alguns momentos teve receio de não ter estabilidade emocional para prosseguir. Mas manteve-se firme e, com o trânsito livre àquela hora da noite, logo avistou o estacionamento do aeroporto, onde parou o carro de qualquer maneira e desembarcou apressado rumo ao saguão.

Como ele imaginara, já havia uma multidão de jornalistas, parentes e amigos das vítimas querendo encontrar algum indício de que tudo fora um lamentável engano.

O cenário com o qual se deparou só aumentou sua angústia. Ninguém se entendia em meio ao choro convulsivo, o silêncio inconformado e a alguns gritos descontrolados, impulsionados pelo desespero e pela dor.

Antônio buscava encontrar um funcionário da companhia aérea, sem saber ao certo se queria, de fato, obter a confirmação de que não havia nada a fazer, a não ser se preparar para o pior.

Foi então que, pela primeira vez em sua vida, Antônio acreditou em milagres. Seu olhar se deteve em alguém que, com os nervos à flor da pele, tentava furar o bloqueio da imprensa para sair o quanto antes daquele triste e pesado ambiente. Ele apressou o passo e aproximou-se expressando sua incredulidade e seu alívio:

— Deus seja louvado!

Henrique e Ana Raquel já haviam se recolhido há muito tempo. Beatriz permanecia sentada na sala, tendo apenas como companhia o silêncio da madrugada.

Não conseguia compreender por que Antônio fora tão grosseiro com ela. Entretanto, por outro lado, conseguia imaginar sua aflição diante da morte dos colegas de trabalho. Ela preocupava-se com o adiantado da hora e perguntava-se onde estaria o marido. Ele saíra de casa muito transtornado.

Beatriz chegou a pensar em ligar para o escritório onde deveria ter alguém para atendê-la, mas recuou ao considerar que talvez Antônio não aprovasse sua atitude.

Impossibilitada de tomar qualquer providência, ela começou a orar por todos aquelas pessoas atingidas pela tragédia e também por Antônio, para que ele estivesse bem e chegasse sem demora em casa. Mas, quando os primeiros raios do amanhecer entraram furtivamente pelas brechas da cortina, Beatriz já havia adormecido na poltrona.

Não tardou muito, e Antônio entrou em casa a passos lentos e soturnos. Ao ver Beatriz, abaixou-se aos pés da esposa e tocou levemente sua mão, o que a fez despertar no mesmo instante:

— Já está amanhecendo? Você me deixou tão preocupada!

— Foi uma longa noite, mas com um final inesperado. Infelizmente, apenas para alguns.

— Do que você está falando?

Com uma aparência cansada apesar do leve sorriso, Antônio estendeu a mão para Beatriz ajudando-a a levantar-se:

— Venha. Ambos precisamos de um café bem forte. Vamos relaxar, e lhe conto o que aconteceu.

O aroma do café ainda preenchia o ar, quando o casal se sentou à mesa na copa:

— E, então, querido, onde você esteve? Não pensei que fosse demorar tanto para voltar. Saiu de casa tão perturbado... Fiquei muito aflita.

— Me perdoe, querida. Sei que me excedi e lhe peço que releve meu destempero.

— Não se preocupe. Sei que sua atitude foi meramente circunstancial. Não faz parte de sua conduta agir daquela forma, embora tenha me chocado e magoado.

Com um olhar súplice, ele argumentou:

— Admito que fiquei fora de mim, mas nada justifica o que lhe fiz. Estamos casados há tanto tempo. Sabe que jamais lhe faltaria com o respeito.

— Eu sei, meu amor, e por essa razão decidi relevar. Entendi o quanto o ocorrido o deixou nervoso. Mas a que desfecho feliz você se referiu? Se é que é possível haver algum nessa situação.

— Pois bem. Saí de casa e fui direto ao aeroporto. Chegando lá, me defrontei com uma cena de total assombro, mas você não vai acreditar! Em meio ao tumulto vejo um colega meu, que deveria estar naquele voo, surgir são e salvo.

Abismada, Beatriz apenas disse:

— Meu Deus! Então o acidente não foi como divulgaram no rádio?

Com um profundo suspiro, ele respondeu:

— Lamentavelmente, as informações procedem. Mas o milagre se deu, porque meus amigos esqueceram documentos importantes no escritório e acabaram perdendo o voo. Eram dois que embarcariam hoje, e um deles voltou ao aeroporto mais tarde para tentar providenciar novas passagens. Enquanto estava lá, ele soube do ocorrido. Imagine minha surpresa ao vê-lo.

— Ele devia estar muito abalado. Só em pensar no que poderia ter acontecido...

— De fato, ele estava, e por isso acabei me demorando. Eu o acompanhei até em casa, onde nosso outro colega nos aguardava. Passamos a noite tentando nos acalmar e buscando notícias se havia algum conhecido na aeronave. Temos muitos contatos no Sul.

— Deus conforte essas famílias que precisarão de muita força nesse momento.

— Tenho ainda que lhe contar algo. Meu amigo conhece uma pessoa que lhe disse certa vez que, quando acontece um acidente dessas proporções, na verdade isso se trata de um resgate coletivo.

— Não estou entendendo. Como assim? — questionou Beatriz.

— Não sei ao certo, mas esse conhecido do meu amigo disse que, quando acontece uma tragédia desse porte, envolvendo um grande número de vítimas fatais, é porque isso já estava planejado para ocorrer dessa forma. E ele ainda esclareceu que existem espíritos prontos para auxiliar imediatamente a todos após o desencarne... Foi essa a expressão que ele usou.

Perplexa, Beatriz apenas disse:

— E você acreditou numa barbaridade dessas?

— Para falar a verdade, não muito. Ele disse que existe um livro chamado *O Livro dos Espíritos*, de Allan Kardec, que explica tudo em detalhes. Mas pense como deve ser reconfortante para os familiares saber que seus entes queridos sobreviveram em espírito e ainda tiveram assistência espiritual em uma nova vida.

— De fato, seria muito bom se isso fosse verdade. Mas, enfim... Embora já tenha ouvido falar pouca coisa sobre essas ideias espíritas, não gosto de me aprofundar nesses assuntos.

Após um último gole em seu café, Antônio falou:

— Seja lá como for, acho que esse conceito é bem interessante. Talvez eu leia algo sobre isso algum dia. Quem sabe até esse livro de Allan Kardec. Agora vamos subir, querida. Ainda está muito cedo. Podemos descansar mais algumas horas, e acho que serão preciosas.

— Tem razão. Deixe as xícaras aí na mesa mesmo. Neusa logo chegará e arrumará tudo. Fico aliviada que seus colegas estejam bem. Precisamos mesmo de mais um pouco de descanso. Vai ao escritório ainda pela manhã?

— Não me sinto em condições, por ora.

Enquanto se dirigiam para o quarto, Beatriz não percebeu a expressão de alívio no rosto do marido.

Capítulo 6

Para surpresa de Beatriz, naquela mesma noite durante o jantar, Antônio anunciou uma nova viagem a Porto Alegre, que aconteceria no dia seguinte:

— Mas querido, você ontem mesmo me disse que não iria viajar por algum tempo.

— Vai ficar muitos dias, papai? Não se esqueça de que embarco para os Estados Unidos em uma semana. Gostaria que estivesse aqui.

— Não se preocupe, Henrique. Será uma viagem curta, talvez de apenas dois dias.

— Mas o que mudou, Antônio? Por que essa viagem repentina? — indagou Beatriz decepcionada.

Sem deixar transparecer a contrariedade ante tantos questionamentos, Antônio respondeu tentando impor um tom casual:

— Negócios são imprevisíveis, Beatriz.

— Mas você...

Sem deixar a esposa concluir seu pensamento, Antônio controlou-se, mas disse com firmeza:

— Você acha que meus dois colegas de trabalho estão em condições de viajar? Acabaram de escapar da morte, estão amedrontados e chocados. Eles ficarão alguns dias de licença, e eu irei substituí-los. Um bom chefe é aquele que atua junto com seus subordinados. Tenho que cumprir meu papel — dizendo isso, Antônio pediu licença: — Me desculpem, mas vou me recolher. Amanhã será um dia longo e quero viajar descansado. Alguns clientes perderam amigos e familiares no acidente, e a cidade está de luto. É provável que eu tenha que comparecer a algum funeral. Não será fácil.

Antônio levantou-se e foi em direção ao quarto, sendo seguido por Henrique que ainda tratava com o pai assuntos da universidade.

Na sala de jantar, Beatriz lutava para conter sua decepção diante da postura de Antônio. Novamente, ela o achou frio e grosseiro e não estava conseguindo assimilar as razões para tão inusitada situação.

Ana Raquel olhava consternada para a mãe. Henrique era mais distraído, mas a filha percebia o constrangimento de Beatriz:

— Mamãe, papai ficou nervoso com os últimos acontecimentos. Acho até que ele está muito aborrecido de ter que fazer essa viagem fora do programado.

Reequilibrando-se, Beatriz aquiesceu:

— Tem razão, minha filha. É compreensível. Imagine a situação que ele encontrará na capital gaúcha. Uma tragédia dessa dimensão mexe com os nervos de todos nós. Seu pai tem forte ligação com a cidade, tem clientes e amigos... Deve estar sendo muito difícil para ele.

— Exatamente por isso, a senhora deve procurar não se zangar se ele for, digamos, indelicado. Sabe o quanto ele a ama. Isso logo vai passar.

Beatriz levantou-se e abraçou Ana Raquel:

— Obrigada, filha. Sinto-me envergonhada por tê-lo julgado mal, mesmo que por um breve instante.

— Também não deve se envergonhar por isso, mamãe. O fato de papai estar com problemas não lhe dá o direito de ser indelicado. Mas releve. Tenho certeza de que ele logo irá se desculpar.

Beatriz sorriu e dirigiu-se com a filha para a sala de estar, onde pegaram umas revistas e se distraíram falando sobre novidades da moda.

Na manhã seguinte, Antônio tomou um rápido café, despediu-se distraidamente de Beatriz e partiu para o aeroporto. Logo em seguida, saíram de casa Ana Raquel e Henrique, e Beatriz viu-se novamente sozinha em seu quarto. Havia uma inquietude em seu coração, que ela procurou ignorar enquanto escolhia com que roupa iria para seu compromisso na Santa Casa.

Leonor convidou Beatriz para um lanche no meio da tarde.

Quando as amigas estavam cruzando a porta de entrada da confeitaria, ouviram um garçom comentar em voz baixa com um colega de trabalho:

— A bruxa está solta mesmo. Acabei de saber agorinha que caiu outro avião.

As amigas se entreolharam, e Leonor pôde perceber o pânico no olhar de Beatriz. Rapidamente, ela procurou acalmar a amiga:

— Calma, Beatriz, sei o que está sentindo, mas não tire conclusões precipitadas. Não sabemos o que aconteceu. Aguarde-me um instante. Sente-se aqui. Volto logo.

Leonor foi até o balcão onde estava o proprietário da confeitaria e conversou com ele por poucos minutos. Ao reaproximar-se de Beatriz, foi direto ao ponto:

— Acalme-se. Antônio está bem. De fato, houve mais um terrível acidente, mas não foi com nenhum avião que tenha saído aqui do Rio de Janeiro.

— Onde aconteceu? — perguntou Beatriz com a voz trêmula.

— Novamente no Rio Grande do Sul.

— Meu Deus! Que tristeza! Como pode acontecer isso assim?

Nesse momento, passava ao lado da mesa uma senhora de aparência bondosa, que, ao ouvir as palavras de Beatriz, se aproximou:

— Me desculpem, mas não pude deixar de ouvir o que diziam. Já souberam do novo acidente...

Leonor olhou-a com curiosidade:

— Sim, e minha amiga ficou nervosa porque o marido dela viajou hoje para o Sul. Mas, Graças a Deus, ele está bem.

— Posso me sentar um instante? Minhas pernas já não acompanham a energia que minha mente insiste em manter — disse Milly com um sorriso.

Leonor ajudou a idosa a se acomodar.

Milly dirigiu um terno olhar para Beatriz, enquanto o garçom as servia de água:

— Vejo que ficou muito tensa, mas sua amiga já lhe assegurou que seu marido está bem.

Quase em lágrimas, Beatriz respondeu:

— Eu sei, acredito nisso. Mas jamais terei paz novamente após essas duas tragédias. Meu marido viaja com frequência... Como posso ficar tranquila?

— Pois lhe digo que deve e pode se acalmar. Sei disso com propriedade.

— Como assim? — Leonor indagou curiosa.

— Meu filho é piloto comercial e meu marido foi piloto a vida toda também. Ele participou da Primeira Guerra Mundial. Acredite, é muito seguro voar. O que aconteceu foi terrível, porém você não deve se deixar dominar pelo medo.

— A senhora tem um forte sotaque estrangeiro — disse Beatriz.

— Sim, eu e meu marido somos ingleses, mas viemos para o Brasil anos depois da guerra. Nosso filho já é brasileiro. É meu único filho e já me deu uma netinha linda.

— Como a senhora pode estar assim, tão tranquila? — insistiu Beatriz.

— Por alguma razão do destino, os homens da minha vida sempre estiveram envolvidos com essas máquinas voadoras. Meu pai também acalentou o sonho de voar, embora não o tenha realizado. E eu lhe asseguro que se trata de um meio de transporte muito confiável e que os pilotos são muito bem preparados.

— Não sei se é tão seguro assim. Veja só, dois acidentes em 48 horas. E além de meu marido, meu filho irá enfrentar uma longa viagem nos próximos dias para os Estados Unidos. Não consigo me acalmar.

— Minha querida, peça a Deus que cuide de seu filho e que ele chegue em segurança ao seu destino. Entregue e confie em nosso Pai. Sua preocupação não poderá alterar absolutamente nada, e você estará sofrendo por algo que nem sequer aconteceu. Quando sofremos pelo futuro que ainda não se fez presente, estamos fazendo um grande mal ao nosso corpo e à nossa alma. Deixamos nossa energia densa, e isso silenciosamente pode minar nosso caminho pela vida.

Leonor interessou-se:

— Faz todo o sentido, senhora Milly. Também penso assim. Que não devemos ocupar nossa mente com coisas que ainda não ocorreram.

Beatriz não se sentia convencida:

— Não é assim tão simples...

Milly insistiu em seus argumentos:

— Beatriz, posso chamá-la assim, informalmente?

— Por favor, fique à vontade.

— Escute, Beatriz, nossa vida está traçada. Temos um caminho a percorrer e, durante o trajeto, nos deparamos com diversas situações que demandam que façamos escolhas. Escolhas que, com o tempo e a maturidade, se tornam cada vez mais acertadas. Erramos e acertamos, sofremos e comemoramos, mas tudo isso faz parte de um processo absolutamente natural. Você, no entanto, não deve sofrer por antecipação. Procure manter sua energia positiva, que fortalecerá seu espírito. O que tiver de ser será. Nada acontece se não tiver que acontecer. A vida é um grande aprendizado que requer confiança e coragem.

Beatriz foi serenando, enquanto ouvia as explicações de Milly.

— A senhora passa tanta sabedoria em suas palavras e faz tudo parecer tão mais fácil — disse Leonor.

Com um sorriso, Milly prosseguiu:

— Antes não era assim, mas sempre é tempo de adquirirmos novos conhecimentos. Se hoje sou uma pessoa mais tranquila, como vocês disseram, é porque aprendi muito com minha nora. Apesar de jovem, ela possui muito conhecimento da vida e me apresentou um mundo que eu nem sequer imaginava ser possível.

— Por favor, continue... — pediu Leonor.

— Marcela é espírita! Quando ela conheceu meu filho, e eu soube de seus estudos espíritas, fiquei apreensiva. Somos de uma família de religião Anglicana e, apesar de ter ouvido falar sobre Allan Kardec e sobre seus feitos, nunca tive contato com essa doutrina. Isso até conhecer Marcela. Tudo o que venho estudando, desde então, só tem me trazido imensos benefícios. Meu filho e meu marido também têm estudado o espiritismo. Nos livros de Kardec, inclusive, nós encontramos explicações para situações de resgates coletivos, como esses dois acidentes que ocorreram agora. E quando estudamos e compreendemos as coisas, aceitamos a vida com mais paz na alma.

Beatriz estava intrigada:

— As coincidências estão por toda parte mesmo. Em pouco tempo, já é a segunda vez que ouço alguém falar sobre espiritismo.

Segurando as mãos de Leonor e de Beatriz ao mesmo tempo, Milly respondeu franzindo levemente a testa enquanto sorria:

— Meninas, não existem coincidências. Viver é uma experiência fantástica, e a vida nos envia muitos sinais com frequência. Se estivermos atentas e conectadas com o plano superior, nós saberemos interpretar esses sinais e usar nossa sabedoria e a voz de nosso coração para prosseguir em busca de nossa felicidade. É para isso que estamos aqui. Não se esqueçam nunca disso. Viemos ao mundo para sermos felizes e realizados — Milly fez uma ligeira pausa e despediu-se: — Bem, preciso ir agora. Fiquem em paz e com Deus.

Milly despediu-se com uma intimidade totalmente inesperada, dando um suave beijo nas testas de Leonor e Beatriz e saindo em seguida.

As duas amigas ficaram se olhando, mudas e perplexas, até que Leonor questionou:

— O que aconteceu aqui?

— Não faço a menor ideia, mas ainda estou tentando compreender.

— Ela sentou aqui, falou todas essas coisas... Tenho que admitir que fiquei bem impressionada.

— O que ela disse sobre sinais...

— Beatriz, acho melhor não ficarmos especulando sobre esse assunto agora. É melhor pedirmos nosso lanche.

Apesar de colocar um fim no assunto, as palavras de Milly se instalaram na mente de Leonor.

A semana passou sem grandes sobressaltos.

Antônio retornara de viagem na data prevista, mas ainda estava muito envolvido com o trabalho. Henrique finalmente embarcara para os Estados Unidos, e Ana Raquel dedicava-se incansavelmente a consolar a saudosa mãe.

Todos os dias, Beatriz voltava sua atenção e seus pensamentos ao filho distante e, dessa forma, pouco se deu conta das ausências de Antônio, que voltara a chegar em casa sempre em horários desencontrados.

Quando chegou a primeira carta de Henrique, quase duas semanas após sua partida, Beatriz não conseguia conter a felicidade. Ele dizia que estava adorando a universidade, seus colegas e professores. O ânimo de Beatriz foi renovado quando finalmente constatou a satisfação do filho.

Naquela mesma tarde, ao sair da Santa Casa, Beatriz decidiu, como de costume, fazer algumas compras no centro da cidade e foi passear pela Rua do Ouvidor.

Olhava distraída uma vitrine de roupas femininas, quando sentiu um toque suave em seu ombro:

— Olá, lembra-se de mim? — perguntou a moça, enquanto seus grandes olhos azuis fitavam Beatriz com simpatia.

— Você... Claro, a moça do Sul que estava perdida — respondeu Beatriz com um sorriso. — Como me reconheceu no meio dessa multidão?

— Jamais esqueceria sua gentileza naquele dia. Graças a você, cheguei bem e no horário ao meu encontro.

— E o namoro vai bem pelo visto! Já de volta ao Rio de Janeiro?

Corando um pouco, a outra respondeu:

— É verdade, estamos indo bem. Ele até me convidou para passar mais tempo aqui no Rio. Sabe como é, a saudade aperta... — ambas sorriram. — Que indelicadeza a minha. Nem me apresentei! Meu nome é Eveline, muito prazer.

— Prazer, Eveline. Me chamo Beatriz — olhou ao redor. — Está com seu namorado?

— Não, ele está no trabalho. Vou encontrá-lo mais tarde no hotel. O coitado tem uma vida muito atribulada. Sabe, ele é dono de uma grande empresa. São dezenas de funcionários e famílias que dependem dele. É muita responsabilidade.

— Imagino que sim.

— E você não sabe, Beatriz, o quanto a vida dele é difícil. Além de ser um grande empresário, ainda cuida da mãe inválida que mora com ele. É filho único. Por isso, tento ser muito compreensiva quando não podemos nos ver. Sei que ele sofre com nossa distância e o quanto é difícil ele se ausentar do Rio por longos períodos. Então, nós decidimos que eu passaria, sempre que possível, uma temporada maior aqui na cidade.

— E você não trabalha?

— Meu pai tem uma vinícola, e eu cuido da administração junto com meus irmãos. No entanto, não há problema que eu me afaste por uns dias. Tudo está sob controle.

— Que bom. Vejo que seus olhos brilham quando fala de seu namorado e de seu trabalho. Estão juntos há muito tempo?

— Ainda não tem um ano. No entanto, ele é um dos amores de minha vida. Ele, minha família e meu trabalho.

Beatriz sorriu e decidiu que era hora de se despedir:

— Bem, foi um prazer revê-la. Agora creio que não precise de minha ajuda, pois já deve estar se familiarizando com o Rio de Janeiro. Preciso ir.

— Sim, já consigo caminhar com mais desenvoltura pela cidade. Obrigada — enquanto falava, Eveline remexia sua bolsa até que finalmente encontrou o que procurava. Ela tirou o saquinho de feltro e o abriu diante de Beatriz. — Agora mesmo preciso ir até uma joalheria. Quando esteve em Porto Alegre, meu namorado esqueceu o relógio dele comigo. Estou arrasada. Eu o deixei cair, e a queda fez o vidro trincar. Quero devolvê-lo perfeito.

Quando Eveline abriu a mão estendida para amparar o relógio que escorregou do pequeno saco de feltro, o brilho da peça surgiu como uma agressão.

A voz de Beatriz pareceu aprisionada em seu peito, e foi com um imenso esforço, sem desviar o olhar da mão de Eveline, que ela finalmente conseguiu falar quase sem respirar:

— Como se chama seu namorado?

Sem notar o estado de Beatriz, a moça respondeu com naturalidade:

— Antônio.

Capítulo 7

Sombras!

Espectros sem rosto, sem calor, sem odor estavam por todos os lados.

Nada era familiar. Não havia nenhum convite ao aconchego. Imagens iam e vinham mergulhadas no mais inconcebível silêncio.

O único ruído era interno, apenas na mente de Beatriz: "Não existem coincidências...", "Me deixe em paz", "Vai viajar de novo?", "Estamos juntos ainda não tem um ano".

E como a emergir de um profundo e negro oceano, o ar invadiu drasticamente seus pulmões, resgatando-a para a superfície da realidade:

— A senhora está bem? — perguntou o rapaz de boina e olhar assustado.

— Abram espaço! Ela precisa respirar! — insistiu o senhor com ar grave.

— Sou médico, posso examiná-la — aproximou-se o jovem com sua maleta preta, estetoscópio no pescoço e um jeito de quem acabara de deixar a sala de aula.

Só então Beatriz se deu conta de que estava sentada no chão, recostada em uma árvore. Completamente aturdida, ela questionou quase sem voz:

— O que aconteceu?

O rapaz de olhos assustados logo se prontificou a explicar:

— A senhora vinha caminhando pela calçada e, de repente, desabou no chão desacordada. Fui eu quem chegou primeiro para ajudá-la — finalizou inflado de orgulho de seu feito heroico.

Beatriz lançou ao rapaz um esforçado sorriso em agradecimento.

— Peguem um pouco de sal naquela lanchonete e um copo com água — determinou o jovem médico. — A senhora vai ficar bem. Teve uma súbita queda de pressão, mas já está se recuperando.

Beatriz colocou um pouco de sal sob a língua e, em seguida, ingeriu lentamente um pequeno gole de água. Foi o suficiente para sentir-se levemente revigorada.

Auxiliada, conseguiu ficar em pé e agradeceu a todos pelo socorro. Garantiu que estava bem e que poderia seguir seu caminho. O burburinho se desfez, e os curiosos se dispersaram.

Sem ter noção para onde ir, Beatriz caminhava a passos lentos, procurando entender o que havia acontecido.

Subitamente, seu inconsciente projetou, como em uma tela bem à sua frente, os imensos olhos azuis. Ela se lembrava de tudo! De tudo o que mais desejava esquecer naquele momento. Só não conseguia se lembrar do que acontecera depois.

Nem a mais vaga reminiscência de uma despedida, ou de uma discussão. Nada! Eveline evaporara tão rápida e inesperadamente como surgira naquela tarde: como um presságio de tempos sombrios na vida de Beatriz.

Sem conseguir raciocinar direito, Beatriz subiu em um ônibus e seguiu sem rumo certo, desembarcando pouco depois no bairro da Urca. Procurou um local tranquilo, acomodou-se em um pequeno muro e admirou a beleza do mar. Só, então, as lágrimas arrebataram a dor represada em sua alma.

Beatriz não se dera conta de quanto tempo se passara até sua cabeça começar a doer e ela mal conseguir abrir os olhos túrgidos.

Antônio tinha uma amante! Seu marido, o amor da sua vida, a estava traindo. Como a dura realidade pode ser arremessada assim, tão friamente, deixando nossos sonhos sob escombros obscuros?

"Por quê?", Beatriz se perguntava aflita.

Mas o que isso faria diferença agora? Os motivos mudariam a perspectiva dos fatos?

"Tudo era tão meu, previsível, confortável e seguro", ela pensava, enquanto se deixava dominar pela estranha sensação de analisar uma outra vida.

O final da tarde já se aproximava, mas Beatriz permanecia imóvel em sua incredulidade.

"Eveline havia dito que o namorado a encontraria à noite no hotel!". O estômago de Beatriz revirou em uma náusea dolorida. Era essa, então, a explicação para as constantes ausências de Antônio nos jantares familiares.

Aos poucos, o corpo de Beatriz foi relaxando, mais pela exaustão do que por algum indício de tranquilidade, e o lado prático e inevitável do caminho que a aguardava já se apresentava sem cerimônia.

Reorganizando seus pensamentos como podia, Beatriz descobriu que não tinha condições de voltar para casa. Como olharia para Ana Raquel, que sempre emanava sonhos de amor inspirados no casamento dos pais? E, acima de tudo, de onde tiraria forças para receber Antônio, quando, extasiado e satisfeito nos braços da amante, ele retornasse ao lar de sua família alheio aos destroços iminentes?

Beatriz lembrou-se de Leonor, que afirmara categoricamente que jogaria as coisas de Eugênio na sarjeta, caso ele a traísse. Foi então que se deu conta de que não havia raiva nem ódio em seu coração.

Como não?!

Em nenhum momento, Beatriz cogitara fazer o mesmo com Antônio. Em sua alma condoída, não havia espaço para o rancor. Ela só queria entender...

Foi então que se lembrou de que era noite de Jockey Club e que a amiga estaria disponível para um encontro. Tomada por uma vitalidade imprevisível, Beatriz se levantou, buscou um táxi e voltou em direção à Santa Casa. Com sorte, ainda pegaria Leonor antes do final de seu plantão.

Ao ver Beatriz entrando na sala de enfermagem, Leonor exclamou surpresa:

— Você por aqui a essa hora?!

Desconcertada, Beatriz se arrependeu de ter buscado ajuda, mas não conseguia disfarçar sua tristeza, facilmente percebida pela amiga quando se aproximou:

— O que aconteceu? Nota-se que você não se sente nada bem.

Evitando o olhar analítico de Leonor, Beatriz tentou dissimular:

— Não é nada. Apenas tive uma ligeira queda de pressão essa tarde e...

— Saio em dez minutos. Me aguarde na cantina do hospital. E pode ter certeza de que ficarei muito decepcionada se, ao chegar, você não estiver me esperando.

Quando finalmente se encontraram, as amigas seguiram para um pequeno e discreto restaurante nas proximidades. O movimento para o jantar ainda não havia iniciado, o que lhes concedeu a privacidade necessária.

— Vou até o balcão solicitar uma ligação para casa. Quero tranquilizar Ana Raquel sobre minha ausência no jantar.

— Ana Raquel e Antônio, que certamente também estranhará sua demora.

— Ele não vai! — respondeu Beatriz, enquanto virava as costas seguindo em busca do telefone.

Quando retornou à mesa, Beatriz se deparou com a ansiedade de Leonor:

— Pedi um coquetel para nós duas. Não se preocupe que é suave e sem álcool. O que está acontecendo? É nítido que existe algo muito errado.

Exausta e ciente da total incompetência para gerir sozinha aquela crise, Beatriz desabafou:

— Antônio está me traindo. Ele tem uma amante.

Atônita, Leonor levou alguns segundos até conseguir dizer:

— Não é possível! Tem certeza? Como descobriu?

— Por meio de um desses infelizes acasos da vida.

Sem se alongar mais do que o necessário, Beatriz relatou seus dois encontros com Eveline, precisando de algumas pausas para conter o pranto. Ao final, Leonor ponderou:

— Inacreditável! Mas vamos pensar com calma, Beatriz. Quem sabe tudo não passou de uma grande coincidência? Seu marido não é o único Antônio no mundo, e aquele relógio, até onde eu sei, não é uma peça exclusiva.

— É verdade, no entanto, eu não acredito em tanta coincidência. Pensei sobre isso, veja só: a moça é do Sul, para onde Antônio viaja com frequência. Ela tem estado aqui no Rio, e meu marido passou a ter uma total irregularidade em sua rotina, seguida metodicamente durante anos. Eu o presenteio com um relógio exatamente igual ao do namorado dela, que, "por acaso", se chama Antônio. Não há como fugir das evidências.

— Você não deu por falta do relógio em nenhum momento?

— Confesso que a viagem de Henrique me deixou totalmente desatenta para qualquer outra coisa e eu não reparei muito em Antônio até receber notícias de meu filho.

Mordendo os lábios e franzindo o cenho, Leonor disse timidamente:

— Desculpe... não tenho como discordar de você — e bebeu um gole de seu coquetel. — Se Eugênio aprontasse algo assim comigo, encontraria, ao chegar em casa, todos os seus pertences na calçada.

— Você teria mesmo coragem?

— Sem pestanejar! Jamais aceitaria que ele tivesse um caso com uma vagabunda qualquer. Uma aventura passageira vá lá! Nós sabemos como são os homens. Mas um caso fixo? Não teria nem conversa!

Impassível, Beatriz respondeu:

— Ela não me parece uma vagabunda...

— Você só pode estar brincando — ironizou Leonor.

— Por mais doloroso que seja admitir, Eveline me pareceu uma moça "normal".

— Ela mantém um romance com um homem casado, Beatriz! Pelo amor de Deus! Isso não pode ser considerado natural!

— Você não entendeu a situação, Leonor. Antônio mente para ela também, não percebe? E mente muito! Ela me disse que ele é empresário e vive sozinho com a mãe inválida. Ela nem sabe que eu existo!

Nesse momento, Beatriz não suportou a pressão de suas próprias palavras e permitiu que as lágrimas inundassem seus olhos.

Leonor sentia muito por não ter algo a fazer ou dizer para aliviar o sofrimento da amiga, porém, não havia o que discutir:

— O que vai fazer? Imagino que você não deixará Antônio passar mais uma única noite em casa.

— Eu precisava muito desabafar e lhe agradeço por ter me ouvido, mas, sinceramente, não sei o que farei.

— Como não sabe?

Sem muita convicção, Beatriz explicou:

— Não quero me precipitar, entende? São trinta anos de um casamento feliz. Sim, fui muito feliz e sei que Antônio também foi. Deve haver alguma justificativa razoável para o que ele está fazendo. Talvez seja minha culpa!

Boquiaberta, Leonor não se conteve:

— Está certo! E não se esqueça de se desculpar por ele a estar traindo! — e concluiu com um profundo suspiro. — Vamos embora daqui. Eugênio chegará tarde. Vamos para minha casa. Temos muito que conversar ainda.

Sem discutir, Beatriz a seguiu.

Ao chegar em casa e encontrar Ana Raquel sozinha na sala, ouvindo à novela no rádio, Antônio questionou, enquanto cumprimentava a filha com um beijo:

— Ainda não é tão tarde. Sua mãe já se recolheu?

Tentando manter a atenção na novela, Ana Raquel respondeu distraída:

— Mamãe ainda não chegou.

Vendo que qualquer esforço de comunicação com a filha era inviável naquele momento, Antônio foi até a cozinha e encontrou Neusa terminando de arrumar a pouca louça do jantar:

— Boa noite, Neusa. Sabe de Beatriz?

— Boa noite, doutor. Sei apenas o que Ana Raquel me disse: que dona Beatriz ligou no fim da tarde avisando que não viria para o jantar. É só o que eu sei.

Pensativo, Antônio respondeu:

— Estranho... Não é costume de minha mulher se ausentar dessa maneira. Mas se ela avisou que está tudo bem...

— Talvez esteja com dona Leonor. Quer que eu ligue para a casa dela?

Antônio hesitou, mas disse por fim:

— Não é necessário. Vou para meu quarto esperar por Beatriz.

— Quer que eu leve alguma coisa para o senhor?

— Não, obrigado.

As horas passavam, e Antônio começou a ficar impaciente. Ana Raquel foi até o quarto do pai:

— Com licença, papai, já estou indo me deitar. Mamãe deu notícias?

— Ainda não, mas acho que já está muito tarde. Onde temos anotado o telefone de Leonor?

— No caderninho lá na sala. Quer que eu o traga?

— Não, minha filha, vá se deitar. Eu mesmo desço e pego. Boa noite.

— Boa noite, papai.

Assim que a filha se retirou, Antônio desceu as escadas. E, quando estava chegando à sala de estar, ainda antes de acender a luz, ouviu a porta de entrada se abrir.

Quando Beatriz acionou o interruptor, e a sala clareou, se assustou com a presença de Antônio:

— Meu Deus! O que está fazendo parado aí?

Intrigado, Antônio limitou-se a dizer:

— Boa noite, Beatriz. Bastante tarde para chegar sozinha da rua, não acha?

Como a descarga de um raio que surge repentinamente no céu tempestuoso, uma profunda indignação quase fez Beatriz se descontrolar. No entanto, por um instante, alguma força a conteve quando respondeu:

— Achei que você já estaria dormindo — disse enquanto trancava a porta. — Ou, quem sabe, ainda estivesse na rua — completou, mal conseguindo disfarçar o sarcasmo.

— Sabe que trabalho muito, e isso não é novidade para você. Não gostaria de chegar em casa novamente e não vê-la. E não me agradou que você tenha ficado até tarde sabe-se lá onde.

— O que você está insinuando? — perguntou Beatriz, já demonstrando leve irritação.

Antônio sentiu que havia algo errado na postura de Beatriz e procurou reverter o clima, que estava se tornando estranhamente pesado:

— Querida, desculpe. Eu não quis ofendê-la, mas é que não gosto de ver minha mulher pela rua até tarde da noite. Entenda como excesso de zelo — e beijou levemente o rosto da esposa.

Beatriz fechou os olhos e se manteve sem nenhuma reação, apesar de um desagradável estremecimento tomar conta de todo o seu corpo, ao leve toque dos lábios de Antônio. Ela apenas falou:

— Vou subir. Quero tomar um banho e dormir.

— Não vai me contar onde esteve?

— Na casa de Leonor.

Dando de ombros, Antônio respondeu:

— Como eu havia imaginado. Vou apagar tudo aqui e subirei em seguida.

Enquanto Beatriz sentia a ducha reconfortante do banho, pensava que precisaria de muita sensatez para resolver aquela situação. Sabia que não deveria, e nem queria, tomar nenhuma resolução precipitada.

Aprendera com o pai que, quando estamos emocionalmente abalados por alguma razão, é preciso restabelecer o equilíbrio e os sentimentos antes de tomar decisões. E pela primeira vez, Beatriz sentiu a real necessidade de aplicar os ensinamentos recebidos.

Ela terminou seu banho, e, quando entrou no quarto, Antônio já estava dormindo. Ao lado da cama, na mesinha de cabeceira do marido, a carteira e as chaves do carro. O relógio de pulso não estava ali como de costume.

Evitando fazer qualquer ruído, Beatriz deixou o quarto e foi deitar-se na cama de Henrique. Se Antônio desse por sua falta, inventaria uma desculpa no dia seguinte.

Antes de adormecer, ela sentiu novamente uma lágrima escorrer-lhe pela face, enquanto pensava: "Será que terei forças para lidar com isso?".

Capítulo 8

A despedida da silenciosa madrugada já cedia lugar ao vívido cantarolar das pequenas aves no jardim, despertando Beatriz lentamente.

Ela esforçava-se para manter os olhos fechados, na esperança de que a escuridão pudesse servir-lhe de abrigo contra o efetivo pesadelo que rondava seu mundo.

Não tinha ideia das horas, mas imaginou que ainda fosse muito cedo. Pensou na reação de Antônio ao vê-la na cama do filho e, apenas para evitar explicações, voltou para seu quarto a tempo de se ajeitar ao lado do marido, sem que ele se desse conta de sua ausência durante a noite.

Beatriz sentia agora um mal-estar inquietante causado pelo calor daquele corpo tão junto ao seu, que durante tantos anos fora seu aconchego de paz e prazer. E essa sensação fazia seu coração apertar em uma dor carnal.

Mesmo assim, o rancor permanecia distante do turbilhão de sentimentos que transitavam desconexos em sua alma. Qualquer posição, conceito ou julgamento que permitissem se fixar em sua mente seriam fruto de uma atitude prematura, contra a qual ela lutava com um surpreendente autocontrole.

Antônio virou-se ainda sonolento, enlaçando o corpo de Beatriz e fazendo-a reter a respiração por alguns segundos infindáveis.

— Querida, que horas são? — ele perguntou preguiçosamente.

— Ainda não são seis horas. Já vai se levantar?

— Acho que sim.

— Vou trazer um café para você — disse como pretexto para se desvencilhar o quanto antes dos braços do marido.

Antônio apenas se remexeu, enquanto ela se levantava e deixava o quarto.

Ainda no corredor, Beatriz se deu conta de que não conseguiria dissimular seus sentimentos diante de Antônio. Uma de suas qualidades era sempre ter sido avessa a mentiras, comportamento esse que fez questão de compartilhar na educação de seus filhos. Como podia agora estar com o marido, como se nada tivesse acontecido? Por outro lado, não tinha nenhuma convicção de como abordaria o assunto com ele. Na verdade, ela não sabia nem se realmente queria fazer essa abordagem. Expor seu conhecimento sobre a traição exigiria dela um posicionamento, uma tomada de atitude, e Beatriz simplesmente não sabia se queria assumir essa responsabilidade.

Ao entrar na cozinha, encontrou Neusa terminando de encher a garrafa térmica com o café fresquinho e, sem raciocinar, Beatriz pediu:

— Neusa, por favor, leve uma xícara de café para Antônio. E me sirva uma também. Pode deixar aí na mesa que já vou beber.

— Tem certeza?! A senhora sempre gosta de levar o cafezinho para ele de manhã — questionou Neusa olhando de soslaio para a patroa.

— Apenas faça o que eu disse — respondeu Beatriz, enquanto pegava sua xícara e saía em direção ao jardim.

Como sua casa, seu lar, transformara-se literalmente da noite para o dia em uma redoma capaz de lhe causar tamanha claustrofobia? Tornara-se muito difícil permanecer inabalável na presença de Antônio. Como evitá-lo sem despertar previsíveis questionamentos?

E foi esquivando-se com a culpa dos transgressores, culpa que não lhe cabia, que Beatriz contornou a situação até livrar-se da pressão, respirando aliviada ao ver Antônio entrar no carro e partir rumo ao escritório.

Beatriz, então, voltou para seu quarto buscando a solitude reconfortante, que não conseguiu manter por muito tempo. Neusa bateu levemente à porta e entrou antes de esperar resposta:

— Dona Beatriz, a senhora não vai descer para o café da manhã? Sua filha estranhou sua ausência à mesa, e seu Antônio disse que a senhora parecia indisposta. Precisa de algo?

— Não, Neusa, muito obrigada. Estou realmente um pouco cansada hoje. Apenas quero ficar quieta aqui no meu canto.

— Alguma orientação para o almoço?

— Não, faça como achar melhor. Você possui autonomia para isso. Mais alguma coisa?

Estranhando o comportamento arredio da patroa, Neusa foi saindo do quarto ensimesmada enquanto dizia:

— Está bem. Pode deixar que providenciarei alguma coisa. Se precisar de algo, é só me chamar.

Novamente sozinha, Beatriz parou diante do espelho enquanto analisava sua incapacidade de manter o interesse do marido após trinta anos de convivência. Por mais que buscasse alguma evidência, não conseguia encontrar. Ela estava com uma ótima aparência para seus quarenta e oito anos. Os cabelos castanhos desciam sobre seus ombros em ondas brilhantes e sedosas. A pele muito alva ainda mantinha o viço, sem apresentar sinais marcantes da passagem do tempo, e, havia muitos anos, ela mantinha uma silhueta delicada e esbelta. Quanto mais se admirava, mais se convencia de que era uma mulher bonita. Não havia nela algo excepcional, embora se sentisse ainda atraente.

E Antônio devia manter a mesma opinião, afinal, ele ainda a procurava para deliciosas noites de amor. Não com a mesma frequência de cinco ou dez anos atrás, mas, ainda assim, ele a desejava. Então, por que a estava traindo? O que fez Antônio buscar outros braços?

Essa dúvida estava corroendo o coração de Beatriz, que a cada minuto percebia que a única saída para livrar-se daquela aflição seria tendo uma conversa franca com o marido. Como ela poderia abordar o assunto com ele, se não conseguia definir seus sentimentos?

Ana Raquel bateu à porta, despertando Beatriz de suas considerações:

— Mãe, estou de saída para o trabalho. Você está bem?

— Bom dia, filha. Sim, estou bem. Estou apenas um pouco cansada. Ontem tive uma pequena queda de pressão.

— Papai também estranhou sua ausência no café da manhã. Ele me disse que a senhora estava indisposta, mas achava que não era nada que justificasse não estar conosco. Eu achei papai diferente.

— Diferente como?

— Não sei bem. Apesar de dizer que a senhora não parecia estar doente, estava introspectivo e mal comeu.

— Talvez estivesse com o pensamento no trabalho. Não deve ser nada, senão ele teria me dito algo — justificou, apenas por não lhe ocorrer nada melhor para dizer.

— Bem, se a senhora está realmente bem, fico tranquila. Vou para a escola sossegada. Não vai para a Santa Casa?

— Só na parte da tarde.

Ana Raquel despediu-se e saiu com uma inexplicável sensação de que algo ficara no ar.

Novamente sozinha, Beatriz começou a remexer em suas gavetas e em seu armário mecanicamente, até se dar conta de que o que estava procurando não seria encontrado daquela forma. Aquela ação nada mais era do que um paliativo na tentativa de suprimir sua tempestade interna.

Será que Antônio viria para o jantar? Teria ele ido realmente para o escritório ou estava no hotel, compartilhando o frescor da manhã sob os lençóis de Eveline? Almoçariam juntos? Será que ambos faziam planos sobre ter filhos?

Como toda aquela especulação a fazia sofrer!

Foi então que Beatriz comprovou por si mesma que a pior das verdades certamente sempre causará menos danos do que uma mente entregue a conjecturas alimentadas pela insegurança.

Era inútil! Precisava respirar, decidir.

Mais que tudo, precisava enfrentar!

Neusa sentia-se desanimada na cozinha. Trabalhava para aquela família havia anos e sempre compartilhara da rotina aprazível da casa, contudo, sentia agora o ambiente muito diferente. Com Henrique morando fora e Antônio muitas vezes ausente, tudo parecia quieto demais. E dona Beatriz, de repente, começava a dar sinais de uma tristeza que Neusa logo atribuiu à saudade que ela sentia do filho. É, só podia ser isso.

Enquanto tentava se decidir entre o bife de caçarola e os escalopes de peru com bacon, foi interrompida pela chegada de Beatriz:

— Neusa, estou de saída.

— Mas... e o almoço, dona Beatriz?

— Ligue por favor para Ana Raquel e avise que não virei almoçar. Se ela preferir comer na rua, esqueça o almoço — concluiu com desinteresse, saindo em seguida sem dar mais explicações.

Sem tempo para mais nenhuma pergunta, Neusa sentiu certo alívio. Agora teria toda a tarde para resolver seu dilema. Mas no fundo achava que deveria se render de uma vez aos hambúrgueres com batatas fritas, um novo modismo que parecia ter contagiado a todos. Menos a ela.

Ainda não eram onze horas da manhã, e Beatriz estava sem nenhum apetite. Ela, então, decidiu seguir direto para a Santa Casa.

Preferia não encontrar Leonor por hora. Precisava ficar sozinha com seus fantasmas, pois somente ela possuía o poder de afastá-los. E foi um bálsamo quando se lembrou de que nesse dia a amiga só chegaria ao trabalho no meio da tarde.

Ao passar pelos corredores do hospital, o cheiro de antisséptico mesclado ao de comida insossa e éter, tão comuns em sua rotina, lhe causaram náuseas. Estava quase em jejum, o que justificava sua indisposição. Teria corrido para o banheiro, se a figura de um senhor sentado sozinho em um banco do jardim interno não tivesse chamado sua atenção.

Era um homem na casa dos seus oitenta anos, com a feição muito cansada e abatida e o corpo curvado, como se carregasse nas costas o peso do mundo. Vê-lo com aquela aparência tão frágil fez Beatriz se aproximar solidária:

— Senhor, posso me sentar ao seu lado?

Ele assentiu com um fraco gesto de cabeça, sem se voltar para ela.

Beatriz o olhava com curiosidade, e, antes que pudesse iniciar um diálogo, ele tomou a iniciativa:

— Minha esposa, companheira por mais de sessenta anos, acabou de falecer.

Ao ouvir aquelas palavras, imediatamente a amargura transbordou no olhar de Beatriz. Ela não sabia o que era viver um amor por mais de sessenta anos. Vivera até aquele momento apenas metade daqueles anos ao lado de Antônio e não sabia se viveria seu amor nem por mais um dia.

— Sinto muito! — foi o que conseguiu responder.

Foi então que aquele senhor a encarou, e Beatriz viu em seus olhos muito verdes um brilho tão intenso que se fixou neles, perdendo-se de seus próprios pensamentos:

— Orquídea, esse é o nome dela, foi uma grande mulher. Estivemos juntos nos bons e nos maus momentos, porque a vida, na verdade, é isso mesmo: cheia de desafios a enfrentar e a vencer. E nós dois juntos formamos uma dupla e tanto — afirmou com um sorriso triste.

— Que lindo poder viver um amor assim.

— É verdade, moça. É lindo... mas requer força, coragem e muita compreensão... É preciso aprender a enxergar o outro como um ser independente, falível, muitas vezes impreciso, como todos nós o somos no final das contas, e querer estar ao lado dessa pessoa mesmo assim. E minha Orquídea foi desse jeito: corajosa, compreensiva e doce. E juntos, aprendemos e ensinamos, rimos e choramos e, acima de tudo, crescemos e construímos uma bela história. E as lembranças serão agora minha força para prosseguir sozinho. Devo isso a ela.

— É tão complicado manter a paixão por tantos anos... — refletiu Beatriz emocionada.

Com o mesmo sorriso triste, ele respondeu:

— A paixão é fugaz, moça. Podemos nos apaixonar muitas e muitas vezes na vida, mas quando a paixão se transforma, aí encontramos o amor verdadeiro. E é por ele que lutamos, que desejamos nos tornar pessoas melhores, que sentimos estar no mais seguro e melhor dos mundos. E, então, vamos nos apaixonando em outros momentos por aquele mesmo amor. Afinal, com o tempo e com a maturidade, a felicidade muda de forma, de causas e de contexto e de modo algum se é menos feliz por isso. E é maravilhoso chegar à minha idade, olhar para trás, e ter a certeza de que tudo valeu a pena.

Uma enfermeira se aproximou:

— Senhor Norberto? Precisamos encaminhar o corpo de sua esposa. Gostaria de estar com ela por mais alguns instantes?

Auxiliado pela moça, ele preparou-se para levantar-se e disse:

— Vamos, obrigado. Quero dar um último beijo em minha mulher — olhou para Beatriz. — Obrigado por me ouvir. Seja muito feliz.

Completamente comovida, Beatriz acariciou suavemente o rosto de Norberto. Ele segurou a mão de Beatriz e se despediu sem dizer mais nenhuma palavra.

Ela, por sua vez, seguiu para a capela do hospital, onde se sentou e chorou livremente, dando vazão a toda a sua dor. Um tempo depois, já mais calma, estava segura do que queria fazer.

Capítulo 9

A porta pantográfica do elevador fechou-se ante a determinação de Beatriz. Nunca estivera naquele edifício comercial da Avenida Rio Branco, e sua presença ali, naquele momento, fazia seu coração bater acelerado.

Beatriz hesitou, mas em muitas situações a coragem é só o que nos resta. Ela não tinha a mínima certeza de como agiria diante do marido, no entanto, a segurança de estar fazendo o que devia ser feito impulsionava seus passos.

Ao sair do elevador, Beatriz deparou-se com uma elegante recepção, onde uma jovem parecia bastante entretida ao telefone, em sua posição de trabalho atrás de um pequeno balcão.

Respirando profundamente, Beatriz aproximou-se, fazendo a recepcionista encerrar abruptamente sua conversa:

— Bom dia! Em que posso ajudá-la? — perguntou a moça com um sorriso.

— Gostaria de falar com o senhor Antônio Mendes.

— Claro. Quem devo anunciar?

— Diga a ele que sua esposa está aqui, Beatriz Mendes.

Miriete, a funcionária que já estava com o aparelho na mão para interfonar para a secretária de Antônio, levantou os olhos e os fixou no rosto de Beatriz por alguns instantes:

— Desculpe! A senhora é a esposa de seu Antônio?

Ressabiada, Beatriz indagou:

— Sim, por quê? Algum problema?

Miriete rapidamente voltou ao interfone sem responder, tentando agir com naturalidade:

— Cordélia, tem uma pessoa aqui na recepção que eu gostaria que viesse receber. É a senhora Beatriz Mendes, esposa do senhor Antônio — houve um breve silêncio. — Claro que sim... Certo... Direi sim — ela se levantou solícita. — Senhora, Cordélia já virá para acompanhá-la à sala do senhor Antônio. Aceita um copo de água, um café?

— Não, muito obrigada — respondeu sobriamente Beatriz, enquanto se acomodava em uma cadeira.

Os minutos passavam, e Cordélia não aparecia, o que deu tempo para os pensamentos de Beatriz ativarem suas percepções acerca da situação. Não passara despercebido o constrangimento de Miriete assim que Beatriz se identificou. A moça ficou surpresa com a presença da esposa de Antônio, e isso estava óbvio. Mas, ao mesmo tempo, existia em seu semblante uma nítida e maldisfarçada curiosidade sobre a mulher diante de si.

Essas constatações causaram em Beatriz uma sensação inquietante e desconfortável e um quase arrependimento da atitude tomada. Contudo, antes que pudesse dar continuidade às suas lucubrações, Cordélia entrou no recinto, desmanchando-se em gentil e inesperada intimidade:

— Dona Beatriz, que grande prazer conhecê-la! Seja muito bem-vinda! Senhor Antônio ficou surpreso e muito feliz com sua visita e a aguarda em sua sala. Por favor, me acompanhe — concluiu com um gesto manual indicando o caminho.

Beatriz nem teve tempo de dizer uma única palavra e já seguiu na direção indicada, agradecendo com um discreto gesto de cabeça. Enquanto caminhavam em silêncio pelo corredor, Beatriz analisava a postura suspeita e forçada da secretária de seu marido, com a certeza de que a última coisa que Antônio estaria sentindo naquele momento era alegria em vê-la em seu ambiente de trabalho, o que pôde comprovar ao entrar na sala do marido e ser recebida com certa frieza por ele.

Assim que Cordélia saiu e fechou a porta, Antônio olhou para Beatriz, que permanecia em pé diante dele, e disse sem rodeios:

— Sua presença aqui é totalmente inadequada, e acredito que tenha vindo até aqui por algum motivo realmente relevante.

— Sei o quanto minha atitude o desagrada, mas o motivo é muito relevante. Eu diria urgente, até — respondeu Beatriz, não se deixando intimidar pela seriedade do marido.

Ante a firmeza com que Beatriz lhe respondera, um sinal de alerta fez Antônio pressentir que se tratava de um problema realmente bastante sério, embora nem sequer pudesse imaginar o que enfrentaria em seguida:

— Não quer se sentar?

— É mesmo necessária toda essa frieza e formalidade, Antônio? Não sou sua cliente, sou sua esposa.

— Estamos em meu ambiente de trabalho. Como acha que eu deveria agir? Você me conhece há anos, não sei o porquê do estranhamento. Se tem algo importante para dizer, sente-se e diga. Hoje estou com um dia muito atarefado.

A forma dura com que Antônio se dirigia a ela foi o combustível para sua determinação:

— Não vou me sentar. Precisamos sair daqui para conversarmos com mais tranquilidade.

Levantando-se subitamente, Antônio colocou as mãos na cintura e foi taxativo:

— Impossível! Não posso deixar o escritório assim, sem mais nem menos, no meio do expediente! O que está acontecendo, Beatriz? Deixe de rodeios. Não há a menor condição de eu sair daqui agora.

Tomada por um arrojo que nem ela mesma esperava, Beatriz disparou calma e secamente:

— E por Eveline, você sairia?

Antônio sentiu a potência avassaladora das palavras de Beatriz atingindo em cheio sua segurança demonstrada até aquele momento. Ele permaneceu calado, encarando incrédulo a esposa, sem disfarçar e absolutamente sem conseguir racionalizar alguma resposta ou atitude.

Percebendo que em segundos deixara o marido totalmente perturbado, Beatriz repetiu:

— Podemos procurar outro lugar para conversarmos agora?

Ainda sem lhe dirigir uma única palavra, Antônio virou-se, pegou seu paletó e ligou para Cordélia para comunicar que se ausentaria por algumas horas. Por fim, saiu da sala com Beatriz.

O casal seguiu em absoluto silêncio até alcançarem o carro de Antônio no estacionamento. Só então ele disse:

— Aonde você deseja ir?

— É melhor seguirmos para casa. Ana Raquel está agora no trabalho. Teremos privacidade para conversar.

— E Neusa?

— Isso não será problema, eu resolvo. Ficaremos a sós.

Novamente, durante o caminho, o silêncio se colocou entre eles, deixando o ambiente pesado e tenso dentro do automóvel.

Antônio começou a pensar sobre o que Beatriz falara sobre Eveline. Ele estava confuso. Não conseguia refletir nem encontrar as respostas que buscava. Como Beatriz descobrira que ele tinha uma amante? O que ela realmente sabia sobre seu caso? Que rumo aquela conversa tomaria?

Pela primeira vez em tantos anos de casamento, Antônio se sentia acuado, temeroso pelas consequências de suas próprias atitudes. Sempre fora visto pela mulher e pelos filhos como um exemplo de correção profissional e pessoal, e agora sua reputação, construída cuidadosamente ao longo dos anos, estava prestes a ruir.

Ao chegarem em casa, sem maiores detalhes ou explicações, Beatriz dispensou Neusa, que, mesmo sem entender o que acontecia, agradeceu e rapidamente foi arrumar suas coisas para ir embora e aproveitar a folga inesperada.

Antônio seguiu direto para o quarto do casal, onde Beatriz foi encontrá-lo pouco tempo depois, fechando a porta para iniciarem a dura conversa.

Ambos estavam apreensivos, e naquele momento Beatriz se dava conta de que não sabia o que dizer ao marido e do quanto estava magoada com toda a situação.

Foi Antônio quem tomou a iniciativa:

— Beatriz... não sei o que você está pensando, mas posso explicar...

Aquele tipo de discurso era muito trivial, comum em radionovelas e filmes, e Beatriz não esperava que Antônio se utilizasse daquele recurso para começar a se justificar. Aquilo a deixou um pouco irritada:

— Por favor, Antônio, não tente acobertar sua traição com falsas e mirabolantes razões.

— Como você descobriu? — ele perguntou envergonhado.

— Você nem vai acreditar, mas acho que o destino quis evitar que eu continuasse fazendo papel de tola.

— Como assim?

— Foi um simples acaso. Encontrei sua amante apenas duas vezes na Rua do Ouvidor. Na primeira ocasião, ela estava perdida, e eu me prontifiquei a ajudá-la, sem fazer ideia de que eu a estava levando até você. Nosso segundo encontro foi provocado por ela, que me reconheceu enquanto eu olhava algumas vitrines. Ela se aproximou para agradecer mais uma vez a ajuda que eu lhe prestara.

Passando a mão aflita na testa, Antônio se sentia muito confuso:

— Não entendo! Isso não explica nada. Ela sabe quem é você?

Sentindo o coração apertado, Beatriz prosseguiu:

— Claro que não! No entanto, nesse segundo encontro, ela casualmente pegou o relógio que lhe dei de presente, e impulsivamente perguntei de quem era a peça. Foi então que ela disse seu nome. Eu não precisava de muita sabedoria para ligar os fatos. Você e Eveline são amantes! — Beatriz sentiu seus olhos marejarem. — Por quê, Antônio?

Ele sentou-se na poltrona e colocou a cabeça entre as mãos:

— Beatriz, me perdoe! Eu não sei lhe dizer como tudo aconteceu.

— Que tal você começar me contando onde e como a conheceu?

— Precisamos mesmo falar desses detalhes? Não acho que faça diferença.

— Foi em uma de suas viagens a Porto Alegre, não foi?

— Escute... esse tipo de informação só nos trará mais sofrimento.

Sentindo as lágrimas deslizarem por sua face, Beatriz percebeu sua força e determinação se esvaírem. Estava diante do amor da sua vida, que agora lhe parecia um estranho. Com esforço e grande cansaço, ela falou:

— Você tem razão, isso não importa. Porém, quero saber por que você está me traindo. O que eu fiz para merecer uma deslealdade dessas, Antônio? Achei que nos amávamos, que éramos felizes na vida que construímos. Por que foi se envolver com outra mulher?

— Eu não procurei isso, Beatriz. Acredite! Eu a conheci em um evento em Porto Alegre e logo percebi que ela se sentira atraída por mim. Para falar a verdade, ela não fez questão nenhuma de esconder ou disfarçar seu interesse.

— Na rápida conversa que ela e eu tivemos, Eveline me disse que você morava com sua mãe doente. Como conseguiu enganá-la? Ela não viu sua aliança?

— Por favor, Beatriz, não torne as coisas mais difíceis.

— Você... tirou a aliança? Foi isso?

Após um breve silêncio:

— Quando percebi que ela estava me observando com bastante insistência, consegui disfarçar e guardar a aliança no bolso.

Beatriz não controlava mais sua vontade de chorar. A decepção era imensurável e não poderia ser contida:

— E, então, você se aproximou dela, contou um monte de mentiras, a levou para a cama e estão juntos há meses. Me enganando, me fazendo de tola e tripudiando sobre o amor que lhe dediquei durante toda a vida.

— Isso não é verdade! Nunca tripudiei sobre seus sentimentos. Você não imagina como venho sofrendo durante todo esse tempo e como me angustia estar enganando você. Justo você, que sempre foi minha companheira.

— Você a ama?

— Claro que não, Beatriz. Eu amo você, sempre amei você.

— Então, o que é? Sexo?

Antônio ficou desconcertado:

— Não é isso! Eu e você sempre tivemos uma vida sexual maravilhosa, e você ainda me atrai como nos nossos primeiros anos de casados.

Quase se desesperando, Beatriz insistiu:

— Então, o que o levou a deixar-se seduzir?! Por que não foi um caso de uma noite? Você está envolvido.

Antônio foi tomado pela emoção. Ele saiu da posição defensiva e, abrindo seu coração, disse verdadeiramente emocionado:

— Beatriz, sei que nada do que eu disser justificará minha atitude. Você sempre foi uma esposa maravilhosa, uma mulher encantadora, e não merece estar passando por isso agora. Mas eu não sei o que me levou a agir dessa forma. Talvez tenha sido atraído pela aventura, pela novidade, não sei... Juro que não sei. Estamos casados há tanto tempo, tivemos momentos muito difíceis no início de nossa vida juntos, que foi sempre marcada com muita luta e trabalho. E logo vieram os meninos... Você sabe o quanto os filhos mudam a rotina do casal.

— Sim... eu sei! Mas justo agora, com nossos filhos crescidos e capazes de cuidar de suas vidas com autonomia, exatamente no momento em que poderíamos retomar nossa vida de casal de maneira mais tranquila e despreocupada, pois estamos bem financeiramente, justo nesse momento você se envolve com outra pessoa?

— Você está coberta de razão! Por isso eu acho que o problema está em mim, nessa necessidade que nós homens temos de autoafirmação, de termos que provar a nós mesmos nossa capacidade de sedução e da conquista do desconhecido. Só que o tempo foi passando, e, todas as vezes em que voltava a Porto Alegre, eu procurava por ela. Depois, Eveline pediu para vir ao Rio, e eu a hospedei em um hotel. Ela acha que sou um grande empresário, ficou impressionada e isso... isso alimentou tanto minha vaidade...

Nesse momento, Antônio e Beatriz já não seguravam as lágrimas:

— Você deu aquele *manteau* que vimos na Sloper, que eu adorei, para ela... Como teve coragem?

— Eu o teria dado a você, mas você não deixou! Sempre regulando nosso dinheiro, controlando nossos gastos, impedindo que fizéssemos alguma extravagância de vez em quando. A vida precisa de um pouco de ousadia e diversão. Entende, Beatriz, nossa vida juntos não pode cair na rotina, na monotonia.

— Mas foi esse meu jeito controlador, como você mesmo disse, que nos fez chegar à situação tranquila que temos hoje. Quantos homens gostariam de ter uma mulher que se importasse com as finanças da família, zelando para que nada falte a todos, economizando para dar serenidade ao marido? Você me ofende assim. E não justifica sua traição.

— Desculpe, não foi minha intenção. Eu amo você, Beatriz, acredite! Não existe entre mim e Eveline nenhuma ligação afetiva. É um envolvimento superficial...

— Não é isso que ela pensa! Eveline me falou que você é uma das coisas mais importantes da vida dela. Tem noção do mal que está fazendo? A mim, a ela, à nossa família. Você se envolveu em um emaranhado de mentiras e talvez esteja enganando a si mesmo também. Será que você realmente sabe o que sente?

— Claro que sei. Já lhe disse, Beatriz, que você é o amor da minha vida. É a seu lado que quero ficar.

Dizendo isso, Antônio aproximou-se na tentativa de abraçar Beatriz, mas a reação dela foi chocante para ambos:

— Não encoste em mim! — disse em elevado tom de voz, surpreendendo a si mesma e ao marido, que se afastou sobressaltado. — Por Deus, não me toque.

Desconcertado, Antônio apenas disse:

— Você está com ódio de mim!

Quase sem conseguir falar, ela disse ao marido:

— Não! Eu não o odeio! O que sinto é repulsa. Estou com nojo de você...

Aquelas palavras feriram profundamente Antônio, que jamais imaginara ouvir algo tão implacável vindo de sua mulher.

Beatriz foi até o banheiro. Precisava se recompor, se acalmar um pouco. Logo depois, Antônio a seguiu:

— O que está acontecendo com nós dois? Não podemos deixar as coisas desse jeito.

— Me deixe tomar um banho, por favor. Preciso de alguns momentos para refletir. Acho que você deveria fazer o mesmo.

— Tem razão. Precisamos nos refazer. Vou aproveitar que estamos sozinhos em casa e vou utilizar o banheiro de Henrique.

— Isso. Voltaremos a conversar depois.

Capítulo 10

Meia hora depois, Antônio retornou ao quarto do casal com duas xícaras de chá de camomila. Beatriz já o esperava de roupão, com os cabelos molhados, recostada em sua cama. Ela agradeceu a bebida quente e começou a sorver o líquido, sem olhar para o marido.

— O que você me disse há pouco foi muito duro. Você não faz ideia do que é ouvir que a pessoa que amo tem nojo de mim — disse Antônio.

— E você não faz ideia do que é imaginar a pessoa que amo aos beijos e às carícias com outra pessoa...

Beatriz sabia que havia sido impiedosa e até cruel ao dizer aquilo. Fora uma reação impensada, mas que refletia claramente seus sentimentos mais íntimos. E Antônio pôde perceber a dor profunda que causara na esposa.

— Eu sempre o amei, Antônio. Sempre o admirei mais que qualquer coisa em minha vida. Achava que você era tão diferente dos outros homens, que era especial, mas agora percebo que você é comum, como milhões de homens pelo mundo afora.

— Não fale assim, Beatriz, por favor...

— Essa é a verdade! Você falou sobre a vaidade e as necessidades masculinas, e é fato. Vocês todos são iguais. Há os mais liberais e arrojados, e há outros como você, que vivem escondidos atrás de uma máscara de correção e honradez, mas que são capazes de cometerem todo tipo de indignidade.

— Não sou assim, acredite. Cometi um erro e quero fazer o impossível para repará-lo.

— Você agiu como um egoísta. Não pensou em ninguém, apenas em satisfazer seus próprios desejos... Quantas foram antes dela?

Antônio a fitou pasmado:

— Não! Nunca houve ninguém. Foi a primeira vez que isso aconteceu, eu juro! Você precisa acreditar em mim!

Sustentando um olhar analítico, Beatriz foi taxativa:

— Como posso acreditar em você? Confiança, Antônio, é algo que se conquista. Não se ganha de mão beijada. Descobri que você é capaz de mentir com uma tranquilidade impressionante. Como posso saber se você está falando a verdade agora?

Constrangido, Antônio abaixou a cabeça resignado. Sabia que Beatriz estava certa. Tudo o que ela dissera até aquele momento era a mais profunda verdade:

— Sei que não adiantará nada, mas juro que nunca existiu outra mulher.

Beatriz deu um profundo suspiro:

— É muito estranho constatar que, neste momento, isso realmente não importa. Talvez você nunca venha a compreender, a alcançar a dimensão do estrago que uma traição desse tipo pode causar. É como se a perspectiva em relação ao mundo, à vida, mudasse completamente de forma. E você percebe que o fato em si perde prioridade diante de tantos outros questionamentos que surgem na sequência. Ao mesmo tempo em que uma imensa sensação de vazio se apodera de nós, surge uma necessidade premente de preenchê-lo com respostas, análises, novas prerrogativas sobre quem somos e o que queremos. Tudo isso, no entanto, parece suspenso no ar, pairando sobre nossas cabeças, esperando o momento certo em que tudo poderá se reorganizar. Se é que isso será possível um dia.

Antônio e Beatriz sentiam-se exaustos:

— O que você pretende fazer? — perguntou Antônio entre a curiosidade e o receio.

— Não consigo pensar em nada agora — respondeu Beatriz com voz muito baixa.

— Não quer saber o que eu farei? — disse Antônio. Porém, ante a ausência de resposta da esposa, ele prosseguiu: — Não vou mais procurar Eveline nem atenderei suas chamadas. Para mim, acabou!

Beatriz apenas lhe lançou um olhar chocado, franzindo o cenho, e nada disse.

— Vou arrumar minhas coisas. Irei para um hotel hoje mesmo — finalizou Antônio conformado.

Ele já estava se colocando a caminho de seu armário para separar suas roupas, quando Beatriz finalmente falou:

— Você não precisa ir a lugar algum!

Ele virou-se para ela com um resquício de esperança no coração. Estaria sendo perdoado? Beatriz prosseguiu: — São trinta anos de casamento, trinta anos de construção diária de uma relação, que não cabem em uma mala facilmente descartável. Também não quero que nossos filhos saibam o que está acontecendo. Isso é um problema entre nós dois. Não vejo razão para envolver Ana e Henrique.

— Mas Ana e Neusa me verão dormindo no quarto de Henrique.

— Em nenhum momento, eu lhe disse que você teria de ir dormir lá. Este quarto é tão seu quanto meu, portanto, você tem o direito de continuar aqui. Não quero proximidade, mas pode ficar aqui até decidirmos como resolver isso sem escândalos e estardalhaço.

Dizendo isso, Beatriz levantou-se, pegou uma roupa e foi se trocar no banheiro.

Antônio sentou-se na cama completamente surpreso com a reação da esposa. Seria um indício de que ela realmente poderia perdoá-lo? Ou apenas queria ganhar tempo para decidir a separação com racionalidade? Seus pensamentos foram interrompidos pela lembrança de Eveline. Como faria para romper com ela? Iria a Porto Alegre? Isso poderia piorar muito sua situação com Beatriz. Ele poderia também desaparecer simplesmente, não dar mais notícias, mas seria um atestado de sua falta de caráter. Beatriz não acreditava que ele fosse romper com a amante, e ele queria provar a ela que o faria.

Beatriz saiu vestida do banheiro:

— Vou até a cozinha verificar o que Neusa deixou para o jantar. Ana chegará da escola e, se não tiver nada pronto, irei até a marmitaria da Joana para comprar algo.

— Não voltarei mais ao escritório hoje.

— Faça como quiser.

— Quer que eu vá comprar a comida?

— Não é necessário — respondeu indiferente, enquanto deixava o quarto fechando a porta atrás de si.

Chegando à cozinha, Beatriz verificou que Neusa deixara os escalopes de peru e bacon prontos para serem apenas aquecidos na hora de servir. Havia arroz também e uma salada verde. Ficou decepcionada por não ter com o que se ocupar. Estava muito cansada, mas precisava distrair a cabeça de alguma forma.

Sem avisar ao marido, pegou algum dinheiro e foi para a rua. Caminhou alguns quarteirões até chegar ao estabelecimento de Joana. Entrou, comprou uma porção de brócolis refogados e voltou lentamente para casa, pedindo a Deus que não encontrasse nenhum conhecido interessado em puxar conversa.

Durante o trajeto, Beatriz pensava em tudo o que estava acontecendo, constatando que não conseguia definir seus sentimentos e que o melhor, por enquanto, era não tomar nenhuma decisão precipitada. Por alguns instantes, ela se questionou se realmente Antônio tomaria alguma atitude em relação a Eveline. Será que terminaria seu caso com ela? E se terminasse, isso resolveria a questão? Como Beatriz conseguiria continuar vivendo com Antônio após tamanha traição?

Quando estava chegando em casa, viu Ana Raquel no portão acenando para ela. Beatriz fez um gigantesco esforço para sorrir ao se aproximar da filha.

— Olá, mamãe. Cheguei um pouco mais cedo hoje. Estou exausta, pois foi um dia puxado. Voltando das compras a essa hora?

— Apenas senti vontade de comer brócolis e fui comprá-los na Joana.

— Está com uma aparência cansada, mãe. Podia ter pedido para Neusa ir comprar.

— Ela saiu mais cedo. Eu a dispensei para que pudesse resolver uns assuntos pessoais, mas Neusa deixou o jantar pronto.

— Recentemente, a senhora teve um mal-estar na rua. Deveria descansar mais ou ir ao médico. Estou achando que está abatida.

— Estou bem, filha. Não se preocupe. Agora vamos entrar. Eu gostaria de servir o jantar um pouco mais cedo hoje. Vou seguir seu conselho e me deitar logo após comermos.

— Não vamos esperar pelo papai?

— Ele também já está em casa.

Sorrindo, Ana Raquel disse:

— Que bom, todos chegando mais cedo. Então, vou só tomar um banho e já estarei pronta.

— Ótimo, faça isso.

***

Durante a refeição, foi difícil para o casal dissimular uma normalidade que não existia. Apesar dos esforços de Antônio e Beatriz, Ana Raquel percebeu o clima de tensão:

— Está tudo bem? Vocês estão muito calados.

Antônio se adiantou:

— Sim, minha filha, está tudo bem. Apenas estou pensando em algumas questões do trabalho.

Ana Raquel deu-se por satisfeita e dirigiu o olhar para a mãe:

— E você, mamãe? Parece tão preocupada...

Sem olhar para Antônio, Beatriz respondeu:

— Não consigo disfarçar não é, querida? Estou triste sim.

Antônio sentiu um arrepio percorrer seu corpo. Será que Beatriz decidira contar tudo à filha?

— O que aconteceu, mamãe? Posso ajudá-la?

— Não minha, querida, vai passar. É que hoje presenciei uma cena comovente no hospital.

Aliviado, mas curioso, Antônio indagou:

— O que houve? Pode nos contar?

Dirigindo-se à filha, ela continuou:

— Um senhor de uns oitenta anos perdeu a esposa. Ela havia acabado de morrer, quando cheguei à Santa Casa. Ele estava sentado sozinho no jardim, eu me aproximei e começamos a conversar.

— Nossa! Ele devia estar arrasado — disse Ana Raquel sensibilizada.

— Na verdade, ele estava muito triste, mas mantinha uma impressionante serenidade.

— Acho surpreendente esse tipo de pessoa, que consegue manter o controle mesmo nas situações mais difíceis — admirou-se Ana Raquel, enquanto o pai a observava.

— A ausência de remorso e culpa geralmente são os responsáveis por essa serenidade — disse Beatriz olhando de relance para o marido. — Ele me contou que viveu mais de sessenta anos ao lado da esposa. O nome dela era Orquídea.

— Que nome diferente para uma pessoa — sorriu Ana.

Beatriz continuou:

— Ele me falou coisas tão bonitas que fiquei muito emocionada. Jamais esquecerei algumas de suas palavras. Ele disse que a paixão é um sentimento fugaz e que podemos nos apaixonar inúmeras vezes na vida, mas que apenas o amor verdadeiro permanece quando a paixão acaba.

Antônio comia calado e de cabeça baixa, sem coragem de encarar Beatriz. Ana Raquel conversava sem notar a introversão paterna:

— Bonito isso — ela comentou. — E acho que no fundo ele está certo. Acredito na diferença entre paixão e amor.

— Acho que são conceitos, sentimentos, que confundem a maioria das pessoas. Contudo, esse senhor falava sobre isso com tanta sabedoria... Ele me contou ainda que se apaixonou por Orquídea diversas vezes durante a vida juntos, que viveram bons e maus momentos, mas que, no final, o amor entre eles sempre superou e venceu cada obstáculo — Beatriz percebeu o olhar discreto do marido sobre ela. — Porém, eu acho que casos assim são bem raros, e por isso as pessoas acabam se separando. Mesmo o desquite sendo algo tão difícil, principalmente para nós mulheres, ele acontece.

— É verdade, mãe. Acho que um dia as mulheres poderão ter mais liberdade para decidirem sobre suas vidas, sem julgamentos ou preconceitos da sociedade. Mas, ainda hoje, as mulheres que arriscam fugir dos padrões sociais sofrem muito. Você me contou o quanto o caminho de sua amiga Leonor foi árduo, apenas porque ela queria trabalhar fora e ter uma profissão.

— Com certeza, minha filha. Eu acredito em dias melhores para o universo feminino. Mas, por enquanto, tudo ainda é muito complicado. A sociedade não perdoa o que ela considera transgressão à sua ordem natural. Já aos homens parece que tudo é permitido e justificável... O que acha, Antônio?

Pego de surpresa, ele tentou se esquivar da resposta:

— Acho que vocês estão certas. A sociedade está mudando, e muitos velhos conceitos ainda cairão por terra.

— Minha filha, você pode tirar a mesa hoje? Gostaria de ir me deitar, pois estou realmente cansada — pediu Beatriz, ignorando o comentário simplório do marido e deixando a sala em seguida.

Capítulo 11

Quando Antônio abriu a porta do quarto do casal, Beatriz estava deitada e de olhos fechados. "Já adormeceu", pensou. Havia apenas uma tênue luz vinda da mesinha de cabeceira. Ele entrou cuidadosamente no cômodo para não fazer barulho, trocou de roupa no banheiro, deitou-se e apagou a luz.

Após alguns minutos na escuridão:

— Naquela noite... do acidente aéreo... Você ficou daquele jeito desnorteado, porque quem deveria estar naquele avião era ela, não é? — disse Beatriz pausadamente, surpreendendo o marido, que respondeu após alguns segundos de silêncio:

— Por que você insiste nesse tipo de questionamento, Beatriz? Isso fará alguma diferença? Não entende que não quero magoá-la ainda mais?

— Nada irá me magoar mais do que já magoou. Esses detalhes apenas me ajudarão a tentar compreender... Você ficou muito transtornado. Sua reação só veio a comprovar o quanto aquela mulher é importante em sua vida.

Antônio sentou-se na cama e acendeu o abajur, olhando para Beatriz que permanecia imóvel:

— Não! Você está enganada, Beatriz. O que ocorreu naquela noite foi apenas uma reação natural diante de tamanha tragédia. Se de fato fossem meus colegas de trabalho naquele avião, eu teria me sentido da mesma forma. Entenda... foi a perspectiva de constatar a morte tão brutal de alguém conhecido.

— Sei — respondeu friamente Beatriz. — Mas você passou a noite com ela...

— Ela estava uma pilha de nervos. Só não embarcou, porque havia esquecido alguns documentos no hotel. Ela sempre esquecia as coisas, mas, dessa vez, isso salvou sua vida.

— É... sou testemunha disso! Quando a vi pela primeira vez, ela havia esquecido o mapa que... que você havia lhe dado para que ela conseguisse chegar ao encontro marcado... E eu a ajudei a ir para seus braços...

— Não fique remoendo isso. Você jamais poderia adivinhar. Sua atitude não contribuiu em nada para que eu e ela nos aproximássemos. Foi uma ironia do destino. Não se cobre por isso — disse Antônio, sinceramente angustiado.

— E aquela história sobre espiritismo e pessoas que morrem em acidentes... Foi ela quem lhe falou sobre isso? Porque você havia me dito que foi um de seus amigos.

Envergonhado, ele respondeu:

— De fato, foi um amigo meu do escritório, mas não naquela noite... Ele havia comentado isso uma semana antes, em uma conversa informal no escritório. Fico arrepiado, parece uma premonição.

— E na noite do acidente, você nem sequer pensou em minha ansiedade e preocupação. Você saiu daqui muito nervoso, pegou o carro e me deixou muito apreensiva.

E enquanto eu passava a noite em claro aguardando ansiosa seu retorno, você estava ao lado dela, sem se preocupar com o que eu poderia estar sentindo.

Levando as mãos à cabeça, ele respondeu:

— Sei que nunca vai acreditar, mas eu também estava preocupado com você, embora fossem situações diferentes. Ela havia acabado de escapar da morte, e eu sabia que você estava em nossa casa, segura. Pensei em lhe telefonar, porém, não tive como.

— Você conhece a família dela?

— Que diferença isso faz?

— Muita. Se você chegou ao ponto de se relacionar com a família dela...

— Não, não conheço ninguém. Ela não mora em Porto Alegre. Ia para a capital me encontrar, mas depois voltava para sua cidade, onde nunca estive.

Finalmente, Beatriz também se sentou:

— O que você fez e toda essa situação envolvem muito mais do que apenas o sentimento de tristeza e decepção causados por sua traição, Antônio. Não posso tentar fazê-lo entender algo que nem eu mesma consigo definir. No entanto, essa questão sobre a noite do acidente parece tão menos importante agora...

— E por que você continua falando sobre isso e sobre outros detalhes? Não é fácil para mim... ter que lhe dar as respostas que deseja.

— Já lhe disse que preciso saber de tudo, para definir o que sinto... Você não tem ideia... não pode ter, pois nunca passou por isso. E em vez de ficar repetindo o quanto é difícil para você falar sobre isso, procure pensar um pouco no que significa para mim abordar esse assunto. Contudo, essas questões são necessárias.

— Não pense que sou indiferente aos seus sentimentos, Beatriz. Exatamente por isso é muito doloroso saber que tenho que falar coisas que irão feri-la.

Virando-se na cama para encarar Antônio, Beatriz disse:

— Antônio, não imagino como você dimensiona o que nos está acontecendo, porém, eu posso falar por mim: temos hoje uma situação extremamente delicada para lidar. Olho para você e não consigo definir o que sinto. Eu nem sequer consigo ter alguma certeza sobre quem você é. Achei que o conhecia, achei possível prever todas as suas atitudes e todos os seus sentimentos, que nossa vida era perfeita... Foram trinta anos supondo isso ou aquilo, e agora não tenho mais nenhuma certeza.

— Mas, Beatriz...

— Espere! Deixe-me falar — ela o interrompeu. — Olho para você e não sei o que sinto. Talvez fosse bem mais simples se eu o odiasse pelo que fez comigo... No entanto, não consigo sentir raiva, entende? A dor da ferida que me causou é tão forte e o que isso suscitou em minha alma é tão intenso que acredito não haver espaço para raiva. Estou confusa, muito mais pelo que se passa em mim diante disso tudo do que pela situação em si. Não sei se estou conseguindo me expressar com clareza sobre emoções tão complexas — concluiu Beatriz com os olhos marejados.

Antônio tentou acariciar o rosto da esposa, mas ela se esquivou discretamente. Ele não insistiu:

— O que mais posso dizer? Eu sinto muito ter lhe causado tanta dor. Fui inconsequente, irresponsável e egoísta... Você tem toda razão sobre isso. Se tiver alguma coisa, qualquer coisa, que eu possa fazer para ajudá-la a superar toda essa angústia...

— Não há nada que você possa fazer, Antônio, e falo isso sem nenhum ressentimento. Você não faz parte desse processo pelo qual estou passando. Você causou tudo isso, mas agora este momento é solitário, é somente meu. Pela primeira vez na vida, sinto-me completamente sozinha e a única responsável por minhas decisões e escolhas.

— Está me excluindo de sua vida?

— Você deu o primeiro passo...

— Tudo o que diz também me deixa confuso, mas fico aliviado que você não esteja com raiva de mim.

— Não se iluda! A ausência de raiva pode ser muito mais devastadora e significativa — ela concluiu apática, voltando a deitar-se em seguida de costas para ele. — Estou exausta. Por favor, apague a luz!

Antônio atendeu ao pedido de Beatriz, também se deitando. No entanto, no escuro, fantasmas transitavam em sua mente, impedindo que ele conciliasse o sono.

Era dia de reunião na escola, e Ana Raquel saíra muito cedo. Antônio levantou-se antes de Beatriz, tomou seu banho com todo cuidado para não acordar a esposa e colocou seu terno. Ao deixar o quarto, parou por alguns instantes ao lado da cama e observou a mulher.

Apesar dos últimos acontecimentos, a esposa dormia tranquila e serena. Antônio pensava: "O que fui fazer? Você é tão bonita, Beatriz! Sempre esteve ao meu lado, companheira, alegre, disposta a me ajudar em todas as situações. Será possível você me perdoar?". Após um profundo suspiro, ele deixou o quarto fechando a porta cuidadosamente, tomou seu café e foi para o escritório.

Neusa estava impaciente na cozinha. Nunca vira Beatriz dormir até tão tarde. Ela recolheu a louça do café da manhã, sem saber se deveria acordar a patroa ou começar a cuidar de seus outros afazeres.

Beatriz entrou na cozinha lentamente, ainda sonolenta:

— Dona Beatriz! Não sabia se deveria chamá-la. A senhora está doente?

Com um sorriso apático, ela respondeu:

— Não, estou bem. Apenas senti necessidade de descansar um pouco mais. Sofro do pecado da preguiça como todos os mortais — disse tentando se mostrar descontraída.

Neusa agiu com naturalidade:

— Ih, dona Beatriz! Há dias em que estou assim! Só venho trabalhar porque tenho muita consideração e gratidão pela senhora e por seu Antônio. Mas dá é mesmo uma vontade de ficar na cama o dia todo.

— Por favor, me dê uma xícara de café.

Enquanto pegava a garrafa térmica, Neusa deu prosseguimento ao assunto:

— Pois é, dona Beatriz, como eu lhe disse, tem dias que a canseira é grande. Ainda mais a senhora que trabalha em um hospital. Não deve ser fácil não.

— É verdade, é muito desgastante, no entanto, sou profundamente grata por ter essa oportunidade de auxiliar quem está passando por momentos de dor e tristeza.

Sentando-se à mesa com a patroa, Neusa falou desolada:

— É muito sofrimento. Graças a Deus sempre tive boa saúde, mas, todas as vezes que precisei ir a um hospital, fiquei muito nervosa. A senhora é uma pessoa muito especial por suportar conviver com isso sem necessidade.

— Sabe, Neusa, às vezes nós nos surpreendemos com nossos próprios sentimentos e com nossas atitudes. Hoje, começo a perceber que todo o meu trabalho como voluntária teve um grande valor para mim.

— Com certeza, a senhora ajudou muito mais as pessoas.

— A bondade e a compaixão são vias de mão dupla. O bem que eu fiz, por menor que tenha sido diante de minhas possibilidades, retornou para mim sem que eu percebesse.

— Não estou entendendo o que a senhora quer dizer — disse Neusa coçando a cabeça.

— Ver, semana após semana, o sofrimento daquelas pessoas doentes, de seus familiares, quase todos sem boas condições financeiras e que ainda têm de encarar a morte e a dor com a força que lhes resta, me fez pensar no que realmente é padecimento e no quanto dramatizamos situações que fazem parte da vida. Acho que o ser humano, olhando apenas para si mesmo, maximiza suas dores sem conseguir avaliar a real magnitude de seus problemas.

— Ah! Dona Beatriz, me desculpe, mas a senhora está falando muito difícil e não estou entendendo nada.

Sorrindo e com muita paciência, Beatriz respondeu:

— O que quero dizer, Neusa, é que devemos sempre analisar com muito cuidado o valor que damos aos nossos problemas. Acho que isso faria com que muita angústia fosse evitada — e mudando de assunto, ela questionou: — Antônio saiu muito cedo?

— Um pouco mais tarde que o habitual. Tomou um café rápido, nem quis comer nada. Ele trabalha tanto, não é? Que homem bom a senhora tem ao seu lado. Isso é uma bênção, não é, dona Beatriz?

— Você o admira muito...

— Mas, vixe! E não é para admirar? Homem bom é esse. Sempre dedicado ao trabalho e à família! Ele dá de um tudo para a senhora e para os meninos e nunca se esquece de mim também. É educado, respeitoso... Tem poucos homens como seu Antônio no mundo, viu?! A senhora tem muita sorte! — Neusa parou um pouco para respirar e prosseguiu sob o olhar atento de Beatriz: — Mas ele também tem muita sorte de ser casado com a senhora. É uma mulher bonita, zelosa, uma esposa de verdade! Que casal abençoado!

Beatriz não conseguiu conter o sorriso diante de tanta admiração, mas havia uma nova sombra em seu olhar. Ela se levantou:

— Obrigada pelo café, Neusa. Vou tomar um banho e me arrumar para sair. Acho que não venho almoçar.

— Ana Raquel disse que estará em casa na hora do almoço. Coitadinha! Vai almoçar sozinha novamente.

— Faça algo bem gostoso para ela. E aproveite e lhe faça companhia também. Vocês duas adoram conversar.

— Ah! Isso é verdade! Adoro conversar com ela. Pode deixar que também deixo o jantar pronto, caso eu vá embora antes de a senhora voltar.

— Está ótimo. Não sei mesmo a que horas volto para casa hoje.

Ao deixar a cozinha e passar pela sala, Beatriz parou e pegou o telefone:

— Oi, Leonor, podemos almoçar juntas?

— Nossa! Que bom que ligou! Estava aflita sem notícias suas. Claro, nos encontramos na Santa Casa. Você está bem?

— Inesperadamente bem, dentro do possível. Até mais tarde.

Capítulo 12

Os últimos acontecimentos deixaram Beatriz muito confusa em relação às suas emoções. Ela amava o marido e receava ter perdido o amor dele para sempre, no entanto, em vez de se questionar sobre os sentimentos de Antônio, sua preocupação se voltava para si mesma. Estava ferida, decepcionada e chocada e tinha a convicção de que sua vida jamais seria como antes. Beatriz não conseguia vislumbrar o que o futuro lhe reservava.

Nunca pensara na possibilidade de ser traída por Antônio. Ele nunca lhe dera razões para nenhuma desconfiança, sempre se mostrando ser um chefe de família exemplar e acima de qualquer suspeita. No íntimo, Beatriz temia ter que decidir sua vida ao lado de um homem que parecia agora ser um desconhecido imprevisível, no entanto, o que mais a surpreendia era o fato de se sentir estranhamente contida e racional.

Em nenhum momento, Beatriz passara por uma situação de descontrole emocional, pois jamais tivera motivos para isso, mas descobrir que o homem que amava estava mantendo uma relação com outra mulher era uma justificativa mais que suficiente para um rompante de ira. Entretanto, isso não aconteceu!

Beatriz se lembrou de seu pai, que a ensinara a agir com ponderação nas situações difíceis que surgissem em sua caminhada. Ele dizia que decisões tomadas no calor das emoções eram como bombas poderosas e destrutivas. Talvez o registro dos ensinamentos paternos em sua alma a estivessem mantendo em equilíbrio diante dos fatos.

Ela pensou em seus filhos. Até que ponto suas decisões afetariam Henrique e Ana Raquel? Se eles soubessem o que estava acontecendo, como reagiriam? O mundo pós-guerra estava se abrindo e modificando hábitos rapidamente, mas algumas convenções sociais eram mantidas. E ser filho de pais desquitados era, sem dúvida, uma situação delicada e muito constrangedora. Ambos ficariam estigmatizados e seriam rejeitados em diversos ambientes. Beatriz já tomara conhecimento de casos assim.

E ela? Teria coragem de enfrentar o mundo como uma mulher desquitada? Teria coragem de enfrentar a sociedade como sua amiga Leonor fizera?

Era impossível deixar de analisar o quanto as decisões sobre si mesma e sobre seu destino afetariam outras pessoas e Beatriz sentia uma imensa responsabilidade sobre isso. Mas como continuar vivendo ao lado de um homem, que se deitara com uma amante, desnudando seu corpo e sua alma? Beatriz estremeceu ao pensar em seu próprio corpo sendo tocado por mãos que levaram outra mulher ao prazer.

Não! Tinha que impedir a todo custo que esses pensamentos atormentassem sua alma já tão fragilizada. Fantasiar sobre o caso do marido tinha o poder de desestabilizar qualquer tentativa de prudência e sensatez, de fazê-la sofrer ainda mais e não traria absolutamente nenhum benefício na solução de seus problemas. Ela precisava ser forte e combater qualquer resquício de passionalidade. "Força, Beatriz! Seja íntegra e ponderada", ela pensava a todo o momento.

Beatriz caminhava pelo centro da cidade rumo ao seu encontro com Leonor, quando passou em frente a uma loja da qual não se lembrava, embora andasse com frequência por aquela rua. Era um estabelecimento muito pequeno, quase imperceptível em meio às demais lojas movimentadas e com vitrines chamativas.

Ela se deteve diante da pequena e discreta porta de madeira escura. Exatamente no centro da porta, um vidro opaco impedia a visão do interior da loja. Sua superfície apresentava relevos sutis ao toque e era adornada com detalhes dourados. Logo acima do vidro, uma pequena placa de bronze exibia apenas a inscrição: "Livros antigos".

Levada pela curiosidade aliada à sua paixão pelos livros, Beatriz resolveu entrar na lojinha. Ao abrir a porta, um pequeno sino anunciou sua chegada.

Um senhor muito idoso e de aparência simpática e bondosa apareceu diante dela caminhando apoiado em sua bengala, com a calma e tranquilidade de quem percebera a inutilidade da pressa há muitos anos. Após um breve cumprimento, ele perguntou se podia ajudá-la. Sua voz era suave e serena e causava um imenso bem-estar em Beatriz, que respondeu que apenas entrara para conhecer a loja.

O senhor pediu licença a Beatriz para se retirar, pois estava envolvido em uma tarefa no escritório, mas disse que ela podia ficar à vontade, olhar o que quisesse e que, caso precisasse de sua presença, bastava chamá-lo.

Sozinha no ambiente, Beatriz começou a observar atentamente as prateleiras e as grandes pilhas de livros dispostas sem muita ordem em cima de uma mesa. O aroma dos exemplares aguçava-lhe os sentidos e ela ficava, a cada instante, mais fascinada com o que via. Eram livros realmente bem antigos, e Beatriz deduziu que seria capaz de encontrar muitas raridades valiosas ali. Exemplares de capa dura em sua maioria se misturavam a outros, cujas capas eram de couro, verdadeiras obras de arte. Alguns mais simples, que necessitavam de pequenos reparos, estavam separados, mas todos transportavam Beatriz a um mundo gigantesco de histórias maravilhosas.

Ao se virar para examinar uma coleção mais de perto, Beatriz esbarrou na quina da mesa, e um livro, apenas um, foi ao chão. Nervosa e com medo de ter danificado o exemplar, ela se curvou rapidamente para pegá-lo. O exemplar havia caído aberto, com o texto voltado para cima. Assim que o pegou em suas mãos, as palavras nas páginas abertas lhe saltaram aos olhos: "Decepção, Ingratidão, Afeições Destruídas".

Beatriz permaneceu imóvel lendo e relendo aquele título, para, em seguida, dar prosseguimento à leitura do texto, que começava após um número, o 937, que ela não sabia o significado. "A ingratidão é uma prova para vossa persistência em fazer o bem". "Lamentai aqueles que têm para vós maus procedimentos que não merecestes, porque haverá para eles um triste retorno; mas não vos aflijais com isso: é o meio de vos colocardes acima deles".

Ela fechou o livro e ficou refletindo profundamente sobre o que acabara de ler. Em seguida, reabriu o exemplar na primeira página e encontrou as informações que buscava. Era uma tradução de *Le Livre des Esprits*, de Allan Kardec. Em português o livro se chamava *O Livro dos Espíritos* e fora traduzido por Fortúnio, de quem Beatriz nunca ouvira falar. A editora era a B. L. Garnier.

Achando que estava atrasada para o almoço com Leonor, Beatriz recolocou o livro cuidadosamente sobre a mesa e já seguia em direção à porta, quando ouviu a voz atrás de si:

— Se desejar, fique à vontade para levar o livro. É uma edição muito antiga, mas o grande valor está em seu conteúdo. Fortúnio era o pseudônimo de Joaquim Carlos Travassos, um médico nascido em Angra dos Reis. Ele foi o responsável pela primeira tradução de *O Livro dos Espíritos* aqui no Brasil.

Embaraçada e sem conseguir compreender o que estava ocorrendo, Beatriz agradeceu ao senhorzinho, mas disse que não levaria o livro.

— As portas estarão sempre abertas para quando quiser prosseguir na leitura. Meu nome é Ismael, um amigo para sempre que precisar. Siga em Paz e que Deus a acompanhe — ele concluiu com um sorriso.

Beatriz agradeceu novamente e saiu ensimesmada sobre como ele descobrira qual livro ela estava lendo, pois tinha absoluta certeza de que estivera sozinha todo o tempo.

Pouco depois, Beatriz chegou ao restaurante onde Leonor já a aguardava:

— Achei que tivesse se esquecido do nosso encontro. Como você está? Antônio saiu de casa?

Beatriz se sentou e começou a narrar para a amiga tudo o que acontecera em suas conversas com o marido e sobre como estava se sentindo.

Leonor mal acreditou ao saber que Beatriz não tomara nenhuma atitude e que ainda permitira que Antônio permanecesse em sua casa, e pior, em sua cama. Ela tentou alertar a amiga, falando sobre autoestima, respeito e novas traições que ainda poderiam acontecer, afinal, segundo ela, quem faz a primeira vez é capaz de fazer sempre.

Leonor, no entanto, não conseguiu dissuadir Beatriz de seu posicionamento, que era o de agir com muita cautela, sem nenhum tipo de escândalo e sem que o comportamento do pai chegasse ao conhecimento de seus filhos. Leonor deu-se por vencida diante da determinação da amiga e apenas se colocou disponível para qualquer coisa.

Ao sair do restaurante e se despedir de Leonor, Beatriz seguiu até a Igreja Nossa Senhora do Carmo, próxima de onde estava. Não estava acontecendo nenhuma missa naquele horário, e o silêncio e a paz reinavam no interior do templo, ignorando o burburinho agitado do entorno.

Beatriz escolheu um banco e ajoelhou-se no genuflexório. Não era católica praticante, mas aprendera com a mãe e a avó o poder de uma oração. Com o coração contrito, ela pediu a Deus que lhe indicasse qual o caminho a seguir, forças para suportar aquele momento e sabedoria em suas decisões. E acima de tudo, pediu que conseguisse uma luz sobre si mesma, para compreender todo o turbilhão de sentimentos que guardava em sua alma. Quando já se preparava para levantar-se, hesitou, cruzou novamente as mãos e pediu a Deus que tivesse piedade de Eveline, que nem sequer imaginava o quanto estava sendo enganada também, e de Antônio, cuja culpa pelos erros certamente o martirizavam naquele momento.

Após a oração, Beatriz se sentou no banco e voltou a pensar nas palavras lidas em *O Livro dos Espíritos*. Não se lembrava exatamente de tudo, mas a mensagem estava fixada em sua mente.

Ela entendera que não cabia a ela punir ou julgar o comportamento de Antônio e que ele, na verdade, era quem tinha um problema a resolver. Ele fora o desonesto, o egoísta, e teria de arcar com as consequências de suas atitudes.

Beatriz precisava definir como proceder dali para frente, mas sua alma, embora profundamente entristecida, estava livre de qualquer culpa ou remorso. E foi com esse sentimento de alívio que ela voltou para casa, apercebendo-se fortalecida para enfrentar sem medo o cenário que a aguardava.

Capítulo 13

Antônio não era homem de muitos amigos. Não gostava de compromissos sociais, de bares e festas. Fascinado por sua profissão, mantinha uma boa relação com os colegas de trabalho, comparecendo a alguns eventos profissionais, como coquetéis de inauguração, seminários e reuniões, o que lhe bastava. Mas havia um engenheiro na empresa onde Antônio trabalhava com quem ele estabeleceu uma convivência um pouco mais próxima.

Herculano tinha quase a mesma idade de Antônio, era casado, pai de quatro filhos, e ainda abrigava em sua casa a cunhada, que ficara viúva logo após o casamento e que não conseguia se recuperar do baque sofrido, necessitando do apoio incansável da irmã para enfrentar a vida e seguir seu caminho, apesar do sofrimento. Herculano era um homem encorpado, rosto redondo e rosado e sorriso bonachão. Um homem grande, tão grande quanto seu coração.

Fora ele quem esclarecera a Antônio sobre as mortes em grandes acidentes ou catástrofes e lhe falara sobre os resgates coletivos.

Ele vinha de uma família de seguidores e estudiosos do espiritismo, mas pouco falava sobre isso, limitando-se a externar seus conhecimentos apenas quando alguma situação necessitava de uma compreensão que levasse conforto e entendimento a qualquer pessoa.

A casa de Herculano vivia cheia de amigos e parentes, e ele ainda encontrava espaço e tempo para cuidar de quatro cachorros e três gatos. As despesas eram grandes e as dificuldades eram muitas, mas ele estava sempre de bom humor e era um otimista nato.

E foi com Herculano que Antônio se sentiu à vontade para desabafar a angústia que o dominava.

Naquele dia, Antônio convidou o colega para almoçarem juntos no centro da cidade, ocasião em que pôde abrir seu coração:

— Meu amigo, agradeço por ter aceitado meu convite. Preciso muito de um conselho, pois estou me sentindo perdido.

— Já havia percebido que anda cabisbaixo e nervoso. Você me conhece, Antônio. Não sou invasivo e não queria me intrometer, mas sabe que pode contar comigo sempre. O que está havendo?

— Dei um passo em falso, Herculano, me meti em uma situação complicada e agora sinto que não tenho saída. Eu tenho uma amante, e minha esposa Beatriz descobriu tudo.

Arregalando os olhos por alguns segundos, Herculano respondeu:

— É, meu camarada, você não foi o primeiro e não será o último. Mas o que o angustia? Ficar sem a amante ou perder sua mulher? Ou, na pior das hipóteses, perder as duas?

Com a fisionomia tensa, Antônio respondeu:

— Não quero perder Beatriz! Amo de verdade minha mulher!

— Então, por que a traiu? O que o levou a procurar uma amante?

— Eu não a procurei, Herculano. As coisas simplesmente aconteceram. Foi um acaso, e, quando me dei conta, estava envolvido.

— Quer dizer que foi privado de seus sentidos, de sua consciência e *pimba*! Quando voltou a si, estava na cama com outra mulher — disse Herculano sorrindo provocativamente.

Antônio franziu o cenho:

— Não brinque, pois a situação é séria! Beatriz me deixou ficar em casa, pois não quer que nossos filhos saibam o que está acontecendo. No entanto, desde que conversamos a primeira vez sobre o assunto, ela não mais falou comigo. Não sei o que ela está sentindo ou pensando. Às vezes, acho que Beatriz vai me perdoar, mas depois fico com receio de que ela peça a separação.

— Não estou brincando, Antônio! O que eu lhe disse é muito sério! Se não sofreu nenhuma privação de consciência, você sabia exatamente o que estava fazendo. E ninguém o obrigou a fazer o que fez. Agora, resta saber o que o levou a esse relacionamento, pois só assim você conseguirá, se assim desejar, tomar alguma atitude para salvar seu casamento.

— Claro que quero salvar meu casamento. Eveline é uma mulher interessante, atraente, mas foi um envolvimento sem nenhuma perspectiva de se tornar uma relação duradoura. Eu jamais pensei em largar Beatriz.

— Sei... Eveline é sua amante. Ela sabe que você é casado?

— Não! — respondeu Antônio envergonhado.

Com um profundo suspiro, Herculano disse sem meias palavras:

— Então, meu caro, você está enganando duas mulheres, sendo desleal com ambas.

— Afinal, de que lado você está, Herculano?

— Do lado da verdade, da honestidade e da lealdade. Sinceramente, você tem agido muito mal e agora terá de enfrentar a situação e suas consequências. Você foi muito homem para dar conta de suas duas mulheres e terá de ser mais homem do que nunca para assumir seus erros.

— O que eu tive foi falta de sorte! Todo homem tem seus casinhos aqui e ali. A vida é assim, isso é normal. Porém, foi uma tremenda ironia do destino Beatriz ter descoberto tudo da maneira mais inesperada.

— Nosso mundo é muito machista, Antônio. Ao homem tudo é permitido e perdoado. Sempre há uma justificativa para certas atitudes masculinas, mas eu não penso como a maioria. Para falar a verdade, não entendo por que os homens precisam dessas aventuras. O que querem provar, afinal?

— Ora, você é homem também! Vai me dizer que nunca deu uma escapadinha?

— Não. Estou casado há trinta e cinco anos e jamais me envolvi com outra mulher. Ocupava-me demais tentando levar tranquilidade e uma vida boa para minha família. Sempre trabalhei muito, tive filhos muito cedo e nem tinha tempo para pensar nessas bobagens.

Com um fraco sorriso, mas repleto de ironia, Antônio respondeu:

— Não acredito que nunca tenha sentido desejo por outra mulher...

— Desejo? De verdade? Acho que não. Claro que sei admirar uma mulher bonita. É só andarmos pelas ruas, aqui do centro da cidade mesmo, para vermos mulheres lindas, alinhadas e sedutoras aos montes. Eu não fico indiferente quando elas passam, Antônio. No entanto, em minha opinião, olhar uma mulher bonita não me faz desejá-la. Sabe por quê? Porque o desejo se conecta de alma para alma. Isso acende meu desejo.

— Você está complicando o que é simples.

— Não, senhor. Você é que não está querendo ver. Minha mulher pode não ter o rosto mais bonito nem o corpo mais sedutor, mas ela me deu o que tenho de mais precioso na vida: meus filhos. Foi ela quem esteve ao meu lado durante todos esses anos, suportando minhas rabugices, fazendo de tudo para que eu me sinta feliz, suportando incansável todos os momentos difíceis. Com ela dividi também todos os momentos mais felizes de minha vida. E tudo isso faz dela a mulher mais linda do mundo. O que posso querer mais?

— Mas é importante a gente se sentir desejado e ainda capaz de atrair alguém mais jovem e...

— Será que você se acha tão pequeno para precisar disso em sua vida? Preste atenção no que está dizendo: "Eu preciso me sentir desejado". Você tem o amor de sua família, a admiração irrestrita de seus filhos, um bom trabalho. Homem! Quem tem o que conseguimos construir não precisa de coisinhas pequenas e sem consistência para ser feliz. Pelo que vejo, você foi movido apenas por um conceito cultural, que está bem entranhado em sua alma.

— O casamento não pode ser uma prisão.

— Se você se sente preso, saia desse casamento.

— Já lhe disse que não quero sair. Eu amo Beatriz. E mesmo que eu quisesse, sabe o que significa um desquite? Isso é tudo muito complicado, Herculano.

Tomando uma expressão mais séria, Herculano respondeu:

— Antônio, meu amigo, você está sofrendo e está completamente confuso e perturbado. Em nosso país, o casamento é regido por determinadas leis, que existem para garantir e regular os interesses da família. E pelo mundo afora, essas leis são completamente diversas. Em alguns países, o que você fez, além de não ser errado, pode estar totalmente dentro da lei. Não existe no mundo países com leis humanas que sejam idênticas, porém, a união entre duas pessoas deve ser regida apenas pela lei do amor. Essa é a que vale. E onde há amor, há respeito, lealdade.

Antônio olhava para Herculano como uma criança diante de seu primeiro professor:

— Mas alguns casamentos não dão certo, Herculano. Você sabe disso.

— Claro que isso pode acontecer, Antônio, e tenho certeza de que um dia a sociedade vai entender que nada além do amor deve unir duas pessoas. E quando isso acontecer, os preconceitos que existem hoje e causam tanto sofrimento às pessoas já não existirão mais e todos poderão viver sua busca pela felicidade. Mas não é seu caso. Você mesmo disse que ama sua esposa. Acabou se envolvendo com outra mulher por leviandade, por conceitos distorcidos do papel que nós, homens, devemos exercer em sociedade, assim como é distorcido o papel que a mulher deve cumprir durante sua vida.

— Você me deixou mais confuso com esse discurso.

Relaxando e voltando a sorrir, Herculano respondeu:

— Tenho certeza de que tudo o que falei o fará pensar, analisar e encontrar as respostas de que precisa. Eu não posso lhe dar essas respostas, pois elas estão dentro de você. Porém, se tudo der errado, sempre há espaço na minha casa para acolher um amigo desamparado.

Com esse comentário, Herculano conseguiu arrancar uma risada de Antônio, e, então, os dois terminaram o almoço de maneira mais tranquila e descontraída.

E, como Herculano previra, suas palavras não saíram da cabeça de Antônio por um longo tempo.

No fim da tarde, os funcionários já estavam encerrando o expediente, mas Antônio permanecia em seu escritório, pensativo e sem disposição para ir para casa.

Tudo o que o amigo lhe dissera era verdade. O envolvimento com Eveline começara por pura vaidade, e Antônio agora corria o risco de ver sua vida desestruturada e perder a única mulher que de fato amou na vida.

Antônio estava arrependido do passo que dera e pensava que, se pudesse voltar no tempo, faria tudo diferente. Mas a verdade é que não é possível mudar o passado. Ele não tinha condições de arrancar o sofrimento que causara a Beatriz. Não podia apagar o fato de ter se envolvido com Eveline.

Tudo isso atormentava Antônio de tal maneira que ele nem sequer conseguia manter uma linha de raciocínio coerente. E, dessa forma, não conseguia estabelecer uma conduta a seguir dali para frente.

Antônio lembrou-se das palavras ditas por Herculano ao finalizar o assunto: "Você tem que enfrentar a si mesmo, meu amigo! O que passou passou e não pode ser alterado. Você terá que entender o que se passa em seu coração, aceitar seus erros, se perdoar e, só depois, com muita honestidade, poderá tentar reconstruir sua vida ao lado da mulher que ama. No entanto, se ela não quiser mais ficar ao seu lado, seja homem e aceite as consequências da situação que você mesmo criou".

Antônio estava se sentindo um covarde. Não tinha coragem de perguntar a Beatriz como ela estava e passou a evitar as ligações de Eveline. Não sabia o que fazer. Sentia-se também envergonhado diante da filha, mesmo ciente de que ela ignorava o que ele fizera. Estava perdendo sua concentração no trabalho, e isso nunca acontecera antes. Ele precisava tomar uma atitude. Precisava conversar com Beatriz.

Antes de tudo, no entanto, Antônio tinha de resolver sua situação com a amante. Iria a Porto Alegre conversar pessoalmente com Eveline. Jamais contaria a ela sobre seu casamento, mas arrumaria uma boa desculpa para romper aquela relação.

Sim! Era isso que queria e precisava fazer. Passara bons momentos ao lado de Eveline, mas jamais deixaria Beatriz para ficar ao lado dela.

Finalmente, ele tomara uma decisão. Iria o quanto antes para Porto Alegre. Eveline era uma moça compreensiva e de temperamento doce. Certamente, iria sofrer, mas aceitaria o fim sem maiores problemas. Logo ela encontraria um novo amor, o homem certo que a faria feliz. E feito isso, ele iria se empenhar em reconquistar a confiança de Beatriz.

Capítulo 14

Antônio teve com Beatriz mais uma dolorosa e delicada conversa. Precisou explicar que iria a Porto Alegre para resolver sua situação com Eveline.

Em muitos momentos, Antônio tentou notar em Beatriz algum sinal de que sua atitude abria as portas para a reconciliação, mas a esposa manteve-se em uma postura discreta, sem externar o que se passava em seu coração. Ela apenas deixou claro ao marido que essa era a única atitude digna que esperava dele e que qualquer outra postura que Antônio assumisse, como fugir de um novo contato com a amante, seria a certificação de sua falta de caráter e o derradeiro ponto naquele casamento já tão fragilizado.

Ao mesmo tempo em que incentivava o marido a enfrentar com hombridade a situação causada por sua irresponsabilidade, Beatriz, movida unicamente por uma vaidade descomedida, se sentia profundamente abalada ante a realidade inevitável: seu marido, seu amor, estaria novamente ao lado daquela que abalara as suas estruturas familiares, ilusoriamente tão sólidas até então.

Será que Antônio conseguiria dar o término planejado ao seu caso extraconjugal, ou novamente fraquejaria e iria sucumbir ao prazer que a aventura lhe proporcionava? Beatriz não teria essa resposta! Não naquele momento.

Mais uma vez, a mente de Beatriz ameaçou-lhe o equilíbrio da sensatez com divagações vazias e projeções concebidas perigosamente no campo das suposições, e ela teve de buscar todas as suas forças para não se entregar a perigosos devaneios.

Tudo o que ela estava vivendo já era difícil demais por si só. Não era necessário que ela agravasse ainda mais o tormento que vivia, preenchendo-o com um enredo criado nos campos da desilusão.

Antônio, percebendo a inutilidade de seus esforços em barganhar a reconciliação pela determinação de seu rompimento definitivo com Eveline, recolheu-se envolvido por suas dúvidas e decidiu que agendaria sua viagem para os próximos dias. Essa tentativa de conseguir o perdão da esposa apenas pela decisão de enfrentar a amante, deixou Beatriz mais convicta de que o marido não tinha a menor consciência de seus atos e suas consequências. Essa constatação deu a ela a forte impressão de que o dilema que vivia poderia ser ainda mais profundo e pungente.

Naquela mesma noite, durante o jantar, o casal percebeu que não havia mais como evitar o constrangimento causado pela difícil convivência entre ambos.

Para maior decepção de Beatriz, após a refeição e justificando precisar descansar, Antônio se recolheu deixando a mulher diante do suspeitoso olhar de Ana Raquel.

Sozinha e responsável por ter que relatar o que se passava para a filha, Beatriz se esforçava para concatenar as ideias com a presteza que o momento lhe exigia. De forma alguma, ela poderia ser passional em seu relato. Teria que expor a situação sem se esquecer de que os filhos nunca poderiam servir de munição ou escudo na crise conjugal. Assim como não poderia jamais esperar de Ana Raquel ou Henrique qualquer tipo de parcialidade. Muito pelo contrário, teria que ser forte e correta, deixando claro que independente de qualquer mágoa que Antônio tenha lhe causado, ele sempre seria um pai amoroso e dedicado aos filhos. E a alma de Beatriz era dotada naturalmente dessa consciência alimentada por seu bom caráter.

Enquanto se preparava para iniciar a conversa com a filha, Ana Raquel, sempre sensível e observadora, tomou a iniciativa, surpreendendo a mãe ao revelar que já percebera que o casal estava enfrentando uma crise, mas que por respeito à privacidade dos pais se limitara a aguardar os acontecimentos. Ana Raquel não sabia exatamente o que estava se passando, e foi com delicadeza e cuidado que Beatriz contou toda a verdade à filha.

Apesar de se sentir chocada e profundamente decepcionada com a atitude do pai, Ana Raquel, amparada pela coerência da mãe, conseguiu vencer a raiva momentânea que sentiu ao ver Beatriz tão ferida. Seu lindo castelo, que abrigava a família perfeita, desmoronara, e apesar de buscar a racionalidade com todas as suas energias, seu coração estava triste como nunca antes esteve.

Beatriz sabia que seria uma conversa difícil e longa, mas não imaginara que seguiria madrugada adentro e que só se recolheriam quando o amanhecer sinalizasse sua chegada com o frescor da esperança de um lindo e novo dia, alheio aos conflitos que habitavam aqueles corações.

Ana Raquel precisava de tempo para assimilar toda a situação. Como filha, sentia a dor da mãe, mesmo sendo aconselhada pela própria Beatriz a não tomar para si a questão. Mas, ainda como filha, não conseguia deixar de sentir o imenso amor que nutriu pelo pai a vida toda, mesmo diante da profunda decepção. Rolando na cama sem conciliar o sono, Ana Raquel sentia que não seria capaz de aceitar a traição de Antônio e agradeceu por não ter de encontrá-lo no café da manhã. Sabia que ele sairia cedo, e, mesmo sem conseguir dormir, só deixaria o quarto depois que ele partisse.

Também insone, Beatriz não se esquivou da despedida fria e tensa, que deixava atrás de si nada mais que um imenso rastro de incertezas.

Dias depois, já em Porto Alegre, Antônio ligou para Eveline pedindo-lhe que o encontrasse o quanto antes no hotel. Ela se surpreendeu com a chegada inesperada do namorado, mas, apaixonada e feliz, prontamente confirmou que apenas resolveria algumas pendências e seguiria para a capital.

Antônio sabia que Eveline não levaria menos de duas horas para chegar e aproveitou o tempo que teria pela frente para ensaiar o que diria. Lembrou-se do único pedido que Beatriz fizera: que ele preservasse seus filhos e a ela mesma de qualquer exposição, o que o fez colocar em dúvida se diria a verdade a Eveline sobre seu casamento.

Ele pensou que poderia apenas alegar problemas com a falsa mãe doente, o que dificultaria ainda mais os encontros, sendo uma boa desculpa para um afastamento. Alegaria que, quando a situação melhorasse, poderiam retomar a relação. Com isso, ganharia tempo até o rompimento definitivo.

Outra opção seria confessar apenas que se enganara em relação aos seus sentimentos e que precisava de um tempo sozinho para refletir. Contudo, Antônio sabia do envolvimento de Eveline e que ela não desistiria de tentar convencê-lo do amor que sentiam um pelo outro.

Atormentado por não encontrar uma solução satisfatória, Antônio se deu conta de que uma mentira contada é como uma avalanche, que, quando iniciada, leva com ela o impulso de várias outras mentiras, que vão se avolumando e envolvendo descontroladas o que encontram pela frente, sem que nada possa detê-las.

Se não contasse a verdade para Eveline, estaria apenas adiando a solução do problema e atestando não estar convicto de sua atitude, portanto, não seria digno do perdão de Beatriz.

Quando se viu flagrado em sua falta, Antônio percebeu o quanto Beatriz era importante em sua vida. Na iminência de perdê-la, descobriu que não poderia viver sem o amor, o companheirismo e a presença constante da esposa. Assim como não queria perder sua harmonia familiar e os maravilhosos momentos de alegria em sua casa ao lado dos filhos. Antônio entendeu que tudo aquilo a que muitas vezes se referira como rotina era, na verdade, o mar sereno da estabilidade, uma conquista que muitos almejavam, mas que nem todos conseguiam. E entendeu também que estava a ponto de simplesmente jogar tudo fora.

Quando chegou ao hotel, Eveline logo percebeu que Antônio estava diferente e foi tomada por um mau pressentimento, que foi confirmado pouco depois.

Todo o planejamento feito por Antônio nas horas que antecederam ao encontro foi por água abaixo, e, sem pestanejar, ele falou sem rodeios, confessando sua vida dupla e assumindo seu casamento. No íntimo, Antônio concluíra que, quanto mais objetivo ele fosse, mais rápida seria a conversa, e assim ele poderia retornar a São Paulo repleto de esperanças de reconquistar a vida que estava ameaçado a perder.

Para sua total surpresa, no entanto, a meiga Eveline idealizada por Antônio, que se baseara nos ocasionais momentos de prazer que viveram juntos, evaporou em questão de minutos. A realidade mostrou-se sem nenhum artifício, sem nenhum disfarce. A amante ficou enfurecida com a narrativa de Antônio, e as lágrimas que lhe banhavam a face estavam mergulhadas em ódio e revolta.

Eveline não estava disposta a compreender e muito menos a aceitar qualquer um dos argumentos apresentados por Antônio. Em sua ira explosiva, ela quebrou alguns objetos no apartamento e, por mais de uma vez, partiu para agredir fisicamente o amante, além de ofendê-lo com palavras do mais baixo calão, que ele jamais poderia supor virem daqueles lábios tão doces em um passado recente.

Foi com muito custo que o clima serenou ante uma postura mais enérgica por parte de Antônio. Eveline finalmente se recompôs.

Vencida pelo cansaço, ela entendeu que nada lhe cabia fazer a não ser aceitar que era o fim de um sonho e que aquele homem, a quem dedicara seu corpo e seu amor, não passava de um canalha. Mas, antes de sair, deixou bem claro que aquela história não terminaria ali e que ele não ficaria impune pelo sofrimento que lhe estava causando.

E foi sob essa ameaça que Antônio viu Eveline deixar o apartamento batendo furiosamente a porta atrás de si.

Atordoado e ainda sob o impacto da cena inusitada que acabara de protagonizar, Antônio deixou seu corpo desabar sobre a cama, tentando identificar a mulher que esteve diante dele nos últimos instantes. Em nada ela lembrava-lhe a Eveline dos encontros ardentes e repletos de paixão, a amante de palavras doces de compreensão, sempre disponível para atender a seus desejos sem nada lhe cobrar.

Exausto, Antônio acabou se entregando a um sono profundo. Em vez de encontrar o descanso, teve pesadelos que o fizeram acordar horas depois, banhado em suor e ainda mais cansado do que antes.

Mesmo abatido e confuso, decidiu que era hora de voltar para casa. Ainda teria outra batalha a enfrentar, e essa, ele não poderia nem queria perder.

Capítulo 15

A cozinha já estava arrumada após o jantar, quando Beatriz entrou e se sentou em silêncio.

Neusa a observou por alguns instantes e falou em seguida:

— As coisas não vão bem, não é?

Abatida, Beatriz apenas respondeu negativamente com um leve movimento de cabeça.

— O patrão não ia voltar de viagem hoje?

— Foi o que pensei, mas parece que meus temores estão se confirmando.

Puxando uma cadeira, Neusa disse timidamente:

— Deus me livre de me intrometer na vida dos patrões, mas tem algo que eu possa fazer para ajudá-los? Vejo que a senhora anda triste, mas achei que era apenas saudades de Henrique. É coisa com seu Antônio, não é?

— Você convive conosco há tantos anos e sempre foi muito atenciosa e prestativa, Neusa. Conhece nossos temperamentos e nossa rotina, então é natural que tenha notado algo errado.

— Depois da viagem de Henrique, a casa ficou mais quieta, mas, de uns tempos para cá, ela ficou com um ar pesado. Falta a felicidade no ar que sempre teve, e tudo ficou confuso. Até as refeições não têm mais ordem! E é por isso que não pude deixar de perceber que estavam com problemas.

— Às vezes, nós nos achamos imunes às crises, pelo menos a algumas delas. Vamos seguindo com nossa vida feliz e tranquila, sempre achando que coisas ruins, que vemos todos os dias, jamais nos irão atingir. Até que o inesperado acontece, e ficamos desorientados, sem saber como resolver o problema.

Mordendo os lábios de preocupação, Neusa falou convicta:

— Olha, dona Beatriz, se for problema de dinheiro, não se preocupe comigo. Tenho umas boas economias, e, se a senhora estiver com dificuldades, não precisa me pagar o salário até as coisas melhorarem.

— Querida Neusa, muito obrigada! Você me comove com sua amizade, no entanto, fique tranquila. Não tem com que se preocupar, pois, graças a Deus, estamos equilibrados financeiramente. E antes que você pergunte e também fique apreensiva, estamos todos bem de saúde.

— Vixe! É problema de casal, então! Olhe, dona Beatriz, seja lá o que for que esteja acontecendo, saiba que isso vai se resolver. Nunca vi um casal tão unido e feliz como a senhora e seu Antônio. E todo mundo passa por isso um dia, não é? Não conheço ninguém que tenha vivido um mar de rosas a vida toda. Isso é fantasia.

— É... você tem razão. Mas, no íntimo, nós sempre achamos que nossa vida é perfeita e que jamais teremos que enfrentar algo assim.

— Não fica triste. Seu Antônio é uma pessoa tão boa, ama tanto a senhora... e são tantos anos juntos... Tenho fé de que vocês vão conseguir superar qualquer problema.

Beatriz lançou um sorriso melancólico e se levantou:

— Mais uma vez obrigada, Neusa. Você é uma funcionária excelente e uma amiga preciosa. Vou descansar em meu quarto. É melhor você ir embora também, antes que fique muito tarde.

— Deixo um prato para quando seu Antônio chegar?

Beatriz deu de ombros:

— Não se preocupe. Acho que ele não volta hoje — respondeu, enquanto saía da cozinha levando sua tristeza como uma sombra.

Quando passava pelo corredor, Ana Raquel a chamou.

No quarto, elas conversaram por alguns momentos. Ana Raquel contou para Beatriz alguns de seus planos, esperando a anuência da mãe.

As férias escolares estavam chegando, e Ana decidiu que iria visitar o irmão nos Estados Unidos. Passaria o máximo de tempo possível com ele, deixando, dessa forma, os pais mais à vontade para resolver a situação pela qual passavam.

A princípio, Beatriz ficou insegura com a perspectiva de não ter o apoio próximo da filha, mas, ante os argumentos de Ana, ela acabou concordando que seria uma boa decisão. A crise que estavam vivendo dizia respeito a ela e a Antônio, embora qualquer desfecho, de alguma forma, viesse a envolver toda a família.

Mãe e filha decidiram não comentar nada com Henrique, pelo menos por algum tempo. Ele estava se dedicando aos estudos em outro país, se adaptando à nova vida, e nada poderia fazer para ajudar. E tomar conhecimento do que estava acontecendo com os pais só lhe traria preocupações.

Animada com a viagem e com a certeza de que no retorno tudo estaria solucionado, Ana Raquel iniciou os preparativos. No dia seguinte, logo pela manhã, iria comprar sua passagem e enviaria um telegrama ao irmão avisando-lhe de sua chegada.

Após a conversa com Ana Raquel, Beatriz foi para seu quarto, certa de ter agido da melhor forma. Não podia impedir a filha de se afastar daquele clima horrível que pesava sobre ela e o marido. E Ana estava coberta de razão quando disse que, sozinho em casa, o casal se sentiria mais livre para conduzir a questão.

Depois de tomar um banho quente, Beatriz se deitou exausta. Olhou para o relógio e não conseguiu conter as lágrimas. Antônio não resistira, por certo, ao poder de sedução da amante... e seu casamento estava destruído!

Leonor achava que Beatriz deveria expulsar Antônio de casa. Neusa, mesmo sem ter nenhuma noção da situação, acreditava na reconciliação. E Beatriz? Em que ela acreditava?

Em seu peito, naquele momento, só havia angústia e uma profunda solidão.

Embora lutasse para evitar, as recordações começaram a circular em sua mente. O dia do casamento, a chegada dos filhos, as viagens e tantos outros momentos felizes que ela e Antônio compartilharam. Lembrou-se também dos problemas que enfrentaram na construção da vida familiar, da perda de pessoas queridas, como seus pais e os pais de Antônio, e das circunstâncias de grande dificuldade financeira que tiveram que superar. Cada situação ruim, no entanto, fora vencida pela união dos dois e pelo amor que os movia, fazendo Beatriz e Antônio se tornarem cada vez mais fortes, companheiros e cúmplices.

Como pôde uma vida assim sucumbir a uma aventura? O que se passava na cabeça daquele homem com quem ela vivera todos esses anos, para rasgar as páginas dessa história?

Beatriz não conseguia entender. Quando conversaram, Antônio reafirmou seu amor, e ela conseguiu captar sinceridade em suas palavras. Mas, então, por quê? Como ele podia fazer sofrer a mulher que dizia amar?

Antônio tentara justificar-se, dizendo que fora movido por uma necessidade e vaidade inerentes aos homens. Beatriz não era ingênua e conhecia muito bem a sociedade machista em que viviam, mas nunca imaginara que aquele tipo de comportamento viesse a fazer parte da vida de seu marido. "Antônio é diferente". Foi o que sempre pensou desde que o conheceu.

Ela ainda estava buscando suas respostas, quando ouviu a maçaneta da porta girar.

Com os olhos semicerrados, à meia luz que dominava o ambiente, pôde ver a silhueta de Antônio entrando lentamente no aposento.

Beatriz sentiu seu coração bater mais forte ao ritmo de um compasso quase feliz, mas se manteve imóvel, fechando os olhos para fingir dormir. Estava despreparada e insegura para qualquer tipo de confronto.

Na quietude da noite, apesar dos cuidados que Antônio tomava para não acordar a esposa, ela percebeu a movimentação do marido. Ele trocou de roupa e, pouco tempo depois, saiu fechando a porta com cuidado, fazendo Beatriz deduzir que ele tinha ido para o quarto de Henrique.

O que ela poderia supor com aquela atitude de Antônio? Nada! Era melhor não levantar nenhuma hipótese.

Precisava descansar para estar bem na manhã seguinte. Teria que saber o que acontecera em Porto Alegre, mesmo que isso lhe custasse uma dose extra de forças. Jamais aceitaria ser enganada novamente e não fugiria de enfrentar a verdade, seja ela qual fosse.

E foi com esse pensamento que Beatriz adormeceu.

Durante o sono, Beatriz se viu transportada para um ambiente desconhecido. Era uma sala de médias proporções, muito limpa e clara, com paredes e piso em uma tonalidade azul acinzentada.

Por todo o espaço várias mesas estavam perfeitamente enfileiradas, cada uma com uma cadeira simples, mas aparentemente confortável. Sobre as mesas havia um pequeno objeto parecido com uma tela, algo desconhecido para ela. Ao lado da tela, um bloco de papel e alguns lápis, tudo muito organizado.

Embora o local lhe parecesse estranho, Beatriz sorriu encontrando familiaridade do ambiente com o de uma redação de jornal. A maior diferença era o absoluto silêncio, pois as redações quase sempre são muito agitadas. Ela, no entanto, sentia-se bem naquele local. Havia muita paz lá.

Beatriz estava distraída olhando ao redor, quando a calmaria foi quebrada por uma voz atrás de si, que a fez voltar-se:

— Seja bem-vinda ao nosso departamento das comunicações, Beatriz.

Apesar da surpresa, ela não ficou sobressaltada. O homem em pé, diante dos seus olhos, era alguém que lhe transmitiu segurança na mesma hora.

Embora desconcertada, Beatriz o observava com a estranha sensação de que o reconhecia até que perguntou:

— Me chamou pelo nome, mas não o conheço. Quem é você? Que lugar é este?

— Preferi encontrá-la aqui, porque sabia que se sentiria à vontade. Este lugar realmente lembra a redação de um jornal — ele concluiu sorrindo, deixando Beatriz intrigada por ter adivinhado seus pensamentos. — Meu nome é Daniel. Sou seu amigo há muitos e muitos anos, embora você não se lembre agora. Não tem problema.

— Isso é algum tipo de sonho?

— Sim e não. Seu corpo físico está dormindo, mas você em espírito está bem acordada aqui, conversando comigo.

— Isso não me parece fazer o menor sentido — ela respondeu calmamente.

— Não se preocupe em buscar sentido nas coisas agora, Beatriz. Apenas aproveitemos este momento. Você anda bastante aflita e triste, e quem sabe uma boa conversa não a faça se sentir melhor?

— Me sinto bem aqui.

— Que bom, fico feliz. Minha intenção era exatamente conseguir trazer-lhe um pouco de serenidade.

— Você realmente está conseguindo.

— Antônio causou um furacão em sua vida, não é?

— Você o conhece?

— Conheço muito mais sobre você do que imagina. Ana Raquel e Henrique são muito especiais. Fique tranquila que eles sempre ficarão bem. Receberam uma ótima educação, então, não deve se preocupar.

Com os olhos brilhando e lembrando-se dos filhos, ela se emocionou:

— Tenho medo de que essa crise os afete.

— São jovens com boa cabeça e ótimo caráter. Acredite! Eles ficarão bem. Mas fale-me de você, Beatriz.

— Falar do quê exatamente? Você disse que sabe tudo sobre mim.

— Falar faz bem, Beatriz. Não quer me contar sobre suas dúvidas, sobre o que a atormenta?

— Você sabe... meu marido me traiu com outra mulher. Estou completamente desorientada, com os sentimentos confusos.

— Você o ama muito.

— Claro que amo, mas não deveria. O que ele fez foi muito errado. Eu deveria estar com muita raiva... mas não estou.

— É verdade! Você poderia estar com raiva, afinal, ele não agiu corretamente com você... mas não está. Está ferida, magoada.

— Aprendi que raiva é um sentimento que devemos evitar. Talvez por isso, eu não consiga sentir.

— Não é bem assim, Beatriz. A raiva em si não é ruim. Muitas vezes, é um sentimento que motiva o crescimento e tira as pessoas da inércia. A raiva se torna ruim quando é mal compreendida e mal direcionada. Se ela se transforma em violência, aí fica ruim.

— Nunca encarei a raiva dessa forma. Minha amiga Leonor tem sangue quente. Ela, sim, está com raiva de Antônio e acha que eu deveria mandá-lo embora. Já a Neusa, que trabalha em minha casa, acha que tudo vai se resolver e que voltaremos a ser o mesmo casal de antes.

Olhando para Beatriz com imenso carinho, Daniel falou com a voz suave:

— E você, o que deseja? O que acha que deve fazer?

Beatriz puxou uma cadeira e se sentou diante do novo amigo:

— Eu não sei! Às vezes, acho que Leonor está certa. Não posso perdoar um homem que me traiu dessa forma.

— Por que não pode?

— Ora, Daniel, por várias razões! O que ele fez foi errado! Acho que nenhuma mulher em meu lugar o perdoaria. O que diriam de mim se soubessem que eu o aceitei em casa depois do que ele fez?

— Quem diria algo? Seus amigos, sua família?

— Ah, Daniel! As pessoas! Qualquer pessoa que viesse a saber do que está acontecendo. Você está me confundindo.

Ele riu:

— Eu estou tentando clarear suas ideias. Você já está confusa o suficiente sem precisar de ajuda. Beatriz, acredite que não é tão complicado quanto parece.

— Você está brincando.

— Não, claro que não. Por que você fica dando ouvidos ao que dizem? Por que fica baseando sua vida em coisas e conceitos externos?

— Que pergunta! Porque é assim, porque deve ser assim... Sempre foi assim com qualquer pessoa.

— Não estamos falando de qualquer pessoa, mas de você. Estamos falando de sua vida, seus sentimentos e de seu futuro.

— O que devo fazer, então?

— Em primeiro lugar, pare de classificar seus sentimentos. "Eu deveria sentir isso, fazer aquilo, agir e pensar de outra forma". Ouça e sinta seu coração, Beatriz. Só isso.

Com desdém, ela brincou:

— Certo, só isso? Assim tão simples?

Sem se abalar, Daniel respondeu:

— É. Assim, simples. Você precisa olhar para si mesma agora e esquecer todo o resto. Precisa ouvir seu coração lhe falar sobre ser feliz, porque é nisso que você tem que pensar. Esqueça os conselhos e palpites, por mais bem-intencionados que eles sejam. E eles realmente muitas vezes são.

Beatriz encarou Daniel totalmente envolvida por suas palavras. Habilmente, ele percebeu que era o instante em que deveria deixá-la sozinha com seus pensamentos.

Daniel se levantou e disse que voltaria logo, deixando Beatriz analisando as palavras que acabara de ouvir.

Pouco depois, voltou com água, que ofereceu a Beatriz:

— Obrigada. Daniel, você está falando sério?

— Sobre o quê?

— Sobre ouvir meu coração e pensar apenas na minha felicidade?

— Claro.

— Mas isso é egoísmo. Tenho que pensar em meus filhos e na sociedade, que vive nos cobrando atitudes e comportamentos. Não vivo sozinha no mundo.

— Isso é verdade. No entanto, se você estiver amarga e infeliz, fará seus filhos sofrerem e acabará também se tornando *persona non grata* em sociedade. Já reparou como todos fogem de pessoas carrancudas?

— Faz algum sentido.

— Faz todo o sentido! Todo mundo precisa estar bem para fazer o bem, Beatriz. Ser feliz para compartilhar felicidade. Amar para compreender a força do perdão.

Beatriz o ouvia com atenção:

— Então, devo perdoar Antônio?

— Não posso lhe responder, pois essa resposta está em seu coração. Se seu amor é capaz de perdoar Antônio para que possam seguir juntos e se isso lhe trouxer felicidade, é o que deve ser feito. Mas, se você achar que seu amor não é suficiente e que será infeliz ao lado de seu marido, perdoe-o assim mesmo e busque outros caminhos que a façam feliz.

— Do jeito que você está falando, eu devo perdoar Antônio de qualquer maneira.

— O perdão é sempre a melhor opção e só trará benefícios aos dois. Perdoar, no entanto, não significa continuar ao lado de Antônio. Eu já lhe disse que você deve buscar sua felicidade. Se for longe de seu marido, faça o que tem de ser feito; se for ao lado dele, fique. Ninguém tem autoridade para julgar seu coração.

Beatriz abaixou a cabeça, e lágrimas brotaram de seus olhos:

— Daniel, muito obrigada. Suas palavras me trouxeram tanta paz. Onde você estava? Por que não nos encontramos antes? Eu precisava tanto de palavras como as que me disse agora...

Com muito carinho, ele respondeu:

— Nós já nos encontramos muitas vezes, e estou sempre por perto. Pode ter certeza disso.

— Não me lembro de outros encontros nossos, apesar de sentir que o conheço. Por que só agora você me chamou para essa conversa?

Ele sorriu:

— Não fui eu quem a chamou, Beatriz. No dia em que expandiu sua alma e orou com sinceridade, até pela amante de seu marido, você me fez o convite para estarmos aqui. E sempre estarei atento para quando você precisar conversar.

— Se não me lembro das outras vezes em que nos encontramos, então também não me lembrarei desta. Será em vão este momento?

— Sua consciência não vai se lembrar, mas o que conversamos aqui ficará em seu coração. Tenha fé e siga em frente com confiança. Você sentirá que sempre estarei por perto.

Daniel caminhou em direção à saída, e Beatriz o deteve:

— Quem é você, afinal?

Ele sorriu:

— Um grande e velho amigo. Seja feliz!

Beatriz revisou-se na cama, abriu os olhos pesados e olhou as horas. Faltava muito ainda para o amanhecer.

Ela sorriu e sentiu-se como uma criança que deseja voltar a dormir para continuar sonhando.

Beatriz, então, fechou os olhos e adormeceu novamente.

Capítulo 16

O encontro entre pai e filha foi inevitável no café da manhã.

Antônio não tinha a menor ideia do teor da conversa que Ana Raquel tivera com Beatriz, o que o deixava inseguro e constrangido. Ana, no entanto, pensara muito em tudo o que a mãe lhe dissera e estava convicta de sua posição. Demonstrando maturidade aliada à sua natural sensibilidade, ela iniciou uma conversa com o pai. Não impôs a si mesma nenhuma censura, revelando sua decepção e profunda tristeza com os últimos acontecimentos.

Antônio ouvia a tudo calado, sem ter argumentos que pudessem contradizer as palavras da filha.

Ana lhe contou sobre os planos da viagem e o acerto que fizera com a mãe de nada revelar a Henrique por ora, o que deixou Antônio aliviado. Ele, no entanto, não conseguia evitar a vergonha que sentia ao perceber as lágrimas que irrompiam no olhar de Ana Raquel em vários momentos.

Várias vezes, ela reafirmou a Antônio seu amor de filha, mas deixou claro que jamais poderia considerar natural ou irrelevante a traição do pai e que acompanhar a tristeza de Beatriz só aumentava o abismo por onde escoou toda a idealização da imagem paterna que ela trazia desde a infância.

O que Antônio fizera não abalou apenas as estruturas do casal, mas levou também Ana Raquel a uma viagem interior, em que passou a se questionar sobre seu posicionamento acerca de questões que jamais lhe passaram pela cabeça e que necessitavam agora de uma busca por suas próprias verdades.

Quando o inesperado acontece, somos levados a enfrentar nossos medos em relação ao desconhecido e acabamos descobrindo facetas ocultas de nossa personalidade, que enriquecem nosso aprendizado levando ao aprimoramento de nosso espírito.

Após expor seus sentimentos e planos, Ana Raquel despediu-se do pai com um sorriso melancólico, um beijo na testa e nenhuma certeza do que viria pela frente.

Quando se viu sozinho novamente, Antônio não conseguiu conter as lágrimas. Sua posição de provedor da família, homem íntegro, fortaleza e alicerce daquele lar caíra por terra. Ele se sentia envergonhado e, acima de tudo, não conseguia administrar a culpa por levar sofrimento às pessoas que mais o amaram em toda a vida. Sentiu o coração apertar ao se lembrar de Henrique, que sempre via no pai a figura exemplar que lhe servia de modelo na construção de sua própria vida. O que o filho sentiria se viesse a saber da verdade?

Olhando para trás, Antônio se deu conta de que, desde que conhecera Eveline, em nenhum momento lhe passara pela cabeça o que poderia advir de suas atitudes. Talvez isso tenha acontecido pela inconsciente certeza do anonimato, ou quem sabe, pela convicção de que manter uma relação extraconjugal era natural, como se isso não envolvesse nenhum tipo de sentimento, responsabilidade ou comprometimento a não ser com a própria vaidade.

Neusa apareceu na sala de jantar para recolher a louça e se deparou com Antônio cabisbaixo e pensativo. Não teve coragem de dirigir a palavra a ele, que pareceu nem sequer notar sua presença. Ela sentiu pena daquela figura que agora parecia tão fragilizada, mas limitou-se a voltar em silêncio para a cozinha, pensando que a situação entre os patrões parecia mais séria do que ela imaginara.

Antônio não esperou Beatriz se levantar e foi para o escritório carregando uma bagagem de tristes sentimentos, que ele mesmo, peça por peça, arrumara.

Naquela manhã, Beatriz acordou sentindo um inesperado ânimo renovado. Uma sutil sensação de bem-estar confortava seu coração, algo que ela não fora capaz de experimentar nos últimos tempos. E foi assim que se aprontou rapidamente para cumprir sua rotina na Santa Casa.

Neusa surpreendeu-se com a boa disposição de Beatriz e achou que não deveria mencionar o estado em que vira Antônio momentos antes. Como funcionária antiga daquela casa, ela notara que não havia mais a rotina de sempre e que não apareceria ninguém para o almoço, nem mesmo Ana Raquel, que estava envolvida com os preparativos da viagem. Assim que a patroa saiu, Neusa decidiu que faria a limpeza diária e depois iria até a igreja rezar para que aquela família voltasse a ser feliz.

Ao chegar ao trabalho, Beatriz encontrou Leonor, que novamente a instigou a tomar uma atitude definitiva em relação ao marido. Para ela, Antônio tinha que pagar pelo mal que fizera a Beatriz e não poderia sair impune, como se nada tivesse acontecido. Leonor dirigiu ao marido da amiga os piores adjetivos e voltou a mencionar que, se fosse ela a viver tal situação, não pensaria duas vezes antes de expulsar o cônjuge de sua casa e de sua vida.

Diferentemente de outras ocasiões, por consideração e educação, Beatriz ouviu calada as opiniões da amiga, mas, dessa vez, não as adicionou à sua balança pessoal. Ela agradeceu sinceramente a preocupação de Leonor e despediu-se assim que pôde, alegando que muita gente naquele momento necessitava de sua ajuda e conforto. Leonor a questionou mais uma vez:

— Você está péssima! Como pode pensar em levar conforto a outras pessoas, quando talvez esteja precisando até de mais ajuda que muitos por aqui?

Beatriz a fitava serenamente, quando disse:

— Sabe, Leonor, estou descobrindo que praticar o bem atrai o bem. Cada vez que conforto alguém aqui na Santa Casa, sinto-me também feliz e confortada. Além do mais, aprendi que, em situações de crise, o trabalho é um santo remédio — concluiu com uma piscadela.

Leonor deu de ombros e foi cuidar de seus afazeres, lamentando que a amiga estivesse tão iludida e distanciada da realidade dos fatos.

Entre uma visita e outra aos quartos dos doentes, Beatriz pensava em sua vida. Ainda não sabia que rumos os acontecimentos tomariam e não se sentia disposta a enfrentar Antônio. Estar na sua presente quietude interna lhe fazia bem, porém, precisava conversar com o marido e saber o que acontecera em seu encontro com a amante.

E foi com surpresa que Antônio atendeu à ligação de Beatriz no escritório, convidando-o para o almoço em um restaurante no centro da cidade.

Quando Antônio chegou, estava ansioso e com as mãos suadas, prevendo que naquele encontro sua esposa lhe comunicaria a separação.

Beatriz já o aguardava à mesa. Quando a viu, Antônio ficou admirado com a beleza e a serenidade nas feições da esposa, o que acabou agravando sua inquietação.

Após se sentar e pedir uma bebida, ele falou:

— Este convite para o almoço me surpreendeu. Não pude esperar você acordar de manhã, pois tinha um compromisso logo cedo na empresa — ele mentiu. — Achei que só nos veríamos à noite em casa.

— Não planejei este encontro, mas acho que tomei a decisão acertada. Não devemos adiar esta conversa.

— O que você está querendo dizer sobre "tomei a decisão acertada"?

— Estou apenas me referindo à decisão de não adiarmos esta conversa. Preciso saber como foi sua viagem. Cheguei a pensar que você nem sequer voltaria para casa.

Antônio tentou colocar sua mão sobre a de Beatriz, que repousava sobre a mesa, mas ela se esquivou delicadamente:

— Por que chegou a pensar que eu não voltaria? O que preciso fazer para você entender de uma vez por todas que o que aconteceu não passou de uma aventura sem maiores consequências?

— O que você imagina quando diz "sem maiores consequências", Antônio? Tem noção do que causou às nossas vidas? À vida de todos nós?

Antônio abaixou levemente a cabeça por alguns segundos, voltando a fixar o olhar em Beatriz:

— Estive com Ana Raquel pela manhã. Não imaginei que você contaria toda a verdade a ela. Não foi fácil ouvir tudo o que ela me disse.

— Percebe o que está repetindo? "Não foi fácil para mim...", "Eu senti...", "Eu precisava...". Você não consegue abandonar essa postura egocêntrica e egoísta, Antônio. Quando conseguirá finalmente voltar seus olhos para quem está ao seu redor e que faz parte da sua vida?

— Você acha que não me importo com o que você sente, com o que nossa filha sente?

— Se você realmente se importa, que tal começar a compreender como nós nos sentimos? O que suas atitudes causaram? — ela concluiu e fez uma pausa buscando não se descontrolar.

— Eu sei o quanto feri vocês. E pode ter certeza de que me arrependo muito do que fiz. Admito que fui inconsequente e leviano.

— Que bom que consegue ter essa autocrítica. Já é um bom passo. Como foi em Porto Alegre? Você contou a ela que é casado?

Após dar um longo gole em sua bebida, ele respondeu:

— Contei tudo e deixei claro que jamais nos veremos novamente.

— E como ela reagiu?

— Isso importa? Essa informação realmente lhe interessa?

— Por favor, gostaria de saber.

— Ela reagiu muito mal. Se descontrolou, gritou, foi horrível.

Olhando fixamente para o marido, Beatriz não conseguiu conter um fiapo de sarcasmo ao responder:

— Aposto que isso foi chocante para você. Tenho certeza de que esperava dela nada além de compreensão e resignação.

— Percebi sua ironia, Beatriz, mas isso não me aborrece. Afinal, você está certa. Mas o que a faz dizer isso?

— Porque esse caso de vocês era movido pelo envolvimento fantasioso da situação em que viviam. Encontros esporádicos recheados de romance e bons momentos. No entanto, Antônio, é na primeira dificuldade, no primeiro problema, que de fato começamos a conhecer a pessoa que está ao nosso lado. Num quarto de hotel luxuoso e confortável, em passeios secretos repletos de aventura, só se sobressaem as qualidades de cada um. É natural.

Pensativo, Antônio respondeu:

— Você tem razão, Beatriz. Dei-me conta disso da pior maneira. É no cotidiano que as pessoas se revelam...

— E os amores também...

Houve um momento de profundo silêncio:

— O que será de nós, Beatriz? Você pode me perdoar?

Sem ter a noção de que as palavras de Daniel permaneceram em sua alma, ela respondeu:

— Desde que descobri tudo, em nenhum momento fiquei verdadeiramente com raiva de você. Senti uma dor tão profunda, uma decepção tão intensa, que cheguei a ter raiva de mim por ter me iludido, ao achar que você era diferente, era especial.

— Não fale assim, Beatriz, por favor.

— Eu já o perdoei, Antônio, e talvez por isso eu continue não sentindo o peso do rancor.

O semblante de Antônio se iluminou:

— Você me perdoou? Então...

— Você não entendeu. Isso não significa que, como mágica, tudo voltará a ser como antes.

— Mas você disse que me perdoou...

— Não estou com raiva de você, mas ainda não sei se consigo permanecer ao seu lado depois de tudo.

— Isso não é perdão. Se você quiser se separar, é sinal de que não aceita o que aconteceu e que é incapaz de esquecer.

— Jamais vou me esquecer e acho que você também não deva esquecer. Talvez, ao lembrar-se das consequências de seus atos, você consiga evitar repeti-los algum dia. E eu preciso agora rever meus conceitos, minha postura diante da vida e minhas crenças. Só quando definir tudo isso, poderei encontrar o caminho a seguir. Eu quero ser feliz. Você entende isso?

Sentindo os olhos marejarem, ele disse:

— Por favor, Beatriz, me deixe fazê-la feliz novamente. Acredite em mim. Eu cometi um erro, mas agora sei o tamanho da minha estupidez.

— Ana Raquel está apressada e imagino que consiga ajeitar a viagem para os próximos dias. Acho que vou aproveitar e antecipar as férias de Neusa. A casa ficará muito vazia e passaremos bem sem ela.

— E nós?...

— Teremos todo o tempo e toda a tranquilidade do mundo para decidirmos o melhor para nossas vidas. No entanto, quero pedir que durante esse período você se fixe no quarto de Henrique. Precisamos disso.

— Obrigado, Beatriz, por ser tão compreensiva e me deixar permanecer em nossa casa.

— Não é questão de ser compreensiva. Tenho consciência de que construímos tudo o que temos juntos, e, como já lhe disse uma vez, os direitos de um não devem se sobrepor aos do outro. É uma questão de bom senso e justiça. O fato de você ter me traído não apaga méritos anteriores, embora isso não esteja muito claro para mim — ela concluiu. — Vamos dar tempo ao tempo. Se você quiser esperar, é claro...

— Vou esperá-la o tempo que for preciso, meu amor — disse Antônio verdadeiramente emocionado.

Capítulo 17

Quando voltou ao escritório, Antônio recebeu a visita de Herculano em sua sala. Cansado pela tensão da conversa com Beatriz, ele desabafou com o amigo sobre o fato de a esposa ter manchado sua imagem perante a filha.

Herculano era um homem de fala tranquila e raramente se alterava. Apesar de ter a compaixão como uma de suas melhores características, ele sempre se sentia um pouco incomodado com pessoas que, como ele mesmo dizia, "eram cheias de nove horas". Aquelas pessoas que não assumiam suas responsabilidades e que viviam em um eterno lamento, colocando-se como vítimas da vida.

Baseado em suas crenças, Herculano sabia que cada pessoa está em um determinado estágio espiritual e, por essa razão, procurava sempre ser compreensivo. No entanto, a atitude de Antônio ao queixar-se de Beatriz fez Herculano tentar abrir-lhe os olhos:

— Como assim Beatriz "manchou" sua imagem perante sua filha?

Contrariado, Antônio respondeu:

— Ela contou para Ana Raquel tudo o que está se passando entre nós, inclusive sobre meu caso com Eveline.

Coçando calmamente o queixo, Herculano questionou:

— Sua esposa fez algum tipo de intriga? Ela instigou sua filha contra você?

— Não, Beatriz não seria capaz de colocar meus filhos contra mim. Mas, contando o que ocorreu, ela está manchando minha imagem de pai, e isso não está certo.

— O erro não foi de sua esposa, foi seu, Antônio.

— Ela não precisava ter contado detalhes para Ana, Herculano.

— Sua filha é uma moça feita. Procure analisar a situação de Beatriz. Ela está passando por um momento muito delicado e terá de assumir decisões muito difíceis, que irão afetar toda a família. Se sua filha percebeu que havia algum problema entre vocês, não seria justo com sua esposa obrigá-la a inventar desculpas ou mentiras ao conversar com Ana Raquel. Com sua mentira, você está querendo induzir sua esposa a mentir também, e isso não é certo.

— Mas ela deveria ter dado um jeito de preservar minha imagem, Herculano.

— Meu amigo, me desculpe a franqueza, mas cada um é responsável por si. Você deveria ter pensado nisso antes e não jogar essa responsabilidade em cima de sua esposa agora.

— Herculano, é tão natural que nós, homens, tenhamos um casinho aqui, outro ali. Já falamos sobre isso.

— Sim, já falamos sobre isso, e deixei claro para você que não acho que isso seja correto. Estamos nos anos cinquenta, o mundo acabou de passar por uma guerra, e é preciso que o ser humano abra seus olhos. Trair, enganar, tripudiar sobre os sentimentos dos outros não pode ser encarado como algo natural. Contudo, eu acredito que no futuro as pessoas se respeitarão mais. Se você queria manter casinhos por aí, não teria sido melhor continuar solteiro? Você foi obrigado a se casar?

— Claro que não! Amo Beatriz! Eu apenas cometi um deslize. Ela tem que entender que foi algo passageiro. Temos amigos que fazem muito pior.

— Isso não é uma justificativa madura de sua parte, Antônio. Veja, você acabou de dizer que ama sua esposa. Então, aproveite essa crise para reavaliar sua postura e seu compromisso assumido nesse casamento.

— Até que a morte nos separe... é isso!

— Você sabe o peso que um desquite tem na vida de uma mulher em nossa sociedade, porém, quando um casamento chega ao limite do caos, sem respeito e sem amor, é claro que a melhor solução é a separação. Ninguém é obrigado a permanecer ao lado do outro, mas é preciso ter empenho, muita compreensão, amizade e amor para manter uma união após tantos anos. Convenhamos que você não pensou em ninguém além de si mesmo. Esse é o justo: fazermos o que consideramos e entendemos como certo para nossa felicidade, contudo, temos que estar preparados para assumir as consequências disso, sejam elas quais forem. Fico imaginando como está essa moça, a Eveline. Solteira, talvez fazendo muitos planos para vocês dois... Não deve ter sido fácil para ela também.

— De fato, em nossa última conversa, ela ficou descontrolada.

— Pois é, meu amigo. Acho que dessa vez você vai entender que cada pessoa tem o direito e a obrigação de buscar a felicidade, mas os caminhos devem sempre ser percorridos com dignidade. Pense nisso.

Ana Raquel estava de malas prontas para partir rumo aos Estados Unidos. Em seu coração havia ainda a dúvida se fizera a melhor escolha. Deixar a mãe nesse momento não estava sendo fácil, embora Beatriz lhe tenha garantido que tudo ficaria bem. Beatriz sentia medo, mas jamais deixaria sua insegurança transparecer para a filha.

Antônio se ofereceu para deixar Ana Raquel no aeroporto, mas ela agradeceu e recusou, preferindo ir de táxi.

Ana Raquel, por fim, partiu, Neusa aceitou feliz as férias antecipadas, e o lar daquela família se transformou em um imenso vácuo de momentos felizes e boas lembranças.

Antônio retomou sua rotina no trabalho, e Beatriz, agora sem Neusa, dividia seu tempo entre os cuidados intensificados da casa e o trabalho no hospital. Mesmo que não fizessem as refeições frequentemente juntos, Beatriz sempre preparava o jantar para o marido, deixando-o em cima do fogão para que ele se servisse quando chegasse do trabalho.

Estavam ainda sob o mesmo teto, porque Beatriz achava que isso era o justo até que a situação toda se resolvesse. Não queria expor sua família, chamando, principalmente, a atenção da vizinhança de que o casamento estava em crise.

Leonor, por várias vezes, convidou Beatriz para sair, na esperança de convencê-la a fazer o marido pagar por seu erro, mas, diante das seguidas recusas da amiga, procurava abordá-la sempre que possível no hospital:

— Você viu o caso da Marieta Vargas de Moraes? — perguntou Leonor com ares de espanto.

— Quem? Aquela senhora da alta sociedade?

— Essa mesma. Ela descobriu que o marido a traía com uma dançarina daquele cabaré famoso da Lapa. Ela apurou que era um caso antigo. Sabe o que Marieta fez?

Percebendo a artimanha da amiga e sua intenção, Beatriz conseguiu responder com um sorriso desdenhoso:

— Não. O que Marieta fez?

— Quando o marido saiu para o trabalho, ela chamou um chaveiro e mandou trocar todas as fechaduras da casa. Depois, deu ordens expressas para que os empregados de modo algum permitissem a entrada dele novamente na residência e contratou o melhor advogado do Rio de Janeiro, especialista em casos de desquite. Ela quer deixar o ex-marido na miséria. Vai arrancar tudo o que puder dele.

— Nossa! Isso é chocante. Como ela teve coragem de tornar pública uma história dessas?

— Sabe como é, Beatriz, a imprensa e o povo adoram um escândalo. E ela parece não fazer questão de esconder. Acho que seu desejo, além de ficar com boa parte da fortuna do marido, é que todos saibam da falta de caráter dele. Acredito que ela queira ser a vítima na história e evitar o estigma das mulheres desquitadas.

Com um suspiro, Beatriz respondeu:

— É. Cada um sabe de si. Se a compensação financeira acalma o pobre coração dessa senhora e se o escândalo a faz se sentir melhor... mas desista, Leonor. Não sou assim. E meu casamento, minha história de vida, certamente são muito diferentes da vida desse casal. Vou continuar agindo como manda minha consciência.

No final do dia, como de costume, Beatriz pegou o bonde para voltar para casa. Ao subir no coletivo, viu um senhor levantar-se para desembarcar. Ela adiantou-se para sentar no lugar vago, quando percebeu que um livro fora deixado no local e deduziu pertencer ao passageiro que estava descendo do veículo. Beatriz ainda tentou chamá-lo, mas ele não a escutou e afastou-se rapidamente. Mesmo o tendo visto apenas por alguns instantes, ela teve certeza de que era a mesma pessoa da livraria onde estivera recentemente.

Beatriz retornou ao assento vago e só então fixou sua atenção no livro que tinha em mãos. Era outra edição de *O Livro dos Espíritos*, também antiga, mas não tanto quanto a que vira na livraria. Ela ficou intrigada por se deparar novamente e ao acaso com algo relacionado ao espiritismo.

Curiosa, Beatriz decidiu levar o livro para casa. Aproveitaria seus momentos de quietude para iniciar a leitura. Depois, voltaria à livraria e o devolveria ao dono.

Antônio procurava deixar Beatriz sozinha, como ela mesma pedira, embora toda aquela situação o desgostasse profundamente.

Apesar do ambiente constrangedor, Antônio sempre voltava direto para casa após o expediente. Procurava focar sua atenção em seus livros técnicos, ouvia o noticiário no rádio, jantava sempre sozinho e se recolhia ao seu quarto não muito tarde da noite.

E todos os dias, invariavelmente, esperava ouvir de Beatriz que tudo estava bem, que a vida familiar seria como antes e que seu erro seria esquecido para sempre.

Mas os dias se passavam e nada acontecia, confirmando sua apreensão. Beatriz jamais iria perdoá-lo.

Capítulo 18

Deitada em sua cama com o livro que pegara no bonde, Beatriz já sentia os olhos arderem e estava bastante difícil mantê-los abertos, mas a leitura era tão fascinante que ela lutava contra o sono. Sendo vencida pelo cansaço, ela se preparou para fechar o livro após ler uma última frase, que dizia que os amigos espirituais, que nos acompanham durante a vida, muito frequentemente são aqueles que encontramos em nossos sonhos.

Ela se aconchegou no travesseiro, fechou os olhos e pensou: "Como eu gostaria que isso fosse verdade...".

Não muito tempo depois, Beatriz se levantou muito lentamente, sentando na cama e colocando os pés no chão. Apenas ficou assim, imóvel e sonolenta, por alguns minutos.

Beatriz só esboçou algum tipo de reação ao ver à sua direita, próxima à janela, uma luminosidade que oscilava entre o violeta e o branco e que foi crescendo diante de seus olhos até revelar uma figura masculina já conhecida:

— Olá, Beatriz — disse Daniel com um sorriso acolhedor. — Vejo que está bem melhor, com uma aparência mais serena.

— Sim, me sinto melhor. Acho que pensei em você hoje... Estou lendo um livro maravilhoso.

— O livro de Allan Kardec. Ele é sensacional mesmo. Tenho certeza de que você o manterá em sua cabeceira.

— De fato, tenho essa vontade, mas terei de devolver este exemplar, porque ele não me pertence.

— Fique tranquila. Acho que o dono do livro o deu de presente para você.

— Não! Foi um senhor que...

— Que o esqueceu no bonde, não foi? — Daniel falou, enquanto dava uma piscadela.

— Exatamente. Mas como você...? Ah! Claro. Você sabe tudo o que acontece comigo — ela respondeu sorrindo.

— O que acontece em nossa vida na Terra nem sempre é o que parece.

— Como assim?

— Beatriz, nossa passagem pela vida terrena é um caminho repleto de aprendizado. Quando estamos muito ligados ao materialismo, não percebemos os sinais enviados pela vida para nos auxiliar em nossa caminhada.

— Você sempre me deixa mais confusa do que esclarece minhas dúvidas, Daniel.

Ele riu:

— Não estou aqui para lhe dar respostas, mas para ajudá-la a decifrar sua alma. Somente nela você encontrará o caminho para sua felicidade.

— E quanto ao livro? Não foi um acaso ter vindo parar em minhas mãos?

— Você já aprendeu que acasos não existem, Beatriz. Acho interessante como os encarnados são tão suscetíveis a aceitar o que outros encarnados falam. Os encarnados acreditam com muita facilidade no que leem e ouvem nas revistas e nos jornais, mas são poucos receptivos a tudo que só pode ser visto com a sensibilidade do espírito.

— Aquele senhor parece uma pessoa muito bondosa. Vou gostar de revê-lo. Devolverei o livro... Quem sabe está à venda.

— Isso mesmo, você está certa. Ele é um velhinho muito bom e certamente nem lhe cobrará pelo livro. Você pode se surpreender ainda.

Beatriz franziu o cenho:

— Não fica bem para um anjo como você chamar aquele senhor de idade de "velhinho".

Daniel não conteve o riso:

— Não sou um anjo, sou apenas seu amigo. E "velhinho" foi apenas uma forma carinhosa de me referir a ele. Nós também já nos conhecemos.

Beatriz apertou os olhos enquanto sorria, demonstrando que avaliara ser melhor nem perguntar mais nada sobre aquele assunto. Logo em seguida, sua expressão tornou-se anuviada:

— Preciso resolver minha situação com meu marido. Não podemos permanecer indefinidamente como estamos. Em breve, minha filha voltará de viagem, e eu não quero que ela encontre ainda tudo tão confuso.

— Não minta para si mesma, Beatriz. Não é por Ana que você tem pressa. É a urgência de seu coração, não é?

Ela abaixou a cabeça:

— Eu amo meu marido.

— Então, diga isso a ele.

— Mas... se eu fizer isso, ele vai pensar que considero natural sua traição, que isso não me magoou verdadeiramente.

— Então, para punir Antônio e fazê-lo perceber o quanto errou, você vai camuflar seus sentimentos, dar eco à sua mágoa e colocar um ponto final nessa relação de mais de trinta anos? É... bem simples.

— Você faz eu me sentir uma boba. Daniel, acredito que isso o fará enxergar e sentir na própria pele o quanto me fez sofrer. Se eu o perdoar, o que ele pensará de mim?

— Tenho certeza de que ele vai pensar no risco que correu com essa aventura e vai perceber a grandiosidade que existe no coração da esposa que ele escolheu para seguir na vida ao lado dele, para ser a mãe de seus filhos.

— E vai achar que será muito fácil me trair novamente e que sempre o aceitarei de volta.

— Isso é o que você está supondo. Que mania que vocês têm de querer seguir na vida, se baseando em falsas premonições. Nem eu sei nada sobre seu futuro — concluiu com ar maroto, quase infantil.

— Você deve saber o que vai acontecer. E bem que podia me dizer.

Com a voz repleta de ternura e verdade, Daniel respondeu:

— Eu não sei, Beatriz. Acredite em mim. Não posso determinar que escolhas você fará e muito menos as escolhas que seu marido fará. Apenas posso lhe dizer que faça sua escolha agora. Que decida por aquilo que a fará feliz agora.

— E se eu o perdoar e não der certo?

Com um suspiro, mas ainda pacientemente, Daniel respondeu:

— Se não der certo como diz, pelo menos você terá a certeza de que fez todo o seu melhor, todo o possível para que desse certo.

— E então...?

— E então você terá que fazer novas escolhas, buscar novos caminhos, mas sempre rumo à sua felicidade, à sua realização e ao seu crescimento. A vida é isso! A vida é traçada por nossas escolhas.

— Seria tão melhor se vocês, anjos, pudessem nos ajudar mais. Fazemos tantas escolhas erradas na vida.

— É assim mesmo, Beatriz. Isso é aprendizado. Não faça drama por suas escolhas equivocadas. Nenhum encarnado é perfeito. Se fosse, já estaria do lado de cá há muito tempo e num plano *muito* elevado.

Beatriz não conseguiu conter o sorriso.

— Use seus erros para reavaliar seus passos, suas crenças e posturas diante da vida. E siga em frente.

— É tudo tão difícil. Quando me casei diante de Deus, jurei que seria uma companheira fiel e feliz até a morte.

— Pode ter certeza de que Deus acreditou na autenticidade de suas palavras, Beatriz. Mas sabe qual é o maior desejo de Deus? Que seus filhos sejam felizes. Se você não seguir seu coração, jamais se sentirá feliz.

— Os casamentos deveriam durar para sempre.

— Que tal dizer: "As uniões existem para nos fazer felizes e sob uma única lei, que é a lei do amor". Vou lhe contar uma coisa... Você e Antônio também não estão juntos por acaso. Vocês planejaram isso antes do reencarne, porque a trajetória de vocês possuía um objetivo em comum. E agora você deve decidir se quer tentar mais uma vez, se quer dar mais uma chance para vocês dois. Dar mais uma chance para continuar sendo feliz ao lado dele. Você sempre foi feliz ao lado dele, não foi?

Beatriz voltou os olhos em busca do passado:

— Sempre fui muito feliz. Antônio sempre foi tão cuidadoso com toda a família... Trabalhou muito para poder nos dar uma vida tranquila e conseguiu. Passamos momentos maravilhosos e divertidos, todos nós juntos.

— Seus olhos estão brilhando...

Ela sorriu.

— Ainda acho tão estranhos esses nossos encontros, Daniel, porém, eles me fazem muito bem. Só acho confuso...

Estou acordada, mas você não parece real... Nada aqui parece real.

— Beatriz... olhe atrás de você por um instante.

Sem compreender bem o que Daniel dizia, Beatriz voltou-se para trás e levou a mão à boca entreaberta pela surpresa que sentiu, ao ver seu próprio corpo físico deitado de lado na cama, tranquilo e adormecido. Ela se levantou vagarosamente sem tirar os olhos de si mesma e ficou em pé ao lado de Daniel:

— Isso é incrível!

— É mesmo. É maravilhosamente incrível — disse Daniel sorrindo. — Seu corpo físico está bem ali, dormindo sereno, e você está aqui conversando comigo, como já fizemos tantas e tantas outras vezes.

— Eu pareço tão equilibrada e imperturbável.

— Você vai se manter exatamente assim. Sua alma está reencontrando a paz de que necessita, e tudo será resolvido. Acredite.

Ela olhou para Daniel com os olhos marejados:

— Eu queria tanto poder levá-lo comigo. Quando estamos juntos, sinto uma quietude que me acalma, um alento em meu coração.

Ele arregalou os olhos:

— Me levar com você de volta para lá? — e apontou o dedo para baixo. — Obrigado, Beatriz. Agradeço seu carinho, mas estou muito bem aqui e sou muito feliz como estou.

Beatriz novamente sorriu.

— Desculpe a brincadeira. Eu já falei uma vez que estaremos sempre juntos. Você tem facilitado bastante nossa comunicação e, mesmo quando não nos encontrarmos como agora, fale comigo que darei um jeito para que perceba minhas respostas.

— Como isso pode acontecer?

— Do mesmo jeito que vem acontecendo. Quando você precisar de ajuda, perceba com atenção seus pensamentos, suas ideias repentinas, as soluções que surgirem quando você menos esperar. Eu estarei com você em cada um desses momentos. Agora é melhor ir.

— Preciso mesmo?

— Sim. Algo me diz que amanhã você terá um grande dia. Vá em paz!

— Obrigada, Daniel.

Ela caminhou lentamente para a cama e deitou-se sobre seu corpo físico. Daniel estendeu as mãos sobre o corpo de Beatriz, fez uma breve oração e partiu.

O aroma delicioso de café e pão fresco estava presente em cada cômodo da casa. Após seu banho, Antônio seguiu em direção à cozinha, como fazia todos os dias, para seu desjejum solitário e silencioso. Mas, naquela manhã, ele aspirou o cheiro de vida no ar, como há muito não sentia.

Contendo a expectativa, Antônio entrou na cozinha, onde Beatriz já estava sentada tomando seu café. Ela o olhou, sem que sua expressão denunciasse qualquer tipo de emoção:

— Bom dia, Antônio. Venha, sente-se. Acabei de passar o café.

Constrangido pelo reencontro inesperado, ele hesitou por alguns instantes antes de seguir a sugestão de Beatriz:

— Bom dia. Obrigado.

Em silêncio, ele serviu-se de um pedaço de pão. Ao cortá-lo, a fumaça se libertou como um convite ao paladar. Ele olhou para Beatriz.

— Acordei cedinho e fui até a padaria. Comprei queijo e presunto também. Já estava sentindo falta dos cafés da manhã preparados com tanto cuidado por Neusa — disse Beatriz com naturalidade.

— Está tudo uma delícia — ele respondeu sem graça.

— Você chega cedo hoje do trabalho?

— Sim, no horário habitual do fim do expediente — ele disse admirado com a pergunta.

— Estou com vontade de cozinhar. Está com vontade de comer algo em especial? Não estou muito criativa para preparar o jantar.

— Faz tempo que você não prepara aquele creme de frango. Não existe melhor no mundo.

— Hum... ótima sugestão... Teremos creme de frango para o jantar.

— Com batata *sautée?* — Antônio perguntou receoso de parecer descontraído demais, controlando o ânimo que começava a invadir-lhe o peito.

Com a expressão inalterada, Beatriz o olhou de lado e apenas respondeu:

— Com batata *sautée* — e levantou-se levando sua xícara para a pia. Em seguida, lavou o utensílio calmamente, colocou-o no escorredor de pratos e, enquanto secava as mãos, disse: — Tenho algumas coisas para fazer esta tarde, mas o jantar será servido no horário de sempre. Tenha um bom dia, Antônio — Beatriz se despediu e saiu, deixando o marido incerto sobre o que aquela atitude realmente significava.

Capítulo 19

Beatriz caminhava calma, mas determinadamente, pelas ruas do centro do Rio de Janeiro. Estava ansiosa para reencontrar o dono da livraria e devolver-lhe o livro esquecido no bonde. Ela faria uma oferta e, caso não estivesse à venda, com certeza encontraria outro exemplar para comprar.

Ficara lendo até a madrugada, mas, ainda assim, não conseguira chegar à última página. Beatriz, no entanto, sabia que aquele livro seria muito importante em sua vida. A cada novo parágrafo, ela se surpreendia com o conteúdo da obra de Allan Kardec. O receio sentido em relação à temática sobre espíritos se esvaía a cada linha. Tudo que lia parecia fazer muito sentido, e essa era a razão do desejo de Beatriz de ter seu próprio exemplar. Ela ficara com a forte impressão de que aquele seria seu livro de cabeceira.

Quando chegou ao seu destino, Beatriz estacou e ficou admirando a fachada da livraria. Aquele lugar mexia com suas emoções, mas ela não sabia o porquê. Sentia-se muito bem no interior da loja, como se todo o ambiente estivesse envolto em boas energias.

Ela, então, decidiu entrar. Ao abrir a porta, novamente sua presença foi anunciada pela pequena sineta, mas, contrariando suas expectativas, o senhor não apareceu.

Beatriz decidiu se precaver e, com a curiosidade acirrada, empreendeu sua busca por outro exemplar de *O Livro dos Espíritos*. Ela não demorou a encontrá-lo. Era uma edição bem mais recente, e Beatriz sentiu-se satisfeita, embora a edição antiga que tinha em mãos fosse encantadora.

Quando se preparava para chamar o dono da livraria, uma jovem surgiu dos fundos da loja:

— Bom dia! Em que posso ajudá-la? Parece-me que encontrou o que procurava — disse a moça dirigindo o olhar para os livros nas mãos de Beatriz.

— Bom dia. Bem... eu... na verdade, sim, encontrei. Mas quero levar apenas um livro, que é este aqui — concluiu mostrando o exemplar que acabara de encontrar.

— Se não me engano, o outro é o mesmo livro em uma edição mais antiga. Um belo exemplar. Engraçado, não me lembrava de tê-lo em nosso acervo. Prefere ficar com a edição mais atual, presumo.

— Não exatamente. O outro eu vim devolver.

— Desculpe, acho que não compreendi. A senhora disse "devolver"?

— Sim — respondeu Beatriz com um sorriso. — Esse livro pertence ao dono desta livraria. Ontem, peguei o mesmo bonde que ele, mas, quando entrei no veículo, ele já estava desembarcando. Foi quando vi o livro no assento de onde ele havia acabado de se levantar. Achei que conhecia aquele senhor, ainda tentei chamá-lo, mas ele não me ouviu. Logo em seguida, lembrei que eu o havia conhecido quando estive aqui a primeira vez.

— Aqui? A senhora tem certeza?

— Sim, sempre fui muito boa fisionomista. E eu não poderia esquecê-lo. Ele foi muito gentil comigo, muito atencioso. Naquele dia, no entanto, acabei não levando o livro.

— Desculpe, dona...

— Beatriz.

— Dona Beatriz, eu acredito que a senhora deve estar cometendo um equívoco desta vez.

— Não, minha querida. Tenho certeza de que o livro pertence a ele. Eu o reconheci no bonde.

— É que a dona desta livraria é minha mãe.

— Então deve ser seu pai — respondeu Beatriz achando sua conclusão lógica.

Estranhando a inusitada situação, a moça explicou a razão de seu espanto:

— Não, com certeza não era meu pai. Ele faleceu há pouco mais de seis meses.

Beatriz franziu o cenho e respondeu sem jeito:

— Desculpe, lamento muito. Mas então...?

— Depois que ficou viúva, minha mãe decidiu que precisava trabalhar para nosso sustento e para distrair a cabeça. Ela não se permitiu esmorecer. Um dia, ela viu um anúncio de que este estabelecimento estava à venda, assim, todo completo e com todo o acervo. Como sempre gostamos muito de livros em nossa casa, pois meu pai era professor, não foi difícil para minha mãe decidir pegar algumas economias e fechar o negócio. E, desde então, eu e ela trabalhamos aqui. Quando a senhora esteve aqui?

— Não sei ao certo. Há algumas semanas, dois meses talvez... Não me lembro — disse levando a mão aos lábios e puxando pela memória. — Mas foi aqui que ele me atendeu. Disso eu não tenho dúvidas. O nome dele era... Tenho certa dificuldade para gravar nomes... mas era... Sim! Ismael! Com certeza, esse era o nome dele. Ele me disse pouco antes de eu sair.

Ainda mais intrigada, a moça pediu licença por uns instantes e voltou para os fundos da loja. Pouco depois, ela retornou:

— Desculpe se a fiz esperar, mas fui falar com minha mãe. Ela confirmou minhas suspeitas. De fato, o senhor Ismael era o antigo proprietário da livraria. Ele era uma pessoa muito admirada, grande intelectual e amante da literatura. Inclusive, dizem que ele era um médium fabuloso e de uma bondade ímpar. Parece que trabalhava em um centro espírita aqui pelo centro da cidade, mas não saberei lhe dizer onde.

— Ah! Então está desfeito o mistério. Certamente, devo ter estado aqui antes de vocês comprarem a livraria. Você tem ideia de onde posso encontrar o senhor Ismael? Este livro deve pertencer a seu acervo pessoal. Preciso devolvê-lo o quanto antes.

— Dona Beatriz, creio que não seja possível. Minha mãe me disse que o senhor Ismael faleceu pouco depois de meu pai. Quem colocou a livraria à venda foi o filho dele, que, por questões pessoais, não poderia continuar cuidando do negócio. A senhora deve estar fazendo alguma confusão. Tem muitas livrarias aqui no centro da cidade, talvez muito parecidas...

Beatriz procurou uma cadeira onde se sentar. Estava atônita e desconcertada:

— Não é possível! Tenho certeza de que foi aqui. Ele estava lá nos fundos, no escritório. Quando apareceu, conversou comigo, me falou sobre a primeira edição deste livro e chegou a me dizer que eu poderia levar o exemplar naquele dia mesmo... Tenho certeza de que era ele e que isso aconteceu exatamente nesta loja.

A moça remexeu em uma gaveta e disse:

— Eu sabia que isso estava por aqui. Veja... esse é o retrato do senhor Ismael em frente à loja, no dia em que ela completou dez anos. O retrato ficou esquecido, e nós o guardamos. Dê uma olhada.

Beatriz pegou a fotografia e olhou atentamente a imagem, o que a deixou mais aturdida:

— Meu Deus! É ele mesmo. Um pouco mais jovem, mas tenho certeza de que é o senhor Ismael.

As duas mulheres se entreolharam abismadas, e a moça, um pouco surpresa, falou sem muita convicção após se recuperar:

— Olha, dona Beatriz, não sei nada sobre espíritos, não sou estudiosa do assunto, mas já ouvi coisas suficientes para não desacreditar de nada. Não sei o que está acontecendo aqui, mas posso lhe garantir que há mais de cinco meses o senhor Ismael deixou este mundo.

Beatriz estava pálida, sem conseguir concatenar as ideias:

— Sinceramente... não sei o que dizer. O que devo fazer agora? Eu já havia separado outro exemplar para comprar, após devolver esse...

— Bem, se a senhora diz que esse exemplar era do senhor Ismael, e ele não está aqui para recebê-lo de volta... Acho que não existe nenhum empecilho para que seja seu. O outro a senhora pode comprar para presentear alguma amiga, quem sabe...

Muito confusa, Beatriz abriu a bolsa, tirou sua carteira e entregou para a moça o valor do segundo exemplar:

— Acho que você está certa. Este livro é muito bom, e por isso ficarei com os dois. No entanto, ainda não consigo compreender toda essa situação. Isso me parece surreal.

— Concordo que está muito estranho... Por que a senhora não procura um centro espírita? Talvez contando sua história para alguém que conheça bem o assunto, a senhora possa encontrar as respostas para esse mistério.

— Talvez eu faça isso. É uma boa ideia — respondeu, enquanto analisava a capa do exemplar que supostamente pertencera a Ismael.

As duas se despediram, e Beatriz saiu da livraria muito intrigada. Não conseguia parar de pensar em toda a conversa que acabara de ter nem compreender o ocorrido. Só tinha certeza de que não estava enlouquecendo.

Antônio chegou em casa em seu horário habitual e surpreendeu-se ao encontrar Beatriz sentada na sala, com dois livros repousando em seu colo, tão absorta que nem sequer percebera sua chegada.

Ele aproximou-se:

— Boa noite, Beatriz. Está tudo bem?

Ela voltou o olhar vago para o marido:

— Boa noite, Antônio... Sim, está tudo bem. Já em casa?! Que horas são?

— Quase dezenove horas. Fiz questão de não me atrasar para o jantar.

Beatriz baixou a cabeça processando em sua mente a informação que acabara de ouvir e voltou-se novamente para Antônio, com os olhos arregalados e levando a mão à testa:

— Meu Deus! O jantar! Não preparei absolutamente nada...

Antônio estava perplexo diante da esposa. Beatriz jamais, em momento algum, se descuidara dos cuidados com a família ou a casa. Esquecer-se de preparar uma refeição parecia algo irrelevante ou corriqueiro em alguns casos, mas, tratando-se de Beatriz, era algo totalmente inusitado:

— Você tem certeza de que está bem?

— Antônio, que falha a minha. Nem sequer passei na mercearia. Não temos absolutamente nada preparado para comer.

— Bem, sendo assim, acho que teremos de ir a um restaurante. Você sabe que o jantar é minha refeição mais importante — ele respondeu com um discreto sorriso.

— Sairmos agora? Assim, de repente?

— Acho que é a melhor solução. Já está tarde para você preparar algo. Considero uma solução, inclusive, muito agradável.

Ela avaliou o convite por alguns segundos e, sem demonstrar qualquer entusiasmo, acabou concordando.

Em menos de uma hora, Beatriz e Antônio já estavam acomodados em um restaurante simples e aconchegante já conhecido por eles, no bairro onde moravam.

Fizeram os pedidos e, em seguida, permaneceram em silêncio por alguns instantes. Após os últimos acontecimentos, era inevitável a reserva entre o casal. Ambos sabiam que havia uma conversa pendente entre eles, mas o fato de estarem juntos e sozinhos no restaurante remetia a momentos do passado, a lembranças muito distantes da realidade daquele momento.

Foi Antônio quem tomou a iniciativa de uma conversa, perguntando por que Beatriz parecia tão dispersa. Ainda bastante confusa a respeito do episódio ocorrido na livraria, ela o narrou para o marido com toda a riqueza de detalhes, enquanto ele ouvia com interesse e atenção.

Quando Beatriz terminou seu relato, Antônio lembrou-se imediatamente de Herculano:

— Muito interessante isso que me contou. Lembra-se daquele meu amigo do escritório?

— Aquele que você disse que é espírita?

— Exatamente. Vou convidá-lo para ir à nossa casa, onde poderemos lhe contar o ocorrido. Acredito que ele seja a pessoa certa para desvendar esse mistério.

— Acha realmente possível que eu tenha visto uma pessoa morta? — ela questionou sob certa tensão.

— Não sei, Beatriz. No entanto, mesmo que a moça tenha lhe dito que esse senhor faleceu há meses, você ainda está convicta de que o viu e que falou com ele. Confio plenamente na sua sanidade e em seu discernimento. Não entendo nada disso, mas Herculano poderá nos esclarecer.

— Obrigada por sua compreensão. Parece-me uma excelente ideia. Tudo isso me deixou bastante confusa e até um pouco nervosa.

— Geralmente o que mais nos assusta é o desconhecido.

Lembrando-se de todos os seus últimos questionamentos sobre si mesma e sobre a traição de Antônio, Beatriz encarou o marido com segurança:

— A ignorância é uma armadura capaz apenas de simular uma falsa proteção. Muitas vezes, achamos que, ao fecharmos nossos olhos para aquilo que não queremos ver, isso irá nos proteger de algum sofrimento e de termos de assumir um comprometimento. Mas a verdade sempre estará lá!

Percebendo a mensagem velada nas palavras de Beatriz, Antônio tentou não desviar o foco:

— Herculano raramente aborda esse assunto no trabalho, mas já o ouvi falar algumas vezes que o estudo e o conhecimento são os únicos caminhos para a compreensão, que leva ao equilíbrio e à paz interior. A falta de entendimento pode levar qualquer um a suposições que não correspondem à verdade. E isso geralmente não produz bons resultados.

O garçom os interrompeu servindo a comida, que foi ingerida sem degustação pelo casal. O silêncio novamente foi quebrado por Antônio, quando ele percebeu que a esposa finalizara sua refeição:

— Beatriz, precisamos conversar. Não podemos permanecer nessa situação. Em breve, Ana Raquel retornará dos Estados Unidos, as férias de Neusa terminarão e a rotina de nossa família voltará ao normal.

— Voltará mesmo?

— É o meu maior desejo! Sei que a magoei profundamente e que jamais poderei mudar isso, mas quero muito que você acredite no meu amor e que jamais a farei sofrer novamente. O que aconteceu não significou nada para mim.

— Não? Se eu não tivesse descoberto tudo, você a teria abandonado?

Dando um gole em sua bebida e sentindo-se muito desconfortável, ele respondeu:

— Beatriz, não faz sentido ficarmos falando sobre algo que não aconteceu. Temos que nos ater aos fatos, ao que temos de real. E o que temos é isso: eu não fui correto com você, fui desmascarado, me arrependi e preciso do seu perdão. Preciso que acredite em mim.

— Eu acredito, de verdade. Preciso que você compreenda isso. Vejo em seus olhos que está sendo sincero em suas palavras, mas a questão agora é outra, bem mais profunda, e diz respeito a mim. Eu o amo, Antônio. Sempre o amei, e você sabe disso...

Ele sentiu os olhos marejarem.

— E foi meu imenso amor que me impediu de odiá-lo, independente do quanto tenha me sentido ferida e decepcionada.

— É um alento para meu coração saber que não sente raiva de mim.

— Ainda fico chocada em constatar que você não se importou com meus sentimentos e usou aquela moça para alimentar sua vaidade, sua masculinidade.

Antônio estava visível e honestamente envergonhado.

— Tenho pensado muito sobre tudo o que aconteceu e sobre a vida em geral. Sei que existe todo tipo de pessoa, assim como existem mulheres libertinas que não se intimidam em manter uma relação com homens casados. Os tempos estão mudando rapidamente, mas isso sempre foi assim, desde a Antiguidade. Porém, pelo que pude avaliar, Eveline não é assim.

— Eu a enganei, Beatriz. Fui um canalha com vocês duas.

— Exatamente. Você foi um canalha e é pelo menos louvável que você o admita. Contudo, eu não me casei com um canalha. Casei-me com um homem responsável e trabalhador, marido dedicado e pai amoroso. E é ao lado desse homem que quero continuar vivendo, se essa for de fato a essência dele e não essa personalidade detestável que conheci recentemente.

Antônio segurou a mão de Beatriz, sem que ela se opusesse:

— Querida, de forma alguma quero e irei contestar suas palavras, porque você está coberta de razão. No entanto, estou sendo absolutamente sincero quando lhe digo que não tinha a real noção de estar agindo de forma errada, nem com você nem com ela. Tente me entender. Tenho inúmeros amigos que fazem pior do que eu fiz e sei de tantos outros casos semelhantes... Percebe o que quero dizer?

— Claro que sim. É uma questão cultural: os homens sempre puderam frequentar bordéis, assim como os senhores do período colonial podiam usufruir de suas escravas como bem quisessem, enquanto suas esposas fingiam que nada viam, permanecendo em seus postos como agregadoras da família e exemplos para a sociedade.

— Exatamente. Veja... em nenhum momento parei para analisar meus atos. Não foi algo premeditado com o intuito de ferir você. Em nenhum momento, eu pensei em abandonar minha família.

A incredulidade estava estampada nas feições de Beatriz:

— Fico abismada ao constatar que você realmente está falando a verdade. Você agiu como o gado seguindo a manada, como um ser que não raciocina e apenas segue o fluxo de seu instinto. Contudo, a sociedade está mudando, Antônio. Em 1916, já tivemos a introdução do desquite em nosso código civil, e você sabe que o adultério é uma de suas justificativas. O divórcio já existe em várias partes do mundo. Em Portugal, por exemplo, foi legalizado em 1910 e já existe um esforço para que seja legalizado aqui no Brasil também. A guerra despertou uma nova consciência e novos valores. Você sempre foi um homem bem informado. Sempre foi tradicionalista, mas jamais hermético aos avanços sociais e culturais. Agora, no entanto, se comporta como um barão do café, um antigo senhor de engenho, que considera que seu poder patriarcal lhe outorga qualquer desmando.

— Nossa, Beatriz! Eu nunca a ouvi falar desse jeito.

Ela não conseguiu conter o sorriso discreto ante o espanto sobre si mesma, seu posicionamento seguro e o olhar atônito do marido:

— Se não utilizamos nossos erros e nosso sofrimento para aprender algo melhor, para amadurecer e construir o que somos, tudo seria sem sentido — ela respondeu, fazendo Antônio ficar imóvel e sem ter o que dizer. — Gostaria de ir embora agora, pois estou bastante cansada.

— Mas...

— Não se aflija. Podemos prosseguir com nossa conversa em casa.

Capítulo 20

Beatriz saiu do banho e foi ao encontro de Antônio, que a esperava na sala:

— Aceita um vinho do Porto?

— Você sempre soube o quanto aprecio um Porto. Uma maneira sublime de terminar uma refeição — Beatriz disse, ao mesmo tempo em que pegava o pequeno cálice oferecido pelo marido, sentando-se em seguida no sofá.

Enquanto apreciava a bebida lentamente, Beatriz sentiu que estava sendo observada intensamente por Antônio e o olhou de maneira inquiridora, ao que ele respondeu:

— Você está diferente...

— Acho que ambos estamos. Não se passa incólume por uma experiência assim.

— Você não imagina o quanto tenho estado atormentado sobre se conseguiremos ou não manter íntegro nosso amor.

Um minuto de silêncio. Depois, Beatriz perguntou:

— O que foi feito dela?

— De Eveline?

Beatriz assentiu com um gesto de cabeça.

— Não sei. Não a vi mais, tampouco voltei a falar com ela.

— Não o deixa curioso?

— Beatriz, tem algo que preciso lhe contar. A reação dela ao rompimento foi a pior possível. Ela me fez ameaças.

— Que tipo de ameaças? Acha que ela pode se tornar perigosa? Trará algum risco para nós, para nossa família?

— Acredito que não, mas não posso prever o que ela será capaz de fazer.

Um sorriso triste surgiu no rosto de Beatriz:

— Veja só! Você nem sequer a conhece e quase destruiu nosso casamento por causa dela. Desejo sinceramente que ela não seja do tipo passional, capaz de buscar vingança. Seus atos inconsequentes podem trazer desgraças para todos nós, Antônio. Você sabe que isso acontece. Ela não sabia da existência de uma família, mas agora sabe.

— Ela mora no Sul, Beatriz. Não acredito que vá se deslocar até aqui para se vingar ou cometer alguma agressão contra mim ou contra qualquer um de vocês. Eveline é uma moça de boa família, e seu destempero foi momentâneo.

— Ela sentiu muita raiva, frustração, e não a culpo por isso.

— Bem diferente de você...

— Não há como comparar, Antônio. Eu tenho uma história de vida ao seu lado, e vocês tinham o quê?

— Por favor, não vamos mais falar dela. Desejo que Eveline siga seu caminho e seja feliz, o que acho que vai acontecer. Vamos falar de nós. Diga que me perdoa, e vamos reconstruir nossa vida juntos.

Beatriz passou a mão levemente no rosto de Antônio, e ele, por alguns instantes, fechou os olhos sentindo seu coração acarinhado:

— Eu o amo, e Deus sabe o quanto desejo esquecer tudo isso e ser feliz novamente. Acho que podemos nos dar uma nova oportunidade.

— Beatriz, meu amor, então você me perdoa... Muito obrigado! — ele disse emocionado, beijando as mãos da esposa.

— Não estou em posição de perdoar ou não, Antônio. Todos nós cometemos erros, e não cabe a mim julgá-lo. Contudo, devemos nos questionar sobre o que poderemos aprender com tudo isso. Eu não suportarei uma nova traição sua.

— Jamais farei isso novamente. Senti muito medo de perdê-la e de ter que me afastar de nossos filhos. Sei que nenhuma outra mulher no mundo seria capaz de tanta compreensão.

— Não é exatamente uma questão de compreensão, Antônio. Estou apenas seguindo meu coração. Não quero me tornar uma pessoa amarga por ter aberto mão de meus verdadeiros sentimentos, apenas porque algumas esferas da sociedade acham que é assim que deve ser, que não devo perdoar o que você fez, enquanto outras garantem que o certo seria eu fechar os olhos e nem sequer deixar que soubesse que eu havia descoberto tudo — ela concluiu, expressando serenidade e felicidade.

— Estou muito surpreso com suas colocações. Surpreso de maneira muito positiva. Você leu algo sobre isso? Sobre essa maneira de ver a vida?

— Não, apenas falei o que sinto.

— Achei que seria impossível, mas você está cada vez mais fascinante — ele disse sorrindo.

— Sempre achei Leonor uma mulher à frente de nosso tempo por manter aquele casamento de uma forma, digamos, tão singular. Agora, no entanto, vejo que talvez ela esteja certa. A única razão para um casamento ser mantido deve ser o amor. Você é livre, Antônio, para escolher ficar ao meu lado ou seguir por outro caminho. Sei que a sociedade é insensível e por vezes pode ser cruel com as mulheres desquitadas, mas eu enfrentaria qualquer situação. Só não consigo aceitar viver ao lado de um homem que não me quer — ela concluiu, sentindo as lágrimas finalmente brotarem em seus olhos.

— Eu a amo e a quero mais que tudo na vida, Beatriz. Dê-me uma chance, e lhe provarei que jamais a farei sofrer novamente.

— Talvez eu me arrependa... — ela dizia, enquanto Antônio cobria seu rosto com suaves beijos.

— Você não vai se arrepender, eu lhe prometo.

E foi então que eles se abraçaram fortemente no sofá e se entregaram às lágrimas como duas crianças.

Passaram a madrugada enlaçados, juntos como dois namorados, enquanto conversavam. Havia muitas coisas a serem ditas.

Já estava amanhecendo, quando os dois se deram conta de que Antônio precisava ir para o escritório:

— Você vai ficar exausto o dia todo. Como conseguirá trabalhar bem?

— Nada no mundo seria capaz de me deixar mais bem-disposto do que essa noite passada ao seu lado — ele respondeu com um sorriso leve, correspondido por Beatriz.

— Ainda é cedo. Vá tomar um banho com calma, enquanto vou até a padaria para comprar pães fresquinhos para nosso café.

Antônio enlaçou Beatriz pela cintura e a beijou nos lábios com ternura:

— Tem certeza? Não queria que tivesse que sair agora.

— Volto logo. Adoro caminhar sentindo o frescor da manhã.

— Que tal marcar com Herculano para hoje à noite?

— Você vai chegar exausto, vamos deixar para amanhã.

— Mas você estava tão ansiosa...

— Posso esperar mais um dia.

Antônio chegou ao escritório, e sua felicidade foi notada por todos os funcionários. Ele se dirigiu direto para a sala de Herculano:

— Bom dia, meu amigo!

Herculano o olhou por cima dos óculos:

— Vejo que bons ventos o trazem! Bom dia!

— Beatriz me perdoou, você acredita?

— Se você o diz, claro que acredito.

— Ela é a mulher mais espetacular do mundo! Você não imagina as coisas que me disse. Ela possui uma coerência e uma lucidez admiráveis. Não entendo como posso ter feito o que fiz.

— Ora, ora... Essa é uma notícia que me deixa também muito feliz por vocês dois.

— Sabe, Herculano... — ele disse, puxando uma cadeira e sentando-se em frente ao amigo. — O tempo que passei sem saber o que Beatriz estava sentindo foi um verdadeiro tormento para mim.

— Imagino que sim. Principalmente porque você se deu conta de que poderia perder uma grande mulher.

— A mulher da minha vida, Herculano. E tudo isso por quê? Por uma aventura, um envolvimento baseado em sexo e vaidade. Eu me senti um tolo com muita coisa que Beatriz me falou.

— Ela deve ser realmente muito especial. Valorize a mulher que tem ao seu lado, Antônio. Valorize a vida que construíram juntos e, aí sim, você perceberá quantos motivos tem para se envaidecer.

— Você tem razão. Vou mostrar a Beatriz o quanto a amo e fazê-la se sentir a mulher mais feliz do mundo.

Com um largo sorriso, Herculano disse:

— Faça isso, meu caro! Faça isso!

— Bem, tenho outro assunto a tratar com você.

Antônio contou sobre a situação vivida por Beatriz no dia anterior e concluiu dizendo que ela estava confusa e um pouco assustada. Depois, perguntou se Herculano poderia ajudá-los:

— Que experiência fascinante ela teve. Nem todos têm essa oportunidade — ele falou para Antônio, demonstrando muita tranquilidade.

— Você não está surpreso com o que lhe contei?

— Absolutamente não.

— Isso é sério? Você não se impressiona nem um pouco?

— Não, Antônio. O que aconteceu com Beatriz não me impressiona, mas digo que está na hora de termos uma conversa.

— Exatamente isso que vim lhe pedir. Você poderia ir jantar em nossa casa amanhã? Acho que pode esclarecer essa situação e tranquilizar minha mulher.

— Conte com minha presença. Será um grande prazer conhecer Beatriz.

Antônio agradeceu e já estava abrindo a porta para sair, quando Herculano o chamou:

— Sabe, Antônio, olhando para você agora, me parece que remoçou uns dez anos.

Antônio riu e saiu orgulhoso de si mesmo.

Capítulo 21

Na noite seguinte, Beatriz sentia-se ansiosa com a proximidade da hora do jantar.

Sem a colaboração de Neusa, ela precisou dedicar todo o dia aos preparativos para recepcionar Herculano. Não o conhecia e o imaginava como um homem formal e circunspecto, que dominava os conceitos espirituais. Ela o imaginava como um homem erudito e não queria cometer nenhum tipo de gafe diante dele.

Quando o relógio da sala soou as seis badaladas, e o sol se recolheu no horizonte, a mesa de jantar já estava posta elegantemente, e o ambiente recendia uma agradável fragrância de ervas, que temperava o cardápio escolhido para a refeição.

Tudo parecia adequado, e Beatriz foi se arrumar. Em pouco tempo, o marido chegaria com o convidado.

Enquanto se vestia, Beatriz não conseguiu esquivar-se das lembranças do encontro com Ismael. "Como ele poderia estar morto?", questionou-se. Ela não tinha a menor dúvida de que falara com ele e de que o vira no bonde.

Se ele fosse mesmo um espírito, o que queria com ela? Teria vindo para assombrá-la? Um arrepio lhe percorreu o corpo ao se lembrar dos filmes que assistira com Antônio anos atrás. Ele era um aficionado de películas de suspense e terror e foi por meio dele que Beatriz conheceu os grandes nomes do gênero na época, como Béla Lugosi e Boris Karloff. Não era um estilo que a agradava, mas ela fazia questão de acompanhar o marido, não importando o quanto isso lhe custasse.

Ideias mirabolantes e assustadoras povoaram rapidamente a cabeça de Beatriz, que se apressou para descer, rezando para que Antônio e Herculano não tardassem a chegar.

O medo, em algumas situações, é um sentimento com uma potência capaz de paralisar a ação e neutralizar a razão. E quando Beatriz saiu do quarto, parou hesitante por alguns segundos diante da escada. No andar de baixo só havia uma fraca iluminação âmbar e muito silêncio.

Respirando fundo e combatendo aquele sentimento gerado por ela mesma, Beatriz se deu conta da cena burlesca que protagonizava, abrindo um sorriso com vergonha de si mesma e descendo logo em seguida.

Pontualmente às sete horas da noite, Antônio chegou.

Herculano, com seu jeito simples e muito simpático, surpreendeu Beatriz logo à primeira vista, contrariando todas as suas teorias acerca da personalidade do amigo do marido.

Após uma breve e trivial conversa, o grupo sentou-se para jantar, momento em que a temática se manteve leve e descontraída.

Apenas quando voltaram à sala de estar e Antônio serviu o vinho do Porto, Herculano tomou a iniciativa de abordar o assunto que o trouxera até ali:

— Beatriz, Antônio me contou sobre o episódio ocorrido com você em uma livraria no centro da cidade. Gostaria de falar a respeito?

Contendo o embaraço que a situação lhe despertava, ela respondeu:

— Meu marido me disse que você é espírita e que não se chocou com os fatos. Confesso que estou assustada, sem compreender como aquela moça me garantiu que o senhor Ismael já faleceu. Se puder me ajudar a entender o que houve, serei-lhe muito grata. Acho que tudo não passa de um mal-entendido.

Antônio interveio:

— Apenas gostaria de acrescentar que outras ocorrências insólitas envolveram a mim e principalmente a Beatriz nesses últimos tempos.

— Seria interessante que vocês me contassem tudo. O que mais aconteceu?

— Lembra quando você me falou no escritório sobre resgates coletivos? Foi pouco tempo antes do acidente da Panair. Cheguei a comentar com Beatriz sobre o livro de Allan Kardec citado por você e que fiquei apreensivo, achando que havia sido uma espécie de premonição sua.

Herculano sorriu e voltou o olhar para Beatriz, que prosseguiu com a narrativa:

— E dois dias depois, quando houve o acidente com o avião daquele político, Salgado Filho, eu estava com minha amiga Leonor em uma lanchonete e fiquei muito nervosa com a notícia. Inesperadamente, uma senhora com aparência muito simpática e bondosa nos abordou, sentando-se conosco. Ela tentava me tranquilizar falando sobre a segurança dos aviões e mencionando também o espiritismo.

— É verdade! — disse Antônio mostrando-se bastante envolvido com o assunto, enquanto Herculano olhava para um e para outro com serenidade, paciência e atento a tudo o que diziam, embalados em uma ansiedade quase infantil.

— E se não bastasse tudo isso, conheci o senhor Ismael, que me atendeu com tanta atenção, com quem simpatizei de imediato, para depois descobrir que ele... — Beatriz se deteve franzindo o cenho. — Que ele pode ser um espírito — finalizou, cruzando os braços rentes ao corpo, como se isso a protegesse de algum perigo invisível e iminente.

— Parece até que o mundo dos mortos nos está enviando algum convite... — disse Antônio em tom grave, enquanto lançava para a esposa uma mensagem densa que camuflava a pilhéria provocativa.

— Não repita isso, Antônio! — reagiu imediatamente Beatriz, apertando ainda mais os braços contra o próprio peito.

— Meu amigo, atente para não se fixar em uma visão fantasiosa e dantesca do desconhecido — alertou Herculano com tranquilidade.

— Desculpe. Foi uma brincadeira de mau gosto.

— A ficção e o entretenimento podem nos levar a crendices e galhofas inofensivas, mas também podem fazer com que pessoas mal-intencionadas se aproveitem da ignorância de alguns para ludibriar e até extorquir dinheiro e bens com a promessa de solução para todo e qualquer problema.

— Isso é verdade! — anuiu Beatriz. — Já vi em vários lugares anúncios de pessoas que afirmam resolver a vida de quem fizer uma consulta.

Herculano deu um gole em seu Porto e prosseguiu:

— Bem, mas não vamos falar sobre isso. Vim para acalmá-los e esclarecer quanto possível suas dúvidas.

— São muitas coincidências, não é, Herculano? — questionou Antônio.

— Não existem coincidências, Antônio. Os fatos foram ocorrendo de acordo com a sabedoria com que a vida nos indica caminhos e estradas, que podemos percorrer ou não. A escolha é pessoal.

— Desculpe, mas não estou compreendendo aonde quer chegar — disse Beatriz.

— Na vida de todos nós sempre existiu e sempre existirá um divisor de águas, algo que afetará profundamente quem fomos e em que nos transformamos. E isso pode advir de diversas circunstâncias: um nascimento, um casamento, uma mudança de emprego, ou muitas delas sucessivamente. Se pararmos para observar com atenção tudo o que nos acontece, veremos que esses fatos, embora pareçam corriqueiros, influenciam fortemente nossa maneira de ver e viver a vida. E esses fatos podem se apresentar pelo amor ou pela dor.

— E qual seria a relação disso com o que está acontecendo com Beatriz?

— Calma, chegaremos lá. O que quero dizer é que muitas vezes relutamos em perceber que é hora de mudar, que a vida nos está enviando algum sinal de que é preciso voltar a percepção para além do óbvio. Tudo acontece para auxiliar nossa jornada, mas se deixamos de captar esses sinais e permanecemos estáticos como observadores desinteressados, os sinais se repetem em situações recorrentes até que consigam atrair nossa reflexão. Essas situações geralmente se apresentam como algo que nos incomoda, em maior ou menor grau.

Tentando organizar suas conclusões, Antônio perguntou:

— Quer dizer que tantas situações, digamos, inusitadas estão querendo nos mostrar alguma coisa importante?

— Algo relativo à nossa religiosidade? — perguntou Beatriz.

— Nenhuma relação com religiosidade, mas com compreensão, conhecimento de si mesmo e fé para traçar as linhas de uma vida mais plena e feliz. A espiritualidade está indicando que vocês estão prontos para desvendar um novo mundo, para rever conceitos e para sentir a vida de dentro para fora com os olhos de suas almas.

Quase em uníssono, Beatriz e Antônio questionaram:

— Como um chamado?

Herculano sorriu:

— Como um convite, porém, com uma acepção bem diferente da que Antônio expôs há pouco. Vejam! Vocês estão interessados em saber mais, em talvez até aprofundar seus conhecimentos sobre o assunto. Outros talvez reagissem de forma diferente, ignorando as situações e atribuindo-as ao acaso. Como eu lhes disse, a escolha é pessoal. E fico feliz que tenham me procurado para que eu pudesse dar minha pequena contribuição.

— Aquele livro que encontrei no bonde, *O Livro dos Espíritos,* é muito interessante. Acabei ficando com dois exemplares dele. Eu o li praticamente em uma noite, mas fiquei com a sensação de querer relê-lo, de entender profundamente cada item.

— Desde que você me falou sobre ele, Herculano, também senti certa curiosidade. Até comentei sobre isso com Beatriz, mas diante dos últimos acontecimentos... — Antônio baixou a cabeça constrangido por fazer menção aos problemas que enfrentava no casamento.

Beatriz permaneceu impassível, como se sua postura pudesse desfazer a frase solta no ar.

Herculano quebrou o gelo:

— Beatriz, acho que você sabe que Antônio me deixou a par dos acontecimentos. De forma alguma, ele quis submeter você a algum constrangimento. Apenas buscava o aconselhamento de um amigo sincero.

A expressão suave no rosto de Beatriz confirmava seu entendimento.

— Mas e o caso desse senhor Ismael? Como pode acontecer uma situação assim? — ansiava Antônio por respostas.

— Se vocês realmente quiserem se aprofundar no conhecimento sobre a espiritualidade, aconselho que leiam as obras básicas escritas por Allan Kardec. Vocês podem conversar sobre a leitura, discutir suas impressões e, se necessário, tirar as dúvidas comigo. E tenho certeza de que, ao concluírem o estudo, não terão mais esse medo do desconhecido, de "assombrações" — finalizou rindo.

— Mas então... — Beatriz presumiu fitando-o pasmada. — Ismael era realmente um espírito?

— Sim, Beatriz! Você teve o privilégio de vivenciar uma experiência real, possível, mas não corriqueira. Teve a oportunidade de estar diante de um espírito desencarnado materializado, muito sábio, conhecedor dos elementos necessários para esse evento e que estava regido e assessorado pelo plano superior para cumprir esse trabalho tão importante e com um elevado objetivo: mostrar-lhe um caminho exatamente no momento em que sua vida passava por grande atribulação.

A ausência de compreensão total do que ouvira não impediu que a emoção envolvesse Beatriz, levando-a às lágrimas, o que a fez ser imediatamente abraçada e acolhida pelo marido.

Externando sua perplexidade, Antônio perguntou:

— Então, a senhora na lanchonete, o idoso que perdeu a esposa na Santa Casa, eram todos espíritos?

— Sim, Antônio, mas certamente espíritos encarnados. Muitas pessoas gostam de chamar os bons espíritos de anjos. Ismael é um anjo que veio do plano espiritual para auxiliar sua esposa. Já podemos chamar os outros de "anjos que encontramos na Terra". Sempre temos alguns ao nosso lado, pode observar.

O casal sorriu procurando acalmar-se, e Herculano contou uma história interessante:

— Vou lhes contar sobre um fato presenciado por mim em uma pequena cidade do interior, onde eu estava com minha família visitando parentes de minha mulher... Uma jovem havia deixado seu local de trabalho tarde da noite e perdido a última condução que a levaria para casa. Sem alternativas, saiu caminhando pelas ruas escuras e desertas, com um terço, que sempre a acompanhava, envolvido por sua mão tensa e retesada, enquanto orava baixinho para chegar em segurança ao seu destino. Antônio e Beatriz escutavam arrebatados pela curiosidade.

— Depois de alguns minutos, a jovem percebeu ao longe um local considerado muito perigoso pelos habitantes do lugar. Sem saber como sair daquela situação, ela hesitou e, tremendo de medo, começou a chorar baixinho prevendo a ameaça cada vez mais próxima. Nesse momento, um carro parou ao seu lado, e um jovem de ótima aparência e modos gentis e respeitosos a convidou para entrar no carro, dizendo que a levaria em segurança. Os dois não conversaram durante o trajeto. Ele apenas disse à jovem que era da cidade e que ela ficasse tranquila, pois chegaria bem em casa.

Herculano fez uma pausa e solicitou um copo de água. Quando voltou da cozinha, Beatriz perguntou:

— Mas, então, o que aconteceu com a moça?

Após refrescar a garganta, ele prosseguiu:

— O rapaz a deixou sã e salva em casa. O fato curioso, no entanto, aconteceu depois: ela estava tão assustada quando entrou no carro que apenas agradeceu ao rapaz, esquecendo-se de dizer seu endereço. A jovem só se deu conta disso, quando relatou a situação para a família. Ninguém nunca havia visto aquele carro pela cidade, muito menos seu condutor. Todos gostariam de reencontrar o rapaz para agradecer, porém, nunca conseguiram saber de onde ele viera nem para onde foi. O caso foi tão intrigante que chegaram a consultar a polícia rodoviária, no entanto, nenhum veículo com as características descritas pela jovem foi visto por aquela região. Aliás, não era nem compatível com os modelos existentes na época. Durante muito tempo, falou-se disso na cidade.

— Você acha que era um “anjo”? Como Ismael? — questionou Beatriz.

— É possível. Acredito que sim — respondeu Herculano com um largo sorriso. E dando um leve tapa na perna, ele disse: — Bem, acho melhor ir. Vocês devem estar cansados, pois têm vivido emoções intensas. Descansem e contem comigo para o que precisarem.

Beatriz levantou-se e envolveu as grandes mãos de Herculano nas suas:

— Você não imagina o bem que nos fez essa noite, Herculano. Gostaria de perguntar tantas coisas ainda, mas tenho de admitir que me sinto realmente exausta — ela sorriu. — Muito obrigada por ter vindo.

— Eu que lhes agradeço pelo excelente jantar e pela ótima companhia de um casal tão agradável. Teremos muitas oportunidades para novas conversas.

Antônio acompanhou o amigo até o carro e, quando retornou, deparou-se com Beatriz arrumando a sala:

— Querida, amanhã damos um jeito nisso. Precisamos descansar.

— Você tem razão.

Ele a beijou suavemente na testa, e subiram as escadas enlaçados e cientes de que um novo mundo se apresentava, repleto de maravilhosas oportunidades para ambos.

Capítulo 22

O telefone tocou, desviando a atenção de Beatriz das páginas do livro:

— Oi, Leonor, como vai? Faz tempo que não nos falamos.

— Exatamente por essa razão estou lhe ligando. Você sumiu, Beatriz! Não a vejo mais na Santa Casa. Há mais de uma semana você não me dá notícias. Fiquei preocupada.

— Desculpe, minha amiga, mas você sabe que tenho passado por momentos difíceis. Avisei ao provedor da Santa Casa que precisava me afastar por uns tempos.

— Ninguém comentou nada no hospital, mas você poderia ter me avisado. Fiquei imaginando tantas coisas... E Antônio? Já saiu de casa? Como você está?

— Estou bem. Estou tentando reorganizar nosso casamento. Precisamos ter paciência, conversar com calma. O tempo vai ajudar. Nós nos amamos muito, e eu tenho certeza de que tudo vai dar certo.

Houve uma pequena pausa do outro lado da linha, e em seguida Leonor respondeu:

— Você está me dizendo que o perdoou?

Beatriz suspirou com certo cansaço:

— Não é bem uma questão de perdão, mas de reflexão sobre os acontecimentos sem uma interferência passional.

— Estou chocada! Bem, você deve saber o que está fazendo. Tem certeza de que se sente bem?

— Fique tranquila, estou realmente bem. Daqui alguns dias, Ana Raquel chegará de viagem trazendo notícias de Henrique, o que me deixa muito feliz. E o melhor: ela encontrará seu lar em harmonia, como sempre foi.

— Antônio está no Rio?

— Sim, ele também conseguiu evitar as viagens por um tempo.

— Mas... uma hora ele terá de voltar ao Sul... Isso não a preocupa?

— Leonor, se for para viver repleta de desconfianças, é melhor desistir de tudo. Se eu decidi continuar com meu casamento, é porque acredito que isso não se repetirá.

— Bem, mesmo não entendendo e muito menos concordando com sua escolha, o que posso dizer mais? Apenas desejo de coração que vocês sejam felizes. E quando tudo estiver mais calmo, poderemos nos encontrar.

— Amiga, muito obrigada. Eu não sei o que faria sem sua amizade... Não vai ser da noite para o dia, mas vou me recuperar. Juntar forças, correr atrás do sonho de novo. Nunca passei por uma situação assim, por uma tristeza dessas. Contudo, vou seguir em frente.

Beatriz desligou o telefone e olhou em volta. Cada pedaço daquela casa era um pouco do seu lar, de sua família e de sua história. Lembranças de momentos, estagnadas no tempo por meio de cada objeto. Não importava que rumo suas vidas tomassem, as recordações estariam sempre ali, como um registro inerte e eterno de tempos felizes.

Os dias que se seguiram trouxeram a calmaria depois da tempestade.

Antônio precisava cumprir sua rotina no escritório, mas chegava em casa todos os dias no mesmo horário, como sempre fizera em sua vida antes de Eveline. Beatriz cuidava dos afazeres domésticos, lia, ouvia rádio e saía apenas o necessário para algumas compras. Tirara do baú um antigo livro de receitas de sua avó e se distraía experimentando novos pratos que ela e Antônio saboreavam no jantar.

Todas as noites, Antônio e Beatriz pegavam cada um seu exemplar do livro de Kardec e liam juntos na sala. Após a leitura, teciam comentários sobre o assunto, expunham suas opiniões e anotavam as dúvidas que gostariam de esclarecer com Herculano.

Juntos eles foram desvendando também o que antes era só mistério sobre o mundo espiritual e descobrindo que a vida pode ser mais feliz e leve, quando mudamos nossa percepção dos fatos que nos rodeiam e compreendemos a dimensão de nossa existência.

Aos poucos, tudo estava retomando a normalidade. E duas semanas depois, o casal começou a se preparar para a chegada da filha.

Quando retornou ao seu trabalho, Neusa deparou-se com Beatriz bem-disposta e descansada, o que a surpreendeu, mas também acalmou seu coração. Gostava de fato dos patrões e seria lamentável ver a dissolução de uma família tão bonita.

Beatriz e Antônio ainda sentiam certo embaraço entre eles, como no início de um namoro. Desde que resolveram fazer uma nova tentativa de entendimento, não haviam feito amor ainda. Para Beatriz, o sexo era a celebração de algo muito maior entre um casal e não concebia que qualquer problema fosse resolvido na cama.

Para que retomassem a totalidade de seu casamento, ainda seria necessária uma readaptação a uma recém-descoberta realidade. A vida a dois se perdera em ilusões românticas, que deram lugar a um tipo de relação mais amadurecida e racional.

A sociedade no pós-guerra passava por muitas transformações, e as mulheres, atentas às novas tendências que surgiam no mundo, direcionavam um novo olhar para si mesmas, buscando mais glamour e feminilidade. Eram muitas as novidades nas áreas do vestuário e dos cosméticos, e o universo feminino estava se reinventando.

Apesar das incontáveis mudanças, movidas pela ânsia acumulada durante a escassez do período do conflito mundial, as tradições e os valores conservadores, no entanto, mantinham uma posição de destaque na sociedade. E nessa conjuntura, em que o novo caminhava lado a lado com o tradicionalismo, ainda se esperava da mulher uma postura de boa dona de casa, esposa e mãe, e a indústria investiu em lançamentos de vários eletrodomésticos nesse período, que não só facilitavam a vida feminina, como também reforçavam fortemente o seu papel.

Apesar de já ter se questionado sobre isso, Beatriz sabia que relevara a traição de Antônio, não por se considerar pressionada pelos princípios que regiam a coletividade, mas por estar convicta do profundo amor que ainda sentia pelo marido, mesmo depois do sofrimento que ele lhe causara.

E foi esse amor que conduziu o casal a uma nova etapa de vida a dois, em que não caberiam mais novas mentiras e traições. Esse era o momento de cada um avaliar se estava disposto a investir nessa tentativa.

Tudo parecia ainda muito incerto, mas quando há o desejo sincero de se alcançar um objetivo e se essa busca não se deixar conduzir pelas mãos da ilusão, vale a pena arrojar-se.

Para surpresa e felicidade de Beatriz e Antônio, Ana Raquel chegou ao Brasil acompanhada do irmão Henrique.

A princípio, os pais externaram a preocupação com a atitude do filho. Henrique estava iniciando seus estudos no exterior, e essa ausência repentina os deixou apreensivos sobre o quanto isso poderia prejudicá-lo. Henrique, no entanto, tratou logo de esclarecer que pedira apenas alguns dias para resolver problemas pessoais e que se esforçaria para colocar as tarefas em dia quando retornasse. Sendo um aluno bom e dedicado, logo conquistou a simpatia de professores e da direção da universidade, o que facilitou sua decisão.

E foi no aconchego do lar, com a família reunida, que os pais souberam que Ana Raquel, contrariando o que prometera a Beatriz, contara ao irmão sobre a crise conjugal dos pais.

Determinado a readquirir também a confiança dos filhos, Antônio chamou Henrique para uma conversa em particular, "de homem para homem", e deixou aos cuidados de Beatriz a abordagem com Ana Raquel sobre a situação. E assim foi definida a linguagem apartada por gêneros, atuando como facilitadora em toda a sua expressividade cultural, no restrito cotidiano familiar.

Um diálogo difícil era o que Antônio previra, mas Henrique crescera habituado à conivência social em relação aos casos extraconjugais masculinos. Não apenas esses eram consentidos, como também estimulados, porque ao homem cabia sempre demonstrar sua virilidade, diretamente associada à força e ao poder.

Antônio ainda não se sentia plenamente convicto da nova visão apresentada por Herculano sobre o posicionamento do homem em relação ao mundo que o cercava, mas já admitia o equívoco dessa postura tão machista em relação às mulheres.

Durante esse momento de verdades despojadas e sentimentos revelados, Antônio e Henrique analisaram a quem, de fato, os homens queriam impressionar exaltando sua masculinidade. Após uma breve exposição de hipóteses e probabilidades de ambas as partes, mas fundamentadas na incerteza, concluíram com certo bom humor que era evidente que os homens queriam ostentar sua existência para os outros homens. Eles jamais poderiam supor impressionar as mulheres, já que elas odiavam esse comportamento e qualquer tipo de traição. Essa conclusão, por fim, deixou pai e filho aturdidos, com uma sensação de inépcia desconfortável, mas fortaleceu a relação entre eles.

Após mais de uma hora de conversa, Henrique compreendeu os fatos em sua essência sem tecer nenhuma crítica ao pai e admitiu que iria rever também muitos de seus conceitos e valores morais.

Beatriz ficara encarregada da difícil tarefa de desconstruir a visão lírica sobre o amor e o casamento que recebera e transmitira à filha.

A princípio, Ana Raquel posicionou-se com preocupação e dúvida acerca do arrependimento paterno e da disposição da mãe em esquecer-se do ocorrido. Beatriz, no entanto, foi convincente ao revelar seu profundo aprendizado ante as circunstâncias, mostrando que não devemos nos unir a uma imagem idealizada por nossas expectativas. Que os príncipes e os cavalos brancos deveriam permanecer nos contos de fadas, arrebatando os corações das princesas, enquanto a união deve ser mantida com muito amor, amizade e compreensão.

Beatriz pontuou para a filha que a perspectiva de perfeição cerra os olhos e sobrecarrega a alma e que a falibilidade humana talvez seja um dos seus maiores desafios e, ainda assim, um de seus maiores encantos. E que a ignorar é preterir a própria vida.

Sob essa nova assertiva, Beatriz estava se reposicionando perante seu casamento, assumindo a posição de mulher ao lado do homem com quem escolhera se casar, não o colocando acima de si mesma por convenções preestabelecidas nem se julgando superior pelos equívocos cometidos por ele e que tanto a fizeram sofrer.

Ana Raquel estava fascinada com a figura serenamente forte e equilibrada que tinha diante de si naquele momento, e os dias que passara nos Estados Unidos lhe pareceram anos diante de tamanha metamorfose vivida pela mãe.

Tudo o que Ana Raquel ouviu foi suficiente para aquietar seu coração em relação aos seus temores por ainda não ter encontrado seu grande amor, aquele com quem ela sonhara viver até o fim de seus dias. Ela compreendeu que precisaria de um tempo para reorganizar sua forma de perceber e viver esse amor e que este chegaria no momento certo.

Henrique passou uma semana no Brasil e, apesar da convicção de querer prosseguir em seus estudos, sentia profundamente ter de se afastar. Havia em sua família agora uma realidade ainda perturbadora, mas tão repleta de leveza e autenticidade, que ele se sentia envolvido e sedento por beber mais dessa sabedoria de vida que se revelava a cada momento e por cada canto de sua casa.

Motivados pelo que ouviram, Henrique e Ana Raquel fizeram questão de conhecer Herculano, com quem passaram uma tarde inesquecível na confeitaria Manon, preenchida por luzes de conhecimento e reflexões.

Quando estava no aeroporto, acompanhado dos pais e da irmã, Henrique se despediu levando na bagagem uma imensa saudade e a certeza de que sua família podia não ser a mais perfeita do mundo, mas era unida pelos laços do verdadeiro amor.

Capítulo 23

No escritório, Antônio estava em pé e recostado em sua mesa de trabalho. Com as pernas esticadas, uma cruzada sobre a outra, e mãos nos bolsos da calça, ele mantinha-se alheio ao trabalho, enquanto revolvia seu passado recente e de sabor agridoce.

Era-lhe impossível renegar os bons momentos vividos ao lado de Eveline, entretanto, essas lembranças o consumiam de remorso. As últimas palavras ditas pela amante ainda ecoavam no ar, repletas de rancor e juras de vingança. Tudo acontecera havia alguns meses, e o silêncio de Eveline abrigava muitos significados. Ela poderia estar planejando meticulosamente seu revide com todos os detalhes sórdidos. Detalhes capazes de lavar sua alma, enxaguando toda a humilhação que sofrera.

Essa possibilidade fazia a cabeça de Antônio doer de preocupação. Não por si mesmo, pois poderia lidar com a sanha da mulher, mas por sua família.

Em seu imaginário, ele concluíra que teria sido muito melhor se Eveline tivesse voltado a procurá-lo, mesmo que fosse para esbravejar sua indignação. Ele teria a oportunidade de estabelecer um novo diálogo, em que pudesse levá-la ao entendimento dos fatos, assim como fizera Beatriz. Mas aquele silêncio...

Herculano chegou dando algumas batidas na porta e entrou sem esperar convite:

— Meu carro novamente foi para a oficina. Posso contar com uma carona no fim do expediente?

Com um olhar distante, Antônio disse lentamente:

— O que você acha que aconteceu com ela?

— De quem você está falando?

— Eveline.

— Isso é uma recaída?

— Uma inquietação...

— Baseada em quê?

— Você sabe, Herculano... ela me fez muitas ameaças, estava furiosa. E depois simplesmente desapareceu.

— A reação pode ter sido apenas um rompante. É possível que ela tenha analisado friamente o que aconteceu e chegado à conclusão de que não poderia fazer nada a não ser aceitar que o perdeu. Sendo assim, que motivos ela teria para procurá-lo novamente?

— Você não a viu naquele quarto de hotel... Ela estava transfigurada.

Acomodando-se na cadeira diante de Antônio, Herculano disse com a habitual tranquilidade, como se nada no mundo pudesse surpreendê-lo:

— Meu caro, você sabe que, em alguns momentos, muitas pessoas acabam externando sua raiva ou frustração por meio de palavras ácidas e cruéis, como se isso pudesse extirpar a dor ao transferi-la ao outro como uma vingança imediata — ele franziu o cenho. — Pelo menos é isso que eu acho que essas pessoas sentem.

— Pode ser... Mas essas palavras podem também representar um desejo legítimo.

— Quem há de saber o que se passa na mente humana, Antônio?

— Eu preciso me precaver, proteger minha família...

Herculano sorriu:

— Proteger de quê? Considere que não há uma ameaça real. Eveline estava profundamente ferida e indignada por ter sido enganada. Talvez ela pudesse ter demonstrado isso de outra maneira, mas jamais com a placidez que você gostaria.

— Ainda assim...

— Antônio, se ela o tivesse procurado ou procurado Beatriz, se tivesse causado algum constrangimento a vocês, agido com algum indício de que pretendia usar de violência, eu até poderia sugerir-lhe que procurasse ajuda de alguma autoridade, mas Eveline se recolheu em sua dor. E neste momento, enquanto você está aqui buscando evidências inexistentes, ela pode estar tentando superar a decepção e seguir adiante.

Coçando a testa e levando em seguida a mão ao queixo, Antônio questionou:

— O que devo fazer, então?

— Viva e deixe viver!

— Pode ser mais preciso?

— Meu amigo, tudo no mundo é energia ilimitada e vibrante. Tudo o que pensamos e sentimos se amplifica no universo. Dessa forma, tudo está interligado. Sem perceber, você está se conectando cada vez mais a Eveline e aproximando suas energias. Talvez ela já tenha vencido a tristeza, esteja se ocupando de sua própria vida, mas em algum momento vocês estarão novamente em sintonia. Sintonia que está sendo ativada por seu constante pensamento.

— Isso é realmente possível?

— Claro. E de repente, do nada, ela se lembrará de você. E não podemos prever o que essa lembrança poderá desencadear.

— Você me assusta, Herculano.

— Não é minha intenção. Você fez escolhas e agiu conforme sua consciência, dentro do que considerava natural e de acordo com sua experiência de vida. No entanto, você sabe que toda ação tem uma reação.

— Eu não queria ferir ninguém.

— Tenho certeza disso. Não posso imaginar que você estivesse agindo premeditadamente para fazer Beatriz ou Eveline sofrer.

— Claro que não! E elas reagiram de maneiras tão diferentes...

— Vivências, sentimentos, expectativas... Cada uma com os seus. Não poderia ser de outra forma. Você, no entanto, é responsável apenas por suas ações e por assumir as consequências que elas porventura lhe tragam. Você não é responsável pelo destempero de Eveline nem pelas decisões tomadas por sua esposa.

— Mas eu fui o causador de tudo isso, Herculano.

— Você foi o agente formador da situação, mas, como lhe disse, cada um é responsável por si mesmo. Eveline e Beatriz não poderiam definir sua forma de agir, contudo, só cabia a cada uma decidir como reagir a isso. Você não deve se culpar, pois no fim tudo é aprendizado. E se as oportunidades forem adequadamente aproveitadas, todos crescerão e ganharão com as experiências vividas.

— Você fala como se tudo fosse simples.

Dando de ombros, Herculano respondeu:

— As pessoas complicam demais as coisas, ficam buscando culpados por suas falhas e frustrações... A vida é o que é, Antônio: puro movimento, ação, reação, escolhas e aprendizado.

— Ninguém escolhe sofrer... E eu as fiz sofrer.

— Você se engana, Antônio. Não imagina quantas pessoas no mundo escolhem sofrer, agarrando-se a esse sentimento pelas mais variadas razões. São pessoas que sempre optam por olhar o pior em tudo. Algumas seguem sempre vitimando sua existência, caminhando com pena de si mesmas para justificar sua própria falta de ação e perspectivas, e não encontram razões para agirem de outra forma.

— Acho que estou começando a compreender. Não sei como está Eveline, mas acho que você tem razão. Ela deve estar seguindo o caminho dela, em vez de se fazer de vítima da situação.

— Exatamente. Por isso, você deve deixá-la ir, Antônio. Não conecte sua energia à dela. Faça uma oração, deseje-lhe felicidades e, se lhe fizer bem, peça-lhe perdão por tê-la feito sofrer. Siga seu caminho. Não há nada que você possa fazer sobre as escolhas de Eveline agora.

— Ainda assim, eu tenho consciência de que agi errado...

— De alguma forma, seu entendimento da vida lhe dizia, naquele momento, que não se tratava de algo tão errado assim. Você considera aquela situação errada agora, porque, depois de tudo o que passou, mudou sua maneira de olhar o mundo, a si mesmo e aos seus sentimentos. Isso é bom, porque, por meio dessa mudança de óptica, você dificilmente recairá em uma mesma atitude. Percebe como as coisas funcionam?

— Acho que sim. Eu realmente não realizava a dimensão de meus atos. Agora é diferente.

— Fico contente que tenha compreendido. Agora é hora de você reorganizar sua vida e ser feliz com sua família. É isso que deseja, não é?

— É o que mais quero! — afirmou Antônio com um sorriso aliviado.

Herculano levantou-se caminhando em direção à porta, sem olhar para trás:

— Terei carona? — e saiu sorrindo sem esperar a resposta.

Enquanto Antônio abria seu coração ao amigo, Beatriz, mostrava mais uma vez seu ponto de vista a uma ainda renitente Leonor:

— Não é uma questão de conformismo. Apenas segui o que meu coração dizia.

— Você não percebe que ele jamais irá respeitá-la, Beatriz? — retrucou Leonor impaciente.

— Não vejo dessa forma. Acho que todos nós podemos cometer alguns erros na vida, assim como podemos aprender com eles para não os repetir. E Antônio sentiu intensamente as consequências de suas atitudes.

— As tentações estão por toda parte... Se ele sucumbiu uma vez...

— Leonor, eu não posso tentar reconstruir meu casamento carregando diariamente essa desconfiança. Agindo assim, estarei enganando muito mais a mim mesma do que a ele. Decidi passar por cima do ocorrido, porque acredito que Antônio se arrependeu verdadeiramente.

— E se ele aprontar outra? Você vai se lamentar por ter dado mais uma oportunidade para que isso acontecesse.

— Não sei o que sentirei e muito menos o que farei. E nem sei se isso voltará a acontecer. Não dá para nortear minha vida baseando-me em hipóteses. Sei o que quero fazer agora e estou segura de minha opção. Nós merecemos uma chance. Sinto que amadureci e saberei lidar com as consequências de minha escolha.

Finalmente, Leonor se convenceu:

— Bem, se você está tão convicta, que mais posso lhe dizer? E me desculpe se pareci muito invasiva, mas me preocupo com você. Vi o quanto tudo isso a fez sofrer e não gostaria de vê-la passando novamente por algo assim.

— Sabe, Leonor, tudo pode acontecer, somos todos falíveis. Tenho aprendido muito nesses últimos tempos. Você precisa conhecer Herculano, pois talvez assim conseguisse mudar sua visão de vida também.

Indiferente, Leonor perguntou:

— Quem é Herculano?

— Um amigo de Antônio. Os dois trabalham juntos. Ele é espírita e tem nos esclarecido muitas dúvidas com seu conhecimento.

— É uma espécie de padre? Deve ser um chato.

Com um sorriso grande ante a irreverência da amiga, Beatriz respondeu:

— Deixe de ser tola, Leonor. Ele não é padre. É apenas um homem comum, que estudou muito sobre o espiritismo e levou sua vida muito além das teorias. Você precisa ver que pessoa tranquila e feliz ele é. E tem um grande coração.

— Ah! Um bom samaritano, então.

— Não seja irônica com aquilo que não conhece. O espiritismo nos mostra como podemos guiar nossas vidas com uma concepção de unidade. Quando compreendemos isso, nossa forma de agir muda para muito melhor e como consequência nos tornamos mais felizes.

— Como assim? Não entendo mesmo o que quer dizer. Unidade?

— Sim. Todos nós somos uma só energia em movimento. Todos nós somos aprendizes nessa grande escola que é a vida. Alguns ainda estão no primário, outros já passaram pelo científico. Não se pode cobrar de um aluno do terceiro ano primário que ele resolva um complexo problema de física ou química, não é? Na vida, é a mesma coisa.

Por isso, hoje eu sei que não é possível julgar ninguém. Cada um tem sua própria bagagem de conhecimentos, e é ela que determina as atitudes das pessoas.

— Sei... Assim parece fácil demais. Quer dizer que essa Eveline, por exemplo, ao se meter com um homem casado...

Beatriz a interrompeu:

— Espere, Leonor. Quero lembrá-la apenas de que Eveline nem sabia que Antônio era casado. Esqueceu-se de que ele também a enganou?

— Está bem, mas você me disse que, quando ela soube, fez uma série de ameaças a Antônio.

— Que aparentemente ficaram só nas ameaças mesmo. Nunca mais tivemos notícias dela. Antônio teria me contado, pois ficou preocupado. Contudo, Leonor, não era sobre isso que falávamos. O que quero lhe dizer é que, quando entendemos como giram as engrenagens da vida, começamos a obter as ferramentas certas para lidar com os fatos que ocorrem. Por exemplo, agora eu sei que nada acontece por acaso, que não existem coincidências e que não existem vítimas e algozes.

— Você foi vítima de Antônio.

— De modo algum. Existe uma justa razão por trás de todos os acontecimentos. Eu tinha que passar por isso e escolher o caminho a seguir. Acho que fiz uma boa opção. Não sei sobre as razões de nossas dores e nossos sofrimentos, mas se eles acontecem é porque temos algo a aprender com eles.

— Então, você quer me dizer que, quando estudarmos sobre essas coisas, não iremos mais sofrer?

— Não é isso. No entanto, a dor acompanhada de entendimento machuca menos, porque você entende como as coisas funcionam. E foi isso que aconteceu comigo. Diante da traição de Antônio, eu poderia ter me desesperado e...

— Mas eu vi como você ficou, quando descobriu — enfatizou Leonor.

— Fiquei desnorteada. Imagino quantas besteiras eu poderia ter feito se não tivesse a sorte de conhecer Herculano. Meus pais me deram uma boa formação, o que logo a princípio me fez agir com ponderação. Depois, conforme fui lendo e aprendendo, fui fazendo melhores escolhas a cada momento. Comecei a julgar menos e não me sentir mais superior a ninguém. É engraçado... é uma sensação boa de leveza na alma.

Sem perceber, Leonor estava se deixando envolver lenta e gradualmente pelas palavras de Beatriz. Que caminhos ela ainda teria pela frente?

Capítulo 24

Ana Raquel sentia-se tranquila pela certeza de que os pais saberiam conduzir a crise que viviam com sabedoria e bom senso.

Na escola em que lecionava, suas atribuições aumentaram quando ela se engajou nos projetos de reestruturação elaborados pela nova direção do professor Rubens. O trabalho os aproximara, fazendo Ana descobrir novas e agradáveis facetas da personalidade do diretor.

Apesar da aparência formal, Rubens possuía um aprazível e refinado senso de humor. Ele mantinha sempre uma postura tranquila, não se afobava diante de nenhum problema e resolvia qualquer questão com atitudes ponderadas, que invariavelmente o conduziam a soluções eficazes.

Em pouco tempo, Ana Raquel e Rubens deixaram as salas de aula e de reunião para transporem juntos os muros escolares, tornando-se companheiros nos momentos de lazer. Passaram a frequentar salas de cinema, exposições de arte e concertos de música clássica.

Os hábitos de Ana Raquel foram se modificando, chamando a atenção de Beatriz, que decidiu conversar com a filha:

— Você e o professor Rubens têm saído juntos com frequência. Alguma novidade que eu ainda não saiba?

Ruborizando, Ana respondeu:

— O que está insinuando, mamãe?

— Nada, é apenas uma constatação.

— De fato, temos feito alguns programas muito interessantes. Estamos sobrecarregados de trabalho na escola, e um pouco de distração renova nossas forças e nosso ânimo.

— Ele parece ser uma pessoa culta e de bom gosto. Uma companhia perfeitamente adequada ao seu perfil, minha filha.

— Isso é verdade. Gosto da companhia de Rubens exatamente por essa razão. Ele é tranquilo, não gosta de festas e agitação, e é bem diferente dos rapazes que conheci até agora.

— Talvez seja o fato de ele ser mais maduro. Você havia me dito que ele é alguns anos mais velho que você.

— Ele está com trinta e um anos. É jovem ainda, mas sua alma parece carregar tanta experiência de vida.

Beatriz dirigiu um olhar afetuoso à filha e disse:

— Você está se envolvendo com ele, minha querida?

Ana conteve o sobressalto diante da objetividade materna:

— Mamãe, claro que não!

— Tem certeza? E se estiver, vê algum mal nisso?

A moça abaixou a cabeça desconcertada.

— O que está acontecendo, minha filha?

Hesitante, Ana Raquel expôs sua apreensão:

— Você sabe que sempre me questionei por não ter encontrado ainda um rapaz para namorar. Nunca me apaixonei de verdade.

— Sim, eu sei. E sempre lhe disse que não se preocupasse com isso, pois o amor chegaria na hora certa.

— Agora, no entanto... eu não sei se quero me apaixonar. Desculpe, mamãe, mas não suportaria passar pelo que você passou e estou convencida de que todos os homens são iguais. Não quero isso para minha vida. Não sou tão forte como a senhora.

Comovida, Beatriz sentiu o quanto sua crise conjugal afetara a filha, e isso doeu em seu coração. Ela respirou fundo:

— Meu Deus! Como somos capazes de agir sem pensar no quanto nossas atitudes podem interferir na vida daqueles que nos cercam.

— Você não tem culpa de nada, mamãe.

— Mas a culpa está afligindo meu coração, ao vê-la descrente do amor. Eu deveria ter preservado meus filhos de toda essa situação. E seu pai deveria ter pensado mil vezes antes de fazer o que fez — Beatriz voltou a sentir toda a angústia que conseguira superar até aquele momento.

Antes de ouvir as palavras de Ana Raquel, Beatriz acreditava que tudo pelo que passara era um problema entre ela e seu marido. No entanto, diante da fragilidade da filha, ela percebeu que nada no mundo lhe seria mais doloroso do que testemunhar o sofrimento de Ana Raquel ou de Henrique, se dando conta de que, se as atitudes de Antônio gerassem algum tipo de trauma em um de seus filhos, ela jamais conseguiria perdoá-lo.

Ana Raquel retomou a conversa:

— Eu e Henrique somos adultos. Você e papai poderiam ter tentado de tudo para nos preservar, mas obviamente eu iria perceber que havia algo errado entre vocês. E acredite que eu lhe teria perguntado em algum momento. Não poderia fingir que nada estava acontecendo. Não é sua culpa, mamãe.

— Minha filha, o que aconteceu entre mim e seu pai não deve servir de parâmetro para a condução de sua vida. Viver uma história de amor, se apaixonar, é uma das melhores coisas do mundo, e você não pode viver com medo pelo que nos aconteceu.

— Eu realmente não faço ideia se saberia administrar uma relação sujeita a esse tipo de situação, mamãe.

Alguns segundos de pausa depois:

— Você está apaixonada por Rubens, não está?

A expressão de Ana era terna e ao mesmo tempo entristecida:

— Acho que sim, mamãe. Eu o admiro muito e sinto falta quando não o vejo.

Um sorriso tímido brotou nos lábios de Beatriz:

— Não imaginei que isso seria possível um dia, mas me sinto tão impotente diante de você... Como lhe assegurar que tudo vai ficar bem? Como lhe transmitir uma segurança que até pouco tempo eu considerava indestrutível? — ela segurou as mãos da filha. — Filha, entenda que estarei sempre ao seu lado em qualquer situação e que minha história não irá necessariamente se repetir com você.

— Estou insegura e tão confusa...

Mãe e filha se abraçaram unindo seus receios e suas dúvidas.

Naquela mesma tarde, Beatriz foi ao escritório do marido e, por uma coincidência, ele estava deixando a recepção no momento em que ela chegou:

— Beatriz, querida, não a esperava — ele disse, enquanto beijava afetuosamente o rosto da esposa.

— Desculpe vir assim de repente, sem qualquer aviso.

— Aconteceu alguma coisa? Você me parece tensa. Venha, vamos à minha sala.

Pousando delicadamente a mão no braço do marido, Beatriz o reteve e disse em voz baixa:

— Vim falar com Herculano. Será que ele pode me atender?

— Acredito que sim. Venha, eu a levo até ele. Não sei se poderei ficar com vocês por muito tempo...

— Quero falar com Herculano a sós. Você se importa?

— Claro que não, mas...

— Depois nos falamos — e Beatriz se dirigiu à recepcionista, pedindo para ser anunciada.

A moça acompanhou Beatriz ao interior do escritório, antes que Antônio pudesse esboçar qualquer reação. Pouco depois, Herculano a recebeu com um caloroso sorriso, que acalmava até as almas mais ansiosas.

Ambos se sentaram, e Beatriz relatou com detalhes sua conversa com a filha e sua preocupação diante de um novo fato que não sabia conduzir.

Herculano ouviu a tudo atentamente e disse em seguida:

— Beatriz, o que aconteceu a vocês está gerando culpa para todos os lados. Culpa e insegurança. Quando você decidiu que valia a pena investir em seu casamento, acreditou que tudo estava solucionado e seria esquecido, no entanto, os problemas não desaparecem da noite para o dia depois de surgirem em nossas vidas. E o pior que nos pode acontecer é encobrirmos a verdade com um véu ilusório que nos permita seguir em frente, mas de maneira equivocada.

— Não sei se compreendi...

— Você decidiu superar a traição de seu marido e retomar o casamento. Isso foi só o primeiro passo de uma nova e, talvez, longa caminhada. É uma verdadeira reconstrução. Contudo, você percebeu agora que os destroços não caíram apenas aos seus pés e não está sabendo lidar com isso, não é verdade?

— Exatamente, Herculano. Como posso evitar que meus filhos prejudiquem suas próprias vidas por causa dos erros dos pais?

— Você não pode evitar, pois isso faz parte do aprendizado deles. E você e Antônio não os ajudarão em nada se culpando e começando, de maneira desesperada, a pregar novas ilusões para evitar que eles sofram. A culpa é péssima conselheira.

— O que devo fazer?

— Você pode confortar sua filha e conversar com ela, procurando orientá-la a partir de seus sentimentos e sua experiência, mas a decisão de que caminho irá seguir terá de ser dela. As escolhas levam ao amadurecimento. Você só não pode querer fornecer garantias de que a vida de sua filha será sempre um mar de rosas, como também seria um grande erro induzi-la a não confiar nos homens e a desacreditar no amor verdadeiro.

— Eu acredito no amor, por isso não desisti de meu casamento e ainda quero lutar por ele. Eu e Antônio temos uma história, construímos uma bela família, e vou lutar para preservá-la.

— Ana Raquel é jovem e está diante de uma das muitas escolhas que terá de fazer na vida. O mundo está mudando rapidamente, e essa juventude que está aí pode mudar hábitos e conceitos morais. Acredito que no futuro as relações entre homens e mulheres serão diferentes. O sexo feminino irá conquistar um respeito maior da sociedade e, com isso, não se deixará conduzir por esse machismo que reina atualmente. — ele sorriu. — Talvez sua filha seja um dos agentes que conseguirá transformar a alma humana para melhor.

— Você acha, então, que ela irá superar tudo isso?

— Não me peça certezas que não posso lhe dar, Beatriz. No entanto, acredito que, refletindo sobre o que aconteceu aos pais, ela talvez escolha viver esse amor, definindo desde o início o que deseja para si mesma e não aceitando menos que isso. O respeito é a base de qualquer relação promissora e saudável. Onde não há respeito não existe amor e nada mais é do que um envolvimento doentio, que deve ser evitado para sanar males piores no futuro.

— Antônio não me respeitou... — Beatriz lastimou.

— Nem a você nem a outra moça. Ele agiu sem avaliar as consequências de suas ações, e eu lhe garanto que está muito arrependido do que fez. Todos nós estamos sujeitos a atitudes equivocadas, porém, quando falei sobre respeito, me referi a situações recorrentes. Conheço o caso de um homem que jamais traiu a mulher, mas que a desmerecia e humilhava com palavras diante de qualquer um, sempre mostrando que era superior, provedor da família, e que a mulher estava abaixo dele. Coitada! Ela sofria muito e nunca reagiu. Submeteu-se a essa situação por não conhecer sua força e seu direito de ser feliz. Hoje, ela já é bem senhora, e o marido continua agindo da mesma forma. Acredito que ela morrerá resignada.

— Vou conversar com Antônio. Juntos nós poderemos buscar maneiras de apoiar nossa filha.

— Faça isso, Beatriz. Agora, vocês precisam mais do que nunca de união, verdades e apoio mútuo. Só não deixe de esclarecer a seu marido de que a culpa deve ser esquecida. Transmitir esse peso para Ana só aumentará a tensão.

— Farei isso. Muito obrigada, meu amigo.

— E não se esqueça de que, segundo os objetivos de Deus, o casamento deve ser fundamentado sobre a afeição entre as pessoas. Nada que fuja disso é natural.

— Li sobre esse tema em *O Livro dos Espíritos.*

— Mostre para Ana que nada, além do amor, deve unir duas pessoas. E que o respeito, a amizade e a cumplicidade entre um casal se fortalecem com o tempo. A lei dos homens ainda considera o casamento como indissolúvel, contudo, Deus não quer ver nenhum de seus filhos infelizes, suportando situações carregadas de sofrimento. Eu tenho convicção de que essa lei humana também cairá por terra um dia. A vida nos apresenta oportunidades de buscarmos a felicidade, e o medo nos faz perder muitas delas.

Beatriz agradeceu a Herculano, deixando sua sala com o coração aliviado e com a esperança de dias mais felizes para sua família.

Capítulo 25

Ela caminhava lentamente por uma bela alameda. Margeando seu caminho de pedras perfeitamente alinhadas e planas, pequenas flores multicoloridas cobriam o chão como um tapete natural de rara beleza.

Por todos os lados, frondosas árvores permitiam que rarefeitos raios de sol conferissem ao local um ar bucólico e sereno. E o silêncio só era quebrado pelo sibilar de algumas aves, que passavam alegres voejando de um lado a outro.

Beatriz apreciava a paisagem, indiferente a qualquer questionamento sobre onde estava. Sentia uma imensa paz interior e prosseguia rumo a um destino ignorado até que, em certo momento, avistou ao longe uma silhueta familiar. Mantendo o mesmo passo tranquilo, aproximou-se:

— Olá, Beatriz! Que bom poder estar novamente com você. Seja bem-vinda!

— Olá, Daniel, fico muito feliz pelo nosso reencontro. Onde estamos? Que lugar lindo é este?

— Apenas um lugar onde seu espírito escolheu estar. E vim ao seu encontro como você desejou.

— Não me lembro de tê-lo chamado... — ela disse sorrindo.

Retribuindo o sorriso, Daniel respondeu:

— Ah! Você está indo bem, mas ainda precisa aprender algumas coisas. Nossa conexão não se dá pela mente, mas pelo coração, e eu sei perfeitamente quando você me chama. Você está com uma ótima aparência.

— Obrigada. Isso, no entanto, é quase um milagre. Andei angustiada com alguns problemas.

— Eu sei. Problemas com Ana Raquel.

Beatriz franziu a testa e esboçou uma expressão divertida:

— É claro! Havia esquecido de que você sabe tudo o que penso e sinto.

— Mais ou menos isso. Quer me falar a respeito?

— Conversei com um amigo...

— Herculano.

— Será que tenho alguma novidade para lhe contar? — ela perguntou com uma expressão séria.

— Desculpe! Posso ir embora, se você quiser.

— Não! Fique. Gosto quando estamos juntos.

Daniel a pegou pela mão, e se sentaram em uma pedra. Ela continuou:

— Herculano foi maravilhoso. Ele me orientou sobre como agir e abrandou a aflição que senti ao ver minha filha sofrendo. Depois dessa nossa conversa, pensei muito em tudo o que nos aconteceu. Quanta irresponsabilidade de Antônio! Ele deveria ter pensado nos filhos, em mim, e na outra moça que ele enganou!

— Beatriz, ninguém pode gerir a própria vida, pensando no que suas atitudes irão causar aos outros. É impossível agradar a si mesmo e a todos ao redor.

— Mas isso é egoísmo.

— Não, isso é responsabilidade sobre si mesmo. Quando abrimos mão de vivenciar aquilo que nos cabe, um dia a conta chega em forma de frustrações e arrependimentos. Todos nós precisamos nos sentir inteiros, felizes e realizados. Só dessa forma é possível compartilhar o bem e a felicidade.

— Não consigo ver dessa forma. Antônio fez muita gente sofrer.

— Verdade. E não dava para ficar insensível diante da situação. Contudo, veja o quanto você se fortaleceu. Seu casamento agora está estruturado em novos alicerces mais realistas e sólidos. Você descobriu que, quando idealiza uma pessoa, uma situação, é provável que surjam enganos e decepções, e teve a oportunidade de constatar que sua felicidade não estava nas mãos de Antônio, mas nas escolhas que faria para sua própria vida.

— Discordo, Daniel. Minha felicidade estava nas mãos dele, tanto que Antônio me fez sofrer e viver momentos de muita tristeza.

— Você depositou suas expectativas sobre o casamento perfeito e o homem perfeito, mas, em tempo, descobriu que o amor que sente por ele permanece forte, mesmo com as imperfeições que agora se revelaram. Depois de tudo, você o percebe hoje como um ser humano falível, que, apesar da idade madura, ainda está em aprendizado como todos na Terra. E mesmo assim, você optou por permanecer ao lado dele, porque é isso que a fará feliz agora. Sua opção, sua escolha. Você poderia tê-lo deixado, por exemplo.

— Eu o amo. Não sei se conseguiria ser feliz longe dele. E existe também a cobrança social.

— Conseguiria, sim. Cedo ou tarde, você reencontraria seu caminho. Mesmo sem ele, se assim quisesse. A felicidade de cada um está dentro de si. Não se pode jogar um bem tão precioso, o mais valioso, o sopro da existência, nas mãos de outra pessoa. É um risco muito grande e um encargo que não deve ser atribuído a ninguém além de nós mesmos — Daniel observou o olhar atento de Beatriz e prosseguiu: — Na visão ainda restrita por convenções humanas, Antônio errou. Todos os envolvidos na situação têm a liberdade de decidir o que fazer com isso. Antônio se arrependeu, você o perdoou, Ana Raquel sentiu medo, enfim, todos podem fazer novas escolhas agora, baseando-se em novas experiências que engrandecem o espírito. É a vida, Beatriz. E o objetivo deve ser a paz de espírito e a felicidade.

Houve um profundo silêncio, quebrado por Beatriz pouco depois:

— Acho tudo ainda muito estranho. Parece que, pensando assim, vamos nos tornando frios e alheios ao sofrimento no mundo. "Se o outro sofre, não é problema meu" me parece o cúmulo do egoísmo e não vejo como uma maneira correta de levar a vida.

— Não é assim. Você viu que Antônio sentiu uma profunda vergonha de suas atitudes, quando se deu conta de que fez você e Eveline sofrerem. Mas vamos supor que ele não tivesse se arrependido e que ainda por cima avaliasse seus atos como normais e justos. Essa atitude demonstraria outra concepção de vida. Ainda assim, você continuaria tentando reconstruir seu casamento? Antônio ainda seria o tipo de homem que você gostaria de ter ao seu lado?

— Não, claro que não!

— Então, de qualquer maneira, seria um benefício para você poder recomeçar sua vida, sabendo exatamente o que não quer mais e com plena liberdade para assumir novas experiências. E ele teria de arcar com as consequências de suas atitudes e viver suas próprias lições. Ninguém consegue fugir de ter que enfrentar a colheita de seu plantio.

Isso é fato. E é isso que Ana Raquel terá de fazer agora. É um momento importante para ela, em que poderá refletir e descobrir o que deseja da vida e que tipo de pessoa deseja para estar a seu lado. E tudo sem ilusões e perspectivas mirabolantes e fantasiosas.

— O que Antônio fez diz respeito a ele. E como vou reagir a isso diz respeito a mim. É isso? Acho que começo a entender.

— Com o tempo, você perceberá que a vida se torna mais simples quando abandonamos a dramatização cultural da existência terrena. Ninguém está livre de uma decepção, de uma "rasteira", porém, com a experiência, as pessoas se tornam mais fortes e capazes de reconhecer em si mesmas a chave da verdadeira felicidade. E quanto mais isso se revela, melhor a vivência em sociedade, porque não há um foco no outro, mas em fazer o melhor com o que houver em si mesmo. E, agindo assim, acabamos compartilhando essa alegria e positividade pelo caminho. Queremos levar apoio, compreensão, solidariedade a outras pessoas, para que elas também se encontrem e sejam felizes. É como uma corrente do bem, de boas energias.

— Daniel, espero conseguir assimilar tudo o que você me mostra e colocar isso em prática.

— Você vai conseguir. A maioria das pessoas desconhece seu verdadeiro, maravilhoso e divino potencial interior. Agora, mudando de assunto, tenho uma surpresa para você.

— Surpresa?

Daniel olhou para o lado, e de repente uma névoa azulada se fez presente. Quando se dissipou, fez surgir uma figura bem conhecida de Beatriz:

— Senhor Ismael! — ela exclamou atônita.

— Que a paz esteja com você. É bom revê-la.

— Então, o senhor está realmente... morto?!

— Eu pareço morto para você?

Ela sorriu sem jeito e olhou para Daniel:

— O que tudo isso significa?

Foi Ismael quem respondeu:

— Nós três, Beatriz, somos almas afins e caminhamos durante muitas existências, compartilhando experiências. Em nossa última passagem juntos pela Terra, eu e você éramos irmãos muito ligados e unidos.

Beatriz olhou novamente para Daniel:

— E você, Daniel?

— Eu era o pai de vocês.

— Um pai dedicado e muito amoroso — completou Ismael.

Beatriz levou as mãos à boca, e, em silêncio, lágrimas surgiram em seus olhos, quando ela finalmente disse:

— Eu não me lembro, mas consigo sentir. Sinto o imenso amor que nos une.

Daniel prosseguiu:

— E sempre nos unirá. Hoje, no entanto, estamos aqui para nos despedir.

— Como assim?

— Nós sabíamos que você passaria por momentos difíceis e ficamos ao seu lado para orientar seu caminho. Sabíamos que as escolhas seriam suas, mas mostramos novas opções. Caberia a você percebê-las e decidir se as aceitaria ou não.

— A loja, o livro esquecido no bonde... — disse Beatriz hesitante.

— Não foram coincidências, Beatriz. Você poderia ter seguido sem dar atenção, ter jogado o livro fora, mas que bom que não o fez — disse Ismael piscando para ela.

— Todas as pessoas, em algum momento, recebem essa orientação dos amigos espirituais. Uma intuição, um sentimento que surge sem nenhuma explicação, uma ideia repentina, um encontro no momento certo... não são coincidências. São sinais que, se não percebidos, alteram o rumo de uma vida, precipitando ou adiando situações. É importante entender o que nos acontece.

— Tenho aprendido tanto... Muito obrigada. Mas por que temos que nos despedir?

— Temos outras tarefas a cumprir. Você está amadurecida, confiante, e está fazendo boas escolhas que a conduzirão ao equilíbrio. Não precisa mais de nós, por ora.

— Sentirei muita falta de vocês.

— Não se preocupe. Eu estarei sempre ao seu lado. Sempre que precisar, virei ao seu encontro — enfatizou Daniel. — Porém, agora, você pode prosseguir sem nossa ajuda direta.

Sentindo o coração apertado de emoção, Beatriz falou:

— Posso abraçá-los?

Os três se uniram em um abraço, enquanto uma forte luz dourada os envolvia. Pouco depois, Beatriz virou-se sonolenta na cama e abraçou Antônio, que dormia serenamente ao seu lado.

Capítulo 26

A chuva caía forte e constante. Beatriz estava sentada sozinha na sala, refletindo sobre os acontecimentos que irromperam em seu cotidiano de maneira avassaladora. "Onde foi que minha vida se perdeu? Em que momento me abandonei?", questionou-se.

Vários meses haviam se passado, e tudo parecia estar voltando à normalidade, mas havia algo no ar, uma sensação de pendência que ela não conseguia compreender.

Antônio mostrava-se um marido atencioso e dedicado, dividindo seu tempo entre a família e o trabalho. Cada dia mais amoroso, ele fazia de tudo para transmitir segurança a Beatriz, dando-lhe a certeza de que o passado estava definitivamente enterrado.

Ana Raquel e Rubens começaram a namorar. O diretor era respeitoso e carinhoso com a moça e a tratava não como uma princesa, mas como uma companheira que merecia seus melhores sentimentos e sua admiração. Aos poucos, Ana Raquel ganhou confiança na relação e acabou esquecendo-se de seus temores, contudo, procurava manter seus pés no chão, entregando-se ao amor consciente de que Rubens adicionava elementos felizes à sua vida, mas que ele não era sua vida.

Então, o que ainda estava errado? Por que essa inquietação permanecia insistindo em fazer companhia a Beatriz, sem pedir-lhe licença, minando a mansidão de seus dias?

Beatriz fechou os olhos buscando afastar aquele sentimento, sem perceber que Daniel surgira ao seu lado. Em pé, irradiando amor, ele pousou docemente a mão sobre a testa de Beatriz e assim permaneceu por alguns instantes, desaparecendo em seguida.

Ela, então, abriu os olhos e sentiu o coração inflar dentro do peito, emanando um calor que se espalhava por todo seu corpo. Sem ponderar sobre sua atitude, Beatriz pegou a bolsa, um guarda-chuva e saiu.

Pouco tempo depois, ela chegava a uma loja pequenina, localizada próximo à Praça Saens Peña, na Tijuca. O comércio, onde se vendia material de escritório, pertencia a uma senhora portuguesa muito simpática e era lá onde Antônio gostava de ir para comprar canetas.

Quase meia hora depois, Beatriz saiu do estabelecimento com ar de satisfação, que não conseguia camuflar sua dificuldade de lidar com a pesada caixa que tinha nas mãos.

Neusa preparava a mesa para o jantar, curiosa sobre a razão de a patroa ter chegado em casa e se trancado no quarto, pedindo para não ser incomodada.

Ana Raquel chegou do trabalho quase ao mesmo tempo que Antônio, e Neusa os avisou que Beatriz pedira que esperassem por ela na sala, onde se juntaria a eles na hora da refeição.

Pai e filha fizeram muitas perguntas a Neusa e, só após se certificarem de que Beatriz estava bem, decidiram sentar-se na sala de estar para ouvir as notícias no rádio.

Quando Neusa serviu a comida, Beatriz finalmente apareceu. Estava linda e... surpreendente!

Vestindo uma calça corsário azul, uma blusa branca de algodão e sapatilhas, Beatriz entrou na sala de jantar balançando o rabo de cavalo preso com um pequeno lenço.

Diante da imagem inusitada da mãe, Ana Raquel não se conteve e ficou olhando Beatriz boquiaberta. Neusa, por sua vez, quase deixara cair a travessa de salada. E Antônio, apesar do semblante mais fechado, não conseguia conter a admiração ao contemplar a sensualidade e a beleza de sua mulher.

Entre a ansiedade de quem aguarda aprovação e a diversão de ver as expressões atônitas dos três, ela perguntou:

— Que tal estou?

— Mamãe, você está linda e... moderna!

— Dona Beatriz, se a senhora já não aparentava a idade que tem, agora parece uma colega de Ana Raquel.

Orgulhosa e satisfeita com os elogios, faltava-lhe ainda a opinião mais importante. Beatriz, então, dirigiu o olhar firme para o marido, não sem um pequeno receio de sua reação.

Após um leve pigarrear, Antônio finalmente disse:

— Bem, sua beleza é inegável. Ficou muito bem nesses trajes, mas... — ele hesitou.

Com tranquilidade aparente, Beatriz disse:

— Mas... não é a roupa adequada para uma mãe de família. Era isso que ia dizer?

— Você tem que convir que não é usual, está fora dos padrões — ele respondeu titubeando.

Ana Raquel interveio:

— Ora, papai, que padrões?! Tudo está mudando. Na América e na França, as mulheres já usam calças com frequência. As estrelas de Hollywood esbanjam elegância e charme com suas calças. Acho até que vou comprar uma para mim.

Antônio olhou com ar severo para a filha, mas voltou novamente sua atenção para a esposa:

— Querida, você fica linda de qualquer jeito, mas não acho conveniente que saia vestida dessa maneira. O mundo não mudou tanto assim. Tenho receio de que lhe faltem com o respeito.

Com uma risada descontraída, Beatriz aproximou-se do marido e beijou-lhe levemente o rosto:

— Não se preocupe, querido. Esta iniciativa é apenas simbólica. Não tenho intenção de sair às ruas dessa maneira, pois não teria coragem.

Ainda planejando ter sua própria calça, Ana Raquel perguntou curiosa:

— Onde você a comprou? Não vejo esse modelo em muitas lojas.

— Fui à Tijuca para fazer uma compra e, quando voltava para casa, me deparei com ela em uma vitrine. Não resisti.

Passado o susto, Neusa terminou de servir o jantar. Todos estavam sentados à mesa, quando Antônio questionou:

— Você disse que essa roupa tem um efeito simbólico? O que isso quer dizer exatamente?

— Querido, essa roupa simboliza a nova mulher que está nascendo em mim. Uma mulher nada muito diferente da que sempre foi, mas que decidiu seguir por novos caminhos que a levem a uma realização pessoal. Antônio, passei a maior parte de minha vida cuidando da casa, das crianças e de você, porém, agora, quero fazer algo que me satisfaça como indivíduo e atenda apenas às minhas necessidades pessoais.

Todos a encaravam atentamente, mas Antônio parecia mais tenso:

— Mas que caminhos serão esses? Você já faz seu trabalho na Santa Casa há anos, e me parecia que isso a realizava. Não era feliz cuidando de sua família?

— Sim, sempre fui muito feliz e não me arrependo um só minuto de ter me dedicado ao nosso lar durante todos esses anos. Nossos filhos estão adultos, saudáveis e bem-criados, e isso é a maior realização como mãe. Apesar dos problemas que tivemos, nós dois... — houve um constrangimento quase imperceptível no ar. — Estamos bem e retomando nossa vida como casal, o que me realiza como mulher.

— Eu a amo muito — disse Antônio, enquanto segurava a mão de Beatriz.

— Neste momento, no entanto, eu quero alguma coisa que diga respeito só a mim, embora o trabalho no hospital tenha me ensinado muito. Bem, agora quero mostrar-lhes a verdadeira razão de minha saída hoje.

Beatriz tirou um papel de dentro do bolso da blusa, o desdobrou cuidadosamente e o entregou ao marido, que o analisou por alguns instantes antes de dizer:

— Isso é uma poesia datilografada. Onde conseguiu? O que significa?

— Eu a datilografei.

— Você?

— Sim, comprei uma máquina de escrever, uma Remington.

— Mamãe, que beleza! Agora poderei preparar alguns trabalhos da escola em casa.

Antônio não se conteve e sorriu:

— Você realmente está me surpreendendo a cada instante.

Animada, Beatriz falou sobre seus planos:

— Quero me matricular o quanto antes em um curso de datilografia. Você se opõe, Antônio?

— Não, claro que não. Apenas seja compreensiva e me dê um tempo para me habituar a tantas mudanças!

Todos riram felizes.

— Pretende tornar-se escritora?

— Ainda não sei como utilizarei minhas novas habilidades. Uma coisa de cada vez.

— Amanhã mesmo, eu a ajudarei a procurar um bom curso. E seja o que Deus quiser! — complementou Antônio.

Como prometera na noite anterior, Antônio saiu cedo com Beatriz para procurar uma escola de datilografia. Ele ainda se sentia um tanto desconfortável com as novas ideias da esposa, mas tudo o que queria naquele momento era vê-la feliz e não mediria esforços para isso.

No final da semana, Beatriz teve sua primeira aula e seu desempenho foi bem acima do esperado. Ela estava determinada e passava bastante tempo treinando as lições em casa. A vida parecia finalmente entrar nos eixos e retomar o equilíbrio e a paz familiar.

Capítulo 27

Beatriz deixou a sala do provedor da Santa Casa após uma breve conversa, quando explicou por que mudaria sua rotina de trabalho no hospital, alterando suas visitas para uma vez por semana. Ela buscava novos projetos de vida, mas jamais deixaria seu trabalho voluntário.

Na saída, quando quase chegava à porta principal, Beatriz deparou-se com Leonor parada à sua frente, com uma expressão tão rígida e tensa nunca vista.

Após uma troca de poucas palavras em tom muito baixo, as duas amigas seguiram para uma sala reservada na enfermaria, onde, a portas fechadas, iniciaram um diálogo que surpreenderia Beatriz ainda mais:

— Você não imagina o que Eugênio aprontou! — disse Leonor, trincando os dentes.

— Diga logo, Leonor. Vejo o quanto você está nervosa.

— Não estou nervosa. Estou furiosa! — ela respirou fundo. — Eugênio está tendo um caso! Um caso fixo!

Arregalando os olhos, Beatriz externou toda a sua surpresa:

— Meu Deus! O que está acontecendo com esses homens? Com o mundo?

— Eu sei o que está acontecendo! Ninguém tem vergonha na cara! É isso! Para os homens não basta uma relação estável e tranquila. Eles precisam o tempo todo colocar à prova sua masculinidade. E as mulheres... bem, essas se dividem em dois tipos: as decentes como nós, e as pistoleiras, que se envolvem com homens casados buscando alcançar um lugar na sociedade, que nunca as pertencerá.

Percebendo que a amiga estava tomada pelo ódio, Beatriz tentou contemporizar:

— Leonor, não se deixe dominar pelas paixões que interferem em nossa capacidade de discernimento. Veja minha situação com Antônio. Foi meu agir equilibrado, que nos levou a uma boa e pacífica solução do nosso problema.

Com uma risada, ela respondeu ironicamente encolerizada:

— Sua história com Antônio é completamente diferente. Eugênio não precisava me enganar dessa forma. Ele sempre foi livre para agir como quisesse! Eu disse várias vezes a Eugênio que jamais admitiria que ele tivesse um caso fixo, mas que entendia a mente masculina e não queria tomar conhecimento de suas aventuras. Tínhamos conversas francas sobre isso.

— Calma, minha amiga. Você não sabe direito as circunstâncias...

— Claro que sei! Já até conheço a vigarista! É uma jovem muito mais nova que nós duas. Era vedete do teatro de revista da Praça Tiradentes, mas parece que andou criando algumas confusões e teve que sair de lá. Agora faz *striptease* em um cabaré de quinta, localizado nos arredores da Lapa.

Beatriz sentia-se totalmente abalada com o que acabara de ouvir:

— Você tem certeza do que está dizendo?

Procurando manter o controle, Leonor revelou mais detalhes:

— Claro que tenho. Ela não fez nenhuma questão de se esconder. Desde o início, ela sabia tudo sobre Eugênio, que era casado, quem eu era, e até andou frequentando o Jockey na companhia dele algumas noites.

— Como você sabe de tudo isso?

— Um dia, eu lhe disse que preferia não saber *certos* detalhes sobre a vida de meu marido, que conhecia o universo masculino e sabia que os homens sempre têm suas aventuras. Mas nesse caso, foi diferente. Comecei a receber algumas ligações em casa, sempre em horários em que estava sozinha. A mulher que me ligava me ofendia com as palavras de mais baixo calão. Algumas dessas palavras eu nem sequer conhecia. Ela sempre falava comigo muito calma e depois desligava. A princípio, pensei que fosse alguma louca passando trotes. Não dei maior importância nem comentei com ninguém. Até o dia em que ela disse meu nome e mencionou Eugênio — Leonor fez uma pausa entre um gole de água e prosseguiu: — Ela me disse que meu marido iria me largar e que ela, sim, poderia oferecer tudo o que ele merecia, inclusive, e principalmente, o ardor sexual que uma velha como eu já não possuía. Você acredita nisso? Ela me chamou de velha!

— Leonor! Sinceramente, não sei o que lhe dizer. Estou muito chocada para conseguir me expressar.

— Você ainda não ouviu tudo. Depois disso, enfrentei Eugênio para me certificar de que não era uma intriga, afinal, tudo é possível neste mundo. E, para minha surpresa, ele confirmou que estava apaixonado por ela. Contudo, ele disse que, como tinha uma vida estruturada ao meu lado, pensou que poderia viver com as duas sem maiores problemas, como já vinha fazendo há tempos.

— E você? O que fez? — perguntou Beatriz, sentindo dificuldade de acreditar em uma história tão descabida.

— O que eu sempre disse que faria: peguei as coisas dele e fui jogando pela janela. Tudo! Ele ainda tentava dizer alguma coisa, a defendeu argumentando que ela era uma boa moça, que queria ser artista e não era uma prostituta. Ainda mais essa! Sabemos que existem muitas moças trilhando o difícil caminho das artes... Eu mesma sofri muito ao buscar minha independência, pois nossa sociedade pode ser muito maliciosa... mas é evidente que não é o caso dessa mulher. Ela é uma pessoa sem caráter e sem escrúpulos, que quer se arrumar e pensa que Eugênio poderá lhe oferecer uma vida confortável e segura. Sabe como é! Quem nunca comeu mel, quando come se lambuza. Então, ela que fique com ele. Logo, logo essa moça perceberá que tipo de homem ele é. Se fez comigo, um dia fará com ela também.

— E ele foi embora mesmo? E a vizinhança presenciou tudo?

— Claro! Fiz um escândalo monumental. Não estava nem um pouco interessada na opinião alheia.

— Mas você sabe que as más línguas certamente irão comentar o episódio. E o pior é que, como diz o ditado, cada conto aumenta um ponto.

— Não quero nem saber. Sempre levei minha vida do meu jeito. Sofri e passei por situações bem difíceis e posso enfrentar o que está por vir.

— E para onde Eugênio foi?

— Não me interessa. Deve ter ido se aboletar na casa da prostituta. Já procurei um advogado para dar entrada na papelada do desquite. Não quero mais nada que me ligue a esse verme. Não sei como pude amá-lo um dia! Como não enxerguei sua verdadeira face?

Beatriz ficou em silêncio e fechou os olhos por alguns instantes. Ela queria equilibrar os pensamentos e compreender tudo o que acabara de ouvir. Não tencionava de forma alguma jogar mais lenha naquela fogueira.

Após o desabafo, Leonor também silenciou, recostando-se exausta na cadeira.

Depois de um tempo refletindo, Beatriz falou:

— Essa moça agiu sem nenhum respeito a ninguém. Sem respeito, inclusive, a ela mesma.

— Ela não é uma moça. É uma vadia com muitos quilômetros rodados, apesar da pouca idade. Já deve ter se deitado com pelo menos uma dúzia de homens.

— Não podemos afirmar isso, Leonor. Como lhe disse, não vamos ser passionais. No entanto, ao agir como agiu, ligando para você, utilizando-se de palavras agressivas, se envolvendo com Eugênio, mesmo sabendo que ele era casado e afirmando que iria tirá-lo de casa, ela mostra que é uma pessoa sem nenhum escrúpulo. Não consigo ver nenhum bom sentimento movendo seus passos. Uma tristeza!

— Tristeza?! Beatriz, depois que começou a estudar essas coisas de espiritismo, você está fazendo estágio para santa, é? Não vejo tristeza nenhuma nisso. Ela não presta! E se Eugênio se meteu com esse tipo de gente é porque nunca prestou também.

— Nisso eu concordo com você, Leonor. Se Eugênio atraiu para seu convívio alguém como ela, isso deve ter acontecido porque existe alguma afinidade entre eles.

— Nenhum dos dois vale nada! Como pude me enganar tanto?

— Leonor, não tripudie sobre meus estudos e preste atenção no que lhe direi. Tenho absoluta convicção de que nada acontece por acaso. Quando reencarnamos, sabemos exatamente por quais provas iremos passar, pois isso está no nosso planejamento na reencarnação. E ao nascermos na Terra, nós somos abençoados pelo esquecimento. Ainda estou aprendendo, mas, para mim, isso é o que explica tantas coisas que em nossa visão limitada não conseguimos compreender.

— Essa conversa ainda é meio sem pé nem cabeça, mas estou disposta a ouvir o que tem a me dizer.

— Obrigada, Leonor. Eugênio encontrou uma situação em que poderia perfeitamente escolher entre a vida familiar que mantinha ao seu lado ou embarcar nessa aventura com uma desconhecida, colocando a perder um casamento estável e feliz. A escolha cabia apenas a ele. Essa mulher poderia ter usado qualquer artifício. Poderia envolvê-lo, seduzi-lo e, mesmo assim, a escolha continuaria sendo dele.

— Então, ele foi um fraco muito pior do que eu pensava.

— Antônio foi fraco ao se deixar levar pela vaidade e se envolver com Eveline.

— São duas situações bem distintas.

— Sem dúvida, Leonor. Eu acredito que Eveline seja uma boa moça, que foi tão enganada quanto eu. Não posso, portanto, julgá-la mal por ter se envolvido com um homem casado. Ela nem sequer sabia da existência de nossa família. Já essa outra está agindo premeditadamente. Contudo, nós sabemos também que ele inventou muitas mentiras para ela e não temos ideia de até onde isso chegou.

— Sabe o que ela teve a audácia de me dizer? Que Eugênio lhe contava que eu era doente da cabeça e nosso casamento era um fracasso, mas que, por causa do meu desequilíbrio, ele não tinha coragem de me deixar. Tive vontade de matá-lo.

— Deus me livre! Leonor, jamais repita uma sandice dessas!

— Claro que eu não faria isso, mas que tive vontade de acabar com os dois... Ah! Eu tive mesmo! Mas quem sabe não consigo um jeito de infernizar bastante a vida deles, para que não tenham paz do mesmo jeito que não tenho desde que descobri tudo.

— Você também terá que fazer suas escolhas. Pense bem no rumo que deseja dar aos acontecimentos.

— Não posso simplesmente deixar que ele se vá, que aproveite a vida ao lado dessa mulher e que sejam felizes para sempre. Não é justo!

— A justiça não está em suas mãos, Leonor, e pouco sabemos sobre ela também. Você pode acabar afundando ainda mais sua vida e criando mais problemas, que ainda não existem. Ou você pode optar por recomeçar e ser feliz. Agindo com serenidade, sem alimentar ódios e vinganças, você estará um passo à frente para alcançar sua felicidade.

Leonor parecia finalmente assimilar as palavras de Beatriz:

— Você pode estar certa. O ódio é tão desgastante...

— Claro que é! Se você sente raiva agora, use-a como combustível para melhorar sua vida e não para destruir a deles. Faça dessa raiva a mola propulsora de ações que levem a conquistas pessoais e, depois, esqueça-se dela e vá ser feliz.

— Mas e eles? Vai ficar por isso mesmo?

— Eugênio decidiu se unir a alguém com um senso moral ainda muito pouco desenvolvido, o que os coloca em patamares semelhantes. A vida seguirá seu rumo, e, cedo ou tarde, eles compreenderão que toda ação gera uma reação ou consequência. Se você buscar vingança, também se alinhará a eles, perdendo uma maravilhosa oportunidade de olhar para frente e descortinar novos horizontes.

— Você quer dizer que devo cuidar da minha vida e esquecê-los?

— Exatamente. Assim que passar todo o processo do desquite, toque sua vida e enfrente seus problemas, que, você sabe, não serão poucos. Preocupa-me sua situação,

Leonor, pois a sociedade sempre olha para nós, mulheres, como as culpadas por tudo de ruim que nos acontece. Sempre haverá uma maledicência sugerindo que você provavelmente fez alguma coisa errada para seu casamento não ter dado certo. Isso se não disserem coisas piores.

— Isso eu sei! Já tive essa experiência, quando decidi trabalhar. Contei essa história a você. O próprio Eugênio falou para a tal mulher que a culpa era minha. Se ele disse isso, qualquer um pode dizer.

— Leonor, eles enfrentarão o que tiverem de enfrentar, e isso já não é problema seu. Cuide de sua vida, para que a maldade que ainda impera entre os seres humanos não a atinja. Sua atenção deve estar voltada para você agora. Deixe que eles encontrem o que suas escolhas lhes reservam.

Pela primeira vez, Leonor sentiu os olhos se encherem de lágrimas. Parecia que um grande peso finalmente deixava seu coração livre:

— Beatriz, ainda não sei o que penso sobre tudo o que você falou, mas de uma coisa já estou convencida: quero Eugênio e essa mulher bem longe de mim. Se eu buscar vingança, atarei ainda mais os nós que nos unem. E o que desejo é exatamente o contrário: libertar-me.

— É assim que se fala, minha amiga. Você é uma pessoa maravilhosa, autêntica e tem bom coração. É certo que tem ideias bem avançadinhas — ambas sorriram —, mas merece ser muito feliz. Não permita que energias ruins contaminem seu coração. Ninguém deve ter o poder de alterar nossa essência, transformando o que temos de bom.

— Muito obrigada, Beatriz. Eu estava com tanto ódio que só pensava em como poderia atormentar aqueles dois. Não quero saber deles nem o que farão da vida. Vou pensar em tudo o que me disse e tenho ainda de me preocupar com toda a parte burocrática desse desquite.

— Quero ajudá-la no que for possível. Estarei a seu lado para o que precisar.

— Você não imagina como é bom ouvir isso. Não sou tão boa quanto você e ainda tenho receio de meus ímpetos mais primitivos — Leonor concluiu rindo.

— Estarei por perto para tomar conta de você — Beatriz respondeu dando uma piscadinha.

— Nós nos encontramos, quando você estava de saída. Tem algum compromisso? Podíamos ir até a Colombo fazer um lanche. O que acha?

— Ótima ideia! Estou com tempo livre hoje. Só gostaria de saber uma coisa: por que você não me procurou quando tudo aconteceu? Deve ter sido horrível passar por tudo isso sozinha.

— Foi muito rápido. Talvez eu tenha agido intempestivamente, mas não podia suportar Eugênio em minha casa por mais um minuto.

— Entendo. Vamos fazer um lanche e esquecer isso, pelo menos por algumas horas. Tenho algumas novidades para lhe contar. Você nem imagina as mudanças que estou fazendo em minha vida!

— Que beleza! Quem sabe não encontro em você inspiração para meus dias futuros.

Capítulo 28

Antônio acabara de sair de uma reunião e preparava-se para deixar o escritório, quando a secretária entrou em sua sala:

— Doutor Antônio, há uma pessoa na recepção que deseja vê-lo.

— A essa hora? Estou exausto e quero ir logo para casa. Por favor, veja se pode resolver o assunto ou marque uma hora em minha agenda — respondeu com um profundo suspiro.

— Eu sabia que o senhor estava indo embora e tentei solucionar a questão, porém, o homem insiste em falar com o senhor. Disse que esperaria o quanto fosse necessário, mas que não sairia daqui até conseguir seu objetivo.

— Ele adiantou o assunto? Disse se é de alguma empresa?

— Absolutamente nada. Afirmou apenas que é um assunto confidencial.

Coçando a testa e demonstrando certa preocupação, Antônio pediu à moça que fizesse o homem entrar.

No breve momento em que ficou sozinho, Antônio sentiu um grande peso invadir sua alma. Algo como um mau presságio, que o conectou diretamente a Eveline. Seria esse homem ligado a ela? Estaria ali para ameaçá-lo de alguma forma?

Antônio nunca se esquecera do ódio que vira nos olhos de Eveline naquele quarto de hotel, e o silêncio da ex-amante jamais deixara de preocupá-lo. E agora, a presença desse desconhecido misterioso ativava um alerta em sua mente.

Pouco depois, o visitante entrou na sala. Era jovem ainda, mas parecia cansado e envelhecido. Tinha uma fisionomia densa e muito séria e grandes olheiras, que se sobressaíam nos olhos opacos, tornando ainda mais imperceptíveis seus lábios finos e rijos. Os ombros magros curvavam-se levemente à frente do corpo, como se não suportassem mais o peso da vida.

Antônio o observou com tensão e curiosidade.

O homem aproximou-se e, sem lhe estender a mão em cumprimento, disse secamente:

— Antônio Mendes?

— Sim, sou eu. Em que posso ajudá-lo, senhor...?

— Nelson. Sou o irmão mais velho de Eveline.

Antônio sentiu suas pernas fraquejarem. Então, seus temores tinham fundamento! Eveline se guardara para vingar-se dele no momento certo. Ela prometera que o faria. Mas como poderia atingi-lo? Beatriz já sabia de tudo. Nelson estaria armado? Com esse pensamento, Antônio recuou e sentou-se em sua cadeira, sem atinar como poderia proteger-se.

Tentando ganhar tempo para que alguma brilhante ideia o livrasse daquela situação, ele falou:

— Senhor Nelson, por favor, sente-se. Vou pedir um café e uma água. Enquanto isso, quero adiantar ao senhor que meu relacionamento com Eveline... — Antônio não conseguiu concluir sua frase.

— Não quero me sentar! Não quero café, água ou muito menos ouvir suas explicações!

Antônio percebeu a hostilidade transformada em palavras insensíveis e sentiu que aquilo poderia terminar em tragédia. O homem prosseguiu:

— Eu e toda a minha família já sabemos o tipo de cafajeste que você é.

— Não precisamos levar a conversa a esses termos. Eu posso lhe explicar...

— Já lhe disse que não quero suas explicações. Nem sei ao certo o que estou fazendo aqui. Meus pais não queriam que eu viesse até aqui e ficaram apreensivos com minha atitude. Chegaram a tentar me dissuadir a todo custo.

"Ele vai me matar. Preciso agir rápido", pensou Antônio, sentindo que o pior estava para acontecer:

— Já se passaram tantos meses... Eveline nunca mais me procurou. E agora o senhor aparece aqui e nem sequer me dá a oportunidade de esclarecer os fatos?

Sem sair do lugar e olhando fixo para Antônio, Nelson prosseguiu:

— Você vai me ouvir calado! Você não tem direito nenhum de exigir nada, pois destruiu minha família e a vida de Eveline.

— Do que você está falando? — Antônio perguntou confuso.

Finalmente, Nelson sentou-se muito lentamente, como se suas últimas forças estivessem se esvaindo. Com a emoção contida, ele fez um enorme esforço para falar:

— Quando Eveline soube que você a havia enganado da maneira mais desprezível, ela chegou completamente alterada à nossa cidade. Nunca tínhamos visto minha irmã daquele jeito. Ela estava nervosa e descontrolada. Após muita insistência de minha mãe, ela acabou lhe contando tudo o que havia acontecido. Minha mãe, logicamente, ficou muito preocupada com a situação e dividiu sua apreensão com meu pai, e, pouco depois, nós todos, os irmãos, fomos informados. Minha família é muito unida, e nós sempre nos apoiamos em todas as situações.

— Acredite... sinto muito que tenha sido assim.

Sem dar atenção às palavras que acabara de ouvir, Nelson seguiu com seu relato:

— Com o tempo, todo o destempero dos primeiros dias foi desaparecendo e dando lugar à apatia. Eveline foi perdendo o interesse pelo trabalho, pelos amigos e por tudo o que mais gostava de fazer. Tornou-se uma pessoa arredia, que fugia de qualquer conversa e de qualquer convívio familiar ou social. Quase não comia, e sua beleza radiante começou a definhar a olhos vistos. Minha irmã transformou-se lentamente em um espectro de si mesma.

Nesse momento, a comoção venceu Nelson, deixando visível a lágrima produzida naqueles olhos tristes.

Antônio estava paralisado, sem conseguir esboçar qualquer reação. Ele apenas ansiava por ouvir mais. Nelson tirou um lenço do bolso e o passou sem constrangimento no rosto:

— Nós não sabíamos o que fazer. Eveline não aceitava nenhuma sugestão de procurarmos um médico. Quando tocávamos no assunto, ela reagia com inflexibilidade. A situação foi se agravando, e minha mãe já não sabia o que fazer. Todos nós nos sentíamos impotentes, pois não conseguíamos fazer minha irmã recuperar a alegria de viver. Até que o pior aconteceu. Num ato de desespero, Eveline tomou uma superdosagem de medicamentos. Foi algo tão absurdo que o efeito foi devastador!

Nelson fez uma pausa. As palavras pareciam se condensar em sua garganta, e ele não conseguiu prosseguir.

Antônio sentia sua testa úmida, e um suor frio começou a brotar de todos os seus poros:

— Você está querendo me dizer que... que Eveline... está morta?

O silêncio preencheu o ambiente com uma força sufocante, como uma última pá de terra sobre a sepultura.

Nelson levantou a cabeça e encarou a figura descorada à sua frente:

— Talvez você assim o desejasse, pois tiraria um problema de sua vida, mas Eveline tem uma saúde de ferro. Ela foi criada no campo, sem essas porcarias que vocês comem na cidade, como essas coisas americanas que estão invadindo nossos dias. Ela está internada há mais de um mês... Há exatos quarenta e dois dias, não ouvimos a voz doce de minha irmã nem vemos mais seu sorriso e seus lindos olhos azuis nos fitando com alegria e ternura. Desde que entrou no hospital, Eveline está em coma profundo.

Antônio sentiu uma forte pressão no peito e por alguns instantes pensou que estava infartando.

— Minha mãe, depois do ocorrido, adoeceu dos nervos. Não suportou ver a única filha tomar uma atitude tão extrema, que a levou a essa condição desesperadora — Nelson cravou um olhar ameaçador em Antônio: — Meu pai ficou ensandecido e chegou a pensar em vir aqui pessoalmente para matá-lo — completou, fazendo Antônio estremecer. — Mas eu e meus irmãos conseguimos fazê-lo recuperar a razão. Somos uma família de bem, trabalhadora, e vivíamos felizes até você aparecer e acabar com nossa vida.

Antônio levantou-se, evitando dar as costas a Nelson:

— Estou chocado! Jamais imaginei que Eveline fosse capaz de tal atitude. Não sei o que pensar. Por favor, me diga se há algo que eu possa fazer para ajudá-la. Essa situação deixou minha alma destroçada. Qual é o prognóstico dos médicos? Por favor, me diga.

— Não sei como isso pode lhe interessar agora. Você usou minha irmã e a descartou depois, como se ela fosse uma qualquer. Eveline sempre foi muito determinada e correta. Se ela chegou ao ponto de se deitar com você — disse isso franzindo o cenho — foi porque acreditou, que vocês iriam se casar. Ela é uma moça honrada!

— Por favor, me diga, como ela está? — implorou Antônio.

— Os médicos não podem afirmar nada neste momento. Todo o procedimento necessário para lhe salvar a vida foi feito quando chegamos ao hospital. A equipe é muito competente. Eveline deveria ter acordado nos primeiros dias, mas isso não aconteceu, o que surpreendeu a todos. Os médicos não sabem se ela terá alguma sequela motora ou cognitiva, ou por quanto tempo ficará nesse estado. Saúde ela tem, seu organismo é forte, contudo, eles disseram que ela precisa querer viver. Isso é muito importante. Você está matando minha irmã... — Nelson disse entre lágrimas que já não conseguia conter.

Antônio levou uma das mãos à boca, apertando o rosto como se isso o impedisse de gritar a dor que sua consciência atirava em seu coração e em sua mente. Seu poder de raciocínio se perdia, e era difícil administrar tamanha angústia. Ele não sabia o que dizer àquele pobre homem, que o odiava por ser o causador do drama vivido por seus familiares.

Nelson se levantou, pegou a carteira e tirou um cartão de visitas, atirando-o sobre a mesa à sua frente:

— Eu lhe disse que meus pais não queriam que eu viesse até aqui, mas sou capaz de transpor o ódio e o orgulho na tentativa de salvar minha querida irmã. Esse cartão é do hospital onde ela está internada. Talvez eu me arrependa dessa atitude, porém... quem sabe sua presença não a faça pelo menos acordar? — deu um murro na mesa. — Seu cretino! Ela o ama tanto...

Ainda mais abalado pela reação agressiva de Nelson, Antônio disse hesitante:

— Não sei o que fazer. Não sei se minha presença seria salutar para Eveline. E sua família...

— Minha família certamente vai querer acabar com você, mas lhe garanto que sua integridade física será assegurada. O endereço está aí. Você já sabe a situação, então, faça o que sua consciência mandar. Está em suas mãos a tentativa de devolver à vida aquela a quem seu egoísmo e falta de caráter está matando.

Nelson virou-se e saiu batendo a porta, sem esperar qualquer consideração ou reação do outro. Antônio, então, jogou-se em sua cadeira, largando seu corpo sem nenhum controle, deixando que a tensão vivida se esvaísse por completo, enquanto procurava equilibrar sua respiração. E permaneceu assim por muito tempo, abandonado por sua capacidade de discernimento.

Como se uma tela saltasse de sua mente direto para diante de seus olhos, ele reviu vários momentos passados ao lado de Eveline. Reviu o sorriso que o encantava, o corpo que amara com ardor e os olhos azuis que o fitavam com encantamento e admiração. Eveline era pura energia e vivacidade. Amava seu trabalho, era profunda conhecedora de vinhos e, quando se referia a eles, parecia discorrer sobre joias valiosas ou obras de arte. Era inteligente e uma companhia agradável, cuja conversa era envolvente e prazerosa. “Como ela foi capaz de um ato tão insano?”, perguntou-se.

Ele era o responsável pelo desespero que estava acabando com a vida de Eveline. Era o único culpado. Ele a estava matando! Antônio não podia suportar essa ideia.

O filme mudou.

As cenas que via agora mostravam Beatriz sofrendo ao descobrir a traição do marido. Antônio revia cada dia de angústia vivido pela esposa e o desespero dela ao buscar forças para salvar seu casamento e conseguir superar toda aquela tristeza em nome do amor que sentia por ele e pela família.

Antônio reviu a decepção e o medo de amar refletidos no olhar de sua doce filha, Ana Raquel, e a insegurança de Henrique, que tentava apoiar o pai, seu grande exemplo de homem, estando ao mesmo tempo condoído pela dor da mãe.

Em um ímpeto desatinado, Antônio passou o braço violentamente sobre sua mesa e lançou vários objetos ao chão. E, com um grito sufocado, apoiou os cotovelos na mesa, a cabeça entre as mãos, e chorou seu desalento e sua culpa.

Capítulo 29

Já passava das nove horas da noite, quando Ana Raquel chegou em casa após um jantar muito agradável com Rubens. Seu estado de espírito leve e feliz, no entanto, foi logo surpreendido, quando a moça encontrou a mãe sozinha na sala e demonstrando grande preocupação.

Aliviada com a presença da filha, Beatriz externou sua aflição por não ter recebido nenhuma notícia de Antônio até aquela hora. Ele não aparecera para o jantar nem telefonara comunicando o atraso. Antônio sumira.

Foi inevitável para Beatriz e Ana Raquel lembrar, no íntimo, da inconstância dos hábitos de Antônio, quando ele ainda estava envolvido com Eveline, mas nenhuma delas teve coragem de revelar seus pensamentos.

Ana Raquel sugeriu, então, que elas ligassem para o escritório do pai. Ante a hesitação de Beatriz, a moça pegou o telefone e foi atendida em seguida pelo segurança da empresa, que confirmou que todos os funcionários haviam deixado o local no fim do expediente.

Diante dessa informação, Beatriz voltou o eixo de hipóteses para a possibilidade de ter ocorrido algum acidente com Antônio. Não era possível, depois de tudo o que passaram, que o marido tivesse sucumbido novamente a algum tipo de aventura. Ele voltara a se comportar como um marido amoroso e atencioso e teria de ser muito dissimulado para conseguir enganar a esposa mais uma vez.

O toque alto e estridente do telefone fez mãe e filha se sobressaltarem. Dominando a ansiedade, Beatriz atendeu à ligação, sem saber se deveria respirar aliviada ao ouvir a voz de Leonor.

Assim que soube o que estava ocorrendo com Beatriz, Leonor prontificou-se a ir até sua casa para ajudá-la no que pudesse. Beatriz não recusou a atenção, e, em pouco mais de meia hora, Leonor chegou à residência da amiga. Não havia nenhuma novidade ainda.

Por iniciativa própria, Ana Raquel pegou a lista telefônica e começou a ligar para os hospitais próximos ao trabalho do pai ou do trajeto entre o centro da cidade e sua casa. O esforço fora em vão. Não havia nenhum indício de que Antônio tivesse sido atendido em nenhum deles.

Leonor sugeriu que ligassem para a polícia. A violência aumentara nos últimos anos, principalmente com o desenvolvimento das capitais, que atraía forasteiros de lugares longínquos, sem nenhuma qualificação profissional, e que, sem condições de manterem a vida no novo ambiente, acabavam, muitos deles, se voltando para o crime.

Beatriz concordou com a amiga, contudo, achou melhor esperar mais um pouco. Estava muito nervosa e temia ter de enfrentar alguma notícia trágica sobre o desaparecimento do marido.

Ana Raquel foi até a cozinha preparar um chá. Neusa já tinha ido embora e havia deixado o prato do patrão preparado sobre o fogão, para que ele pudesse jantar quando chegasse.

Aquela cena fez o coração de Ana Raquel apertar. O cuidado de Neusa com Antônio, a aflição de Beatriz naquele momento, e seu próprio receio de que algo ruim tivesse acontecido ao pai seriam indícios de que, se ele estivesse novamente traindo a mãe, seria impossível perdoá-lo dessa vez.

Quando as três mulheres se reuniram na sala, Leonor mencionou Herculano. Era o melhor amigo de Antônio, e talvez os dois estivessem juntos.

Beatriz olhou para o relógio. Passava um pouco das dez horas, e ela achou que seria inconveniente telefonar para a casa de Herculano naquele horário, pois a família já deveria estar recolhida. No entanto, ela acabou cedendo aos apelos de Ana Raquel e ligou para o amigo do marido.

Herculano atendeu à ligação demonstrando muita surpresa ao ouvir a voz de Beatriz. Ele explicou que saíra mais cedo do escritório, pois seu irmão chegara de viagem e ficaria hospedado em sua casa, onde teria um jantar de boas-vindas.

Quando Beatriz já ia agradecer a atenção de Herculano e se despedir, ele pediu um instante, e, em seguida, ela pôde ouvi-lo conversar com alguém ao seu lado, mas não conseguiu distinguir o que diziam. Logo depois, Herculano comunicou a Beatriz que estava indo com o irmão percorrer alguns locais onde poderiam encontrar Antônio e afirmou que lhe daria notícias assim que pudesse.

Beatriz não conseguiu compreender a que lugares ele poderia estar se referindo. Antônio não frequentava bares nem restaurantes sozinho. Será que Herculano estava omitindo alguma coisa? De forma alguma ele parecia alguém capaz de acobertar os maus passos de Antônio.

Ao narrar a conversa para Leonor e Ana Raquel, foi levantada a possibilidade de Herculano ter ido diretamente a algum distrito policial. Leonor ainda considerou uma possível ida do amigo ao necrotério, o que fez mãe e filha sentirem seus temores aumentarem.

As horas passavam... O cansaço e a apreensão fizeram Leonor, Beatriz e Ana Raquel permanecerem em silêncio, cada uma sentada em seu canto, dispersas em seus próprios pensamentos, entre uma oração tácita e outra.

O relógio anunciava onze badaladas, quando a campainha tocou. Leonor precipitou-se e atendeu à porta, abrindo caminho para que Herculano entrasse na casa com seu acompanhante.

Domingos em nada se parecia com o irmão. Era também alto e tinha um corpo robusto, mas com uma silhueta mais longilínea, além de feições fortes e sóbrias. Era contido sem ser antipático, e aquela situação o deixou ainda mais embaraçado. Não conhecia a família e considerava a circunstância muito delicada para admitir a presença de um estranho.

Após as apresentações, Herculano chamou Beatriz para uma conversa em particular. Ele desculpou-se pela iniciativa de chegar acompanhado de Domingos, mas assegurou que o irmão era uma pessoa de extremo bom senso, discreta e, acima de tudo, capaz de manter qualquer ambiente em equilíbrio com seus conhecimentos. Era mestre em filosofia e doutor em psicologia, alguém capaz de assegurar também serenidade em situações difíceis como aquela. Herculano tranquilizou Beatriz, informando que apenas contara ao irmão que o casal amigo passara por dificuldades, mas sem lhe dar muitos detalhes.

De volta à sala, Herculano narrou que ele e Domingos haviam percorrido algumas delegacias, mas que nenhuma ocorrência que pudesse envolver Antônio havia sido registrada.

Ninguém sabia mais o que fazer ou por onde começar qualquer busca. Limitaram-se, então, a aguardar, uns tentando amenizar a apreensão dos outros, principalmente a angústia de Beatriz e Ana Raquel.

Já passava da uma da manhã, quando todos ouviram o ruído de um carro parando em frente à residência. Todos se levantaram ao mesmo tempo e se apressaram para chegar ao jardim.

Beatriz sentiu uma vertigem diante da cena que presenciou. Dois homens desciam do carro e, com cuidado, retiravam Antônio do banco de trás do veículo. Ele conseguia se manter em pé, aparentemente sem nenhum ferimento, mas estava completamente embriagado.

Herculano e Domingos acorreram Antônio segurando-o, e um dos homens disse:

— Foi muita sorte acharmos este endereço na carteira dele. Só assim conseguimos chegar até aqui.

Leonor aproximou-se, enquanto Herculano e Domingos entravam na casa com Antônio, seguidos por Beatriz e Ana Raquel:

— Senhores, muito obrigada por trazê-lo em segurança. Mas, por favor, poderiam me dizer o que aconteceu?

— Nós temos um bar no centro da cidade. Esse senhor chegou no final da tarde, desacompanhado, e pediu uma cerveja. Ele parecia tenso ou desolado, mas para quem trabalha na noite como nós isso não é um fato inusitado. Estamos acostumados a ver as pessoas afogarem suas mágoas na bebida.

— Ele não é desse tipo — afirmou Leonor estarrecida.

— Pois vou lhe dizer uma coisa, minha senhora... Ele parecia muito acostumado a noitadas assim, porque virou bem a cerveja, em um copo atrás do outro. Só começamos a nos preocupar, quando ele passou da cerveja para a aguardente, pinga das boas, um tiro na consciência. Lá pelas tantas, ele começou a falar sozinho, dizendo que quem deveria morrer era ele, um inútil que só existia para destruir a vida dos outros.

O outro homem prosseguiu contando detalhes:

— Vimos que ele havia chegado de carro, então, a primeira coisa que fizemos foi confiscar a chave sem que ele percebesse. Sempre tem aquele que insiste em ir embora dirigindo depois de beber todas. Esse senhor, no entanto, não tinha a menor condição de dirigir. Seria suicídio! Pedimos que ele parasse de beber, dissemos que já íamos fechar o bar, mas ele mostrava dinheiro e pedia mais cachaça. Quando já estava quase desfalecido e sua cabeça tombou sobre a mesa, resolvemos tentar descobrir algo. Não podíamos mântê-lo a noite toda no bar. E assim chegamos aqui.

Leonor estava pasmada:

— Isso é inacreditável! Posso garantir aos senhores que ele é um bom homem e pai de família. Algo de muito grave deve ter acontecido para ele se comportar dessa maneira... Agradeço-lhes muito a boa vontade de o trazerem em segurança para casa. Aguardem um instante, por favor. Vou lhes trazer uma quantia que cubra pelo menos os gastos que tiveram.

— Não, senhora. Não precisa disso não. Fizemos o que achamos correto — ele colocou a mão no bolso: — Aqui está a chave do carro dele. Neste papel anotamos o endereço do local onde o veículo está estacionado. Seria bom alguém ir retirar o carro pela manhã. Agora vamos embora. Desejamos um boa-noite à senhora e que ele fique bem.

Leonor agradeceu novamente e voltou apressada para dentro da casa.

Herculano tentava inutilmente fazer Antônio beber um café forte e amargo. Beatriz e Ana Raquel estavam tão atônitas que não conseguiam tomar nenhuma atitude naquele momento.

Herculano decidiu, por fim, que o melhor seria enfiar Antônio debaixo d'água para tentar fazê-lo recuperar um mínimo de racionalidade. Ele e Domingos, então, subiram levando o amigo quase nas costas, enquanto Leonor contava para Beatriz a história que ouvira dos dois homens.

Passado um tempo, Herculano e Domingos voltaram à sala:

— Não adiantou muito nosso esforço... — disse Herculano. — Mas ele está bem e dormindo profundamente agora.

Beatriz olhou para o amigo com os olhos marejados:

— Ele chegou a dizer alguma coisa? Deu alguma explicação para esse episódio horrível?

— Ele não está em condições de falar ainda, Beatriz. Antônio certamente dormirá por muitas horas, e amanhã você precisará ter tranquilidade para enfrentar a situação. Não temos ideia de quais foram as razões que o levaram a isso. Só ele poderá explicar o que aconteceu.

— Nem sei o que pensar — disse Beatriz exausta.

— Não pense em nada agora. Todos nós precisamos de uma boa noite de sono também. O importante é que ele está bem e que nada de grave aconteceu.

— Muito obrigada por sua presença, Herculano. Agradeço a você também, Domingos. Sinto que tenhamos nos conhecido em situação tão constrangedora.

— Não se preocupe, dona Beatriz. Amigos de meu irmão já merecem de mim respeito e consideração. E acredite que o que ocorreu não é exclusividade de sua família. São coisas que acontecem. Não precisa se envergonhar por isso. Somos todos humanos.

— Domingos vai passar uma grande temporada aqui no Rio de Janeiro. Teremos outras oportunidades para melhores encontros, e esta noite será certamente esquecida. Sei que Antônio terá uma explicação coerente para tudo isso. Meu amigo é homem de bem e tem valor.

Leonor pegou sua bolsa:

— Você vai ficar bem, Beatriz? Quer que eu passe a noite aqui com vocês?

— Não, não será necessário. Acredito que Antônio não irá acordar tão cedo, e vou aproveitar para tentar descansar.

— Então, eu já vou. Estou preocupada se conseguirei um táxi a essa hora.

Domingos logo se prontificou:

— De jeito nenhum a deixaremos ir de táxi, não é, Herculano?

— Claro que não. Nós a deixaremos em casa, Leonor.

Todos se despediram, e Ana Raquel subiu com Beatriz. As duas entraram no quarto do casal e, abraçadas, olharam Antônio por alguns instantes.

Ana Raquel falou quase em um sussurro:

— Não reconheço meu pai... O que será que aconteceu?

— Não consigo ter ideia, filha, mas amanhã saberemos. Deus me ajude a enfrentar o que está por vir. Certamente, alguma nova tempestade.

Ana Raquel deu um beijo na mãe e saiu. Beatriz sentou-se na beirada da cama, acariciou os cabelos molhados do marido, enquanto pensava: “O que você está fazendo com sua vida? Com nossas vidas...?”.

Capítulo 30

Antônio revirou-se na cama, acordando Beatriz. Ele não chegou a abrir os olhos, mas murmurou algumas palavras indecifráveis, levando as mãos à cabeça e sentindo uma dor intensa.

Beatriz levantou-se e foi até a cozinha, voltando minutos depois com uma xícara de café. Ela ajudou o marido a sentar-se na cama e a beber, entre caretas de contrariedade, o líquido quente e de sabor acentuadamente amargo.

Quando Antônio terminou de beber o café e se recompôs na medida do possível, Beatriz sentou-se ao seu lado. Procurando ser objetiva e sem levantar prejulgamentos, ela abordou o marido:

— Espero que você já esteja em condições de me contar o que lhe aconteceu ontem. A cena que você protagonizou foi vexatória.

— O que eu fiz? — Antônio perguntou com olhos mareados, que lembravam dois rubis.

— Não se lembra de nada?

— Estou confuso...

— Você saiu do escritório, foi se embebedar em um bar do centro da cidade e teve que ser carregado de volta para casa. Nossa filha, Leonor, Herculano e o irmão, Domingos, presenciaram tudo. Fiquei desconcertada.

Antônio engoliu em seco, percebendo que não poderia esquivar-se da verdade:

— Sei que não tenho como lhe pedir perdão por meu comportamento deplorável e muito menos como justificá-lo, mas preciso lhe explicar o que aconteceu.

— Estou aqui para ouvi-lo.

Antônio se ajeitou na cama:

— Ontem, eu recebi uma visita inesperada em meu escritório.

Na mesma hora, Beatriz pensou na amante do marido e sentiu seu coração apertar. Antônio prosseguiu:

— O irmão de Eveline.

Beatriz franziu o cenho, sem compreender:

— O irmão de Eveline? O que ele queria com você? Ele o ameaçou?

— Não, foi muito pior que isso. Contrariando toda a família, ele veio me contar que Eveline tentou se matar. Ela está em coma profundo, internada em um hospital, sem nenhum prognóstico de recuperação. Já está assim há mais de um mês.

Beatriz levou as duas mãos à boca, completamente estarrecida com a notícia. Apesar de tudo, jamais desejara nenhum mal à outra mulher. Queria apenas viver sua vida em paz ao lado da família.

Antônio respirou fundo e continuou falando com um ar cansado:

— Ele me deixou um cartão com o endereço do hospital, que fica em Porto Alegre. Os pais não queriam que ele me procurasse, mas o irmão de Eveline tem esperança de que minha presença possa fazê-la recobrar a consciência.

— Ele lhe pediu que fosse até lá?

— Não diretamente, mas deixou o cartão. Logo... subentende-se que sim.

Beatriz levantou e caminhou lentamente pelo quarto. Depois, voltou-se novamente para o marido:

— O que você pretende fazer? — ela perguntou com naturalidade, sem impor nenhuma apreciação ao caso.

De cabeça baixa e sem coragem de encarar a mulher, ele respondeu:

— Não sei. Não consegui pensar sobre isso ainda. O que você acha? Gostaria de sua opinião sincera. Não quero magoá-la novamente.

A imparcialidade sincera conduziu as palavras de Beatriz:

— Não me peça isso, Antônio. Não posso escolher por você.

— Mas eu gostaria de saber como você se sente e como uma decisão minha irá afetá-la.

Sentindo a serena paz que só a sabedoria proporciona, ela respondeu:

— É uma decisão que só você poderá tomar. Você trouxe essa mulher para nossas vidas, sendo assim, toda a situação pela qual estamos passando foi criada por você. A responsabilidade para decidir agora também deve ser sua. Qualquer coisa que eu diga sobre como me sinto certamente vai influenciá-lo e não quero ter nenhuma participação em suas escolhas.

— Estou arrasado! Nunca imaginei que ela pudesse tomar uma atitude tão extrema. E por minha culpa! Fiz minha família sofrer e transformei a vida de todos em uma tragédia. Não sei se posso conviver com isso.

— Acho que seria muito bom para você conversar com Herculano, pois talvez receba dele as respostas que não posso lhe dar.

— Acredite, Beatriz, se cogito essa possibilidade de ir ao Sul é por solidariedade. Eveline fez o que fez por minha causa. Sinto que tenho o dever de tentar o que estiver ao meu alcance para reverter essa situação. É apenas isso!

Beatriz aproximou-se do marido, segurou as mãos dele e disse:

— Não posso sequer imaginar como você está se sentindo diante de tudo isso. Não consigo considerar a hipótese de causar tamanho sofrimento a alguém, levando essa pessoa a tentar tirar a própria vida.

Antônio sentiu-se envergonhado.

— Desculpe, Antônio, não estou sendo sarcástica. Eu apenas lhe disse o que sinto e, por essa razão, não posso ajudá-lo. Se lhe serve para alguma coisa, acho que a solidariedade é um sentimento nobre. A empatia é uma característica que deveria ser natural ao ser humano. Tento imaginar o quanto ela deve ter sofrido para chegar a esse ponto.

Um mutismo enlutado pairou sobre o casal, enquanto Antônio, sendo auxiliado pela esposa, tentava se levantar com dificuldade. Quando já se dirigia ao banheiro, ele olhou para Beatriz:

— Você pode pedir a Herculano que venha me ver? Não tenho condições de sair.

Sem dizer nada, Beatriz deixou o quarto, voltando pouco depois:

— Ele disse que virá após o jantar. Não adiantei nada sobre o assunto.

Pontualmente às nove horas da noite, Herculano chegou e foi direto ao encontro do amigo em seus aposentos.

Após levar um caldo de legumes para o marido, Beatriz jantou sozinha com Ana Raquel e teve oportunidade de lhe contar com calma tudo o que ocorrera.

Ana Raquel ficou bastante comovida com a situação de Eveline, contudo, assim como a mãe, preferiu não emitir sua opinião sobre como o pai deveria conduzir a situação.

Mãe e filha tiveram o discernimento para entender que Eveline fora vítima da vaidade de Antônio, e, por mais que doesse ao coração de Beatriz, ela admitiu que a outra devia sentir um amor verdadeiro em seu coração e que jamais poderia ser julgada como leviana.

Era uma situação muito delicada, que abalara profundamente as estruturas de Beatriz. Ao mesmo tempo, ela sentia o quanto tudo aquilo, somado aos seus novos estudos sobre a grandiosidade da vida, contribuíra para transformá-la em uma mulher mais madura e segura.

Beatriz compreendeu que podem existir situações de padrões repetitivos, mas que isso não se aplica às reações ativadas pelos fatos ocorridos, e que cada ser humano é único, com um caminho próprio a ser percorrido. Surgem alguns atalhos, caminhos que se cruzam, caminhos paralelos, e até aqueles que se perdem em um beco sem saída. Ela entendeu que, durante a caminhada, cada pessoa vai redesenhando sua estrada, retirando ou colocando obstáculos, girando em círculos sem identificar a rota, ou seguindo confiante no rumo que o aprendizado lhe proporcionou.

Outra mulher talvez reagisse de forma totalmente oposta a de Eveline. Outro temperamento e outras vivências poderiam favorecer escândalos, brigas e violência. Beatriz imaginava que alguém como Leonor teria um acesso de fúria, mas depois seguiria seu caminho, optando pelo desprezo ao causador de seu sofrimento. São muitos casos, muitas vidas, muitas histórias, das quais, geralmente, nada sabemos.

Beatriz estava convencida de que, independente de sua reação, Eveline era uma mulher cujos sentimentos foram destruídos e que era capaz de dar fim à própria vida por um amor não correspondido. Ela imaginou também que Eveline ainda teria muito que viver e aprender sobre a maravilhosa aventura da existência espiritual.

Pensando nisso, Beatriz decidiu que, se Antônio realmente fosse visitar Eveline, enviaria alguns livros para ela. Se Eveline iria ler algum seria um opção pessoal. O caminho estaria indicado.

Herculano já estava há alguns minutos diante de Antônio em um confronto pacífico, em que de um lado estava a vergonha e do outro estava a compreensão.

Após constatar que Herculano não tomaria a iniciativa de começar a conversa, Antônio narrou detalhadamente ao amigo todos os últimos acontecimentos. Falou da atitude desesperada de Eveline, do desespero de Nelson, do sofrimento da família da ex-amante e da reação de Beatriz. Quando chegou ao fim do relato, sentiu que estava totalmente desorientado e convicto de ser o único responsável por tanta tristeza.

Herculano ouviu-o com atenção sem interrompê-lo, e depois disse:

— Pois é, meu amigo... você foi o agente causador de todos esses acontecimentos, mas não é o responsável pelas decisões que foram tomadas por Eveline, por sua esposa, ou por quem quer que seja.

— Mas foi por minha causa, Herculano! — Antônio alterou a voz, chegando às lágrimas.

— Vamos falar de maneira mais simples e objetiva. Sim, foi por sua causa, mas não foi você quem a induziu ao suicídio. Aliás, se Eveline tivesse algum conhecimento das leis da nossa existência saberia que, com essa atitude, só amplificaria seus problemas, trazendo para si mesma mais sofrimento. Nós já conversamos sobre esse tema em seus estudos com Beatriz. A tentativa de Eveline de tirar a própria vida não foi sua culpa, Antônio.

— Eu sei! Sei que no fundo você tem razão, contudo, na prática, isso me parece tão egoistamente cômodo.

— Não se aflija. Para a maioria das pessoas, ainda é muito difícil entender a responsabilidade que cada um possui sobre si mesmo. No enredo conhecido e cotidiano, sempre haverá o algoz e a vítima. É preciso muito estudo para aceitar que a verdade da vida está na alma.

— O que devo fazer, então? É prudente ir visitar Eveline? Pelo que Nelson me falou, ela está inconsciente e é provável que nem se dê conta de minha presença. Além disso, a família dela me odeia.

— Conscientemente, ela pode não manifestar o reconhecimento de sua presença, mas espiritualmente ela poderá saber que você está com ela, que se preocupou e que quer tentar fazê-la compreender que vale a pena resistir e lutar pela vida. Quanto à família de Eveline, se isso for importante para você, será uma oportunidade de mostrar a todos que, apesar de sua conduta, não é o canalha que eles imaginam.

— Beatriz não quis me dizer como se sente diante disso tudo. Ela argumentou que não quer influenciar minha decisão.

— Ela está certa, contudo, caso você decida ir para o Sul, isso não o impede de tranquilizá-la a respeito de suas verdadeiras intenções. Pelo que já conheço de Beatriz, ela se manterá tranquila.

— Será mesmo?

— Antônio, faça o que seu coração e sua consciência lhe pedem. Faça o que acha que é certo. Tudo na vida tem que ser assim. Pondere sobre o que deseja para si, avalie as consequências possíveis e siga em frente. Não podemos avaliar tudo com precisão, vide a atitude de Eveline. Agora, no entanto, você está agindo para o bem, com uma intenção desprendida de vaidade. Você está agindo por compaixão. Pense que tudo dará certo.

— Não sei se serei capaz de enfrentar tudo isso.

Depois de alguns instantes, Herculano falou com tranquilidade e determinação:

— Você não estará sozinho. Irei com você.

Antônio olhou o amigo com surpresa:

— Está falando sério? Faria isso por mim?

— Farei o que acho justo e certo. E, no momento, acho que você precisa desse apoio.

Um forte abraço de gratidão selou aquele encontro e a profunda amizade que os unia.

Capítulo 31

Na semana seguinte, Antônio partiu com Herculano levando uma bagagem pequena, mas uma grande apreensão na alma.

Beatriz manteve-se firme em seu posicionamento imparcial, confiante no amor que mantinha vivo seu casamento e no sofrido, mas inevitável, aprendizado pelo qual o marido estava passando. Não havia mais lugar para mágoa ou medo em seu coração, e ela estava convicta de que a vida era justa e sábia, mesmo quando não concordamos com ela ou consideramos os acontecimentos injustificáveis.

Ela fizera sua parte da melhor forma possível e dentro do que seu conhecimento e discernimento a aconselharam. Sofreu, teve dúvidas, rezou, questionou a si mesma, a Deus, duvidou de sua capacidade de superação, mas, encontrou, por fim, sua paz interior. Por meio de leituras, estudos e reflexões, Beatriz começou a descobrir seu potencial espiritual e sua imensa habilidade de compreensão da vida e das peculiaridades de cada um de nós, o que a conduziu a uma visão mais clara e segura dos acontecimentos cotidianos.

Beatriz se transformou em uma mulher forte e determinada a gerir sua própria vida de maneira independente, sendo responsável por sua felicidade e realização pessoal e ciente de que ninguém, além dela mesma, seria capaz de construir os alicerces sólidos que formariam sua estrutura pessoal.

Os novos conhecimentos adquiridos geraram no coração de Beatriz um sentimento libertador e uma felicidade autêntica, que nasceram de seu íntimo e de sua essência... E nenhuma felicidade podia ser mais genuína.

Ela amava o marido. Amava-o, talvez, ainda mais do que quando o conhecera, porque seu amor agora era desprovido das ilusões que camuflavam a realidade. Ela sabia dos defeitos de Antônio e de sua inclinação para ceder a caprichos vaidosos, contudo, ainda assim, o amava. Tinha agora a consciência de que ele poderia mudar e rever suas ações e sentimentos e que essa mudança partiria da vivência de suas próprias experiências. Beatriz sabia também que ela e o marido eram seres livres para amarem ou partirem, simplesmente porque a vida é assim.

Só na liberdade de escolha se consolida o amor e é dessa liberdade que brota o mais puro sentimento. Porque amor não se cobra, não se implora nem se negocia. Quando a dignidade é perdida, o amor jamais será verdadeiro.

Essa viagem seria uma provação para Antônio, o confronto com o resultado de suas ações, e ele avaliaria sua capacidade de lidar com o turbilhão, nascido de uma atitude aparentemente inconsequente, que transformara sua vida.

Beatriz não temia pela presença do marido diante de Eveline. Se não confiasse mais na determinação de Antônio e na sinceridade de tudo o que ele lhe dissera após ter sua traição descoberta, não haveria por que manter aquela união.

Então, após o marido partir, Beatriz procurou ocupar seu tempo com o que produzia em sua máquina de escrever. Sentia-se entusiasmada com a novidade, pois jamais imaginara que teria tanto a dizer, mesmo sem saber que alguém seria capaz de ler uma única linha que seus dedos ainda pouco ágeis criavam nas páginas em branco.

Leonor telefonou para Beatriz no mesmo dia em que Antônio embarcou com seu fiel amigo Herculano e prontificou-se a ajudá-la no que fosse preciso, mas Beatriz a tranquilizou de que tudo estava sob controle.

Pouco depois de receber a ligação de Leonor, Beatriz foi surpreendida pela ligação de Domingos, que queria avisá-la apenas que fora ao aeroporto e que o voo partira no horário previsto. Sem que Beatriz questionasse, Domingos fez questão de lhe dizer que Antônio estava mais tranquilo e ciente dos momentos difíceis que encontraria em Porto Alegre e que reafirmara várias vezes aos amigos o amor que sentia pela esposa. Ela agradeceu as palavras e a gentileza de Domingos e, quando já se preparava para encerrar a ligação, ele titubeou, mas perguntou se Beatriz poderia lhe fornecer o telefone de Leonor.

Beatriz não fez nenhuma pergunta, mas sorriu intimamente. Simpatizara muito com Domingos, e se Leonor despertara o interesse dele de alguma forma, ela torcia para que a amiga encontrasse a felicidade novamente, após ter sofrido tanta decepção ao lado de Eugênio.

Não precisou aguardar muito pelas novidades. No começo da noite, Beatriz recebeu uma ligação de Leonor contando que fora convidada para jantar com Domingos e que aceitara o convite sem hesitação.

Beatriz advertiu a amiga que tomasse precauções, pois era uma mulher recém-desquitada. E, apesar de acreditar no bom caráter do irmão de Herculano, Beatriz temia que ele fizesse mau juízo de Leonor após ela aceitar o convite tão prontamente.

Leonor divertiu-se com a preocupação de Beatriz, mas lhe garantiu que saberia se comportar e que não permitiria que Domingos tomasse certas liberdades. Saberia se impor, embora tivesse a clara percepção de que o irmão de Herculano era um homem de boa índole e respeitoso. Beatriz pediu que Leonor lhe desse notícias sobre o encontro assim que pudesse e desejou que fosse uma noite agradável.

A chegada a Porto Alegre foi cercada de expectativa. Toda a tranquilidade que Antônio sentiu durante o voo se esvaiu quando ele pisou em terras gaúchas.

Antônio e Herculano não arriscavam nenhuma previsão sobre o resultado daquela visita, por isso decidiram ir direto ao hospital. Caso fosse necessário, iriam depois para o Majestic, onde poderiam descansar e passar a noite. A previsão era voltarem para o Rio de Janeiro no dia seguinte, o mais cedo possível.

Diante da escadaria imponente da Beneficência Portuguesa de Porto Alegre, Antônio hesitou. Herculano colocou a mão firme no ombro do amigo, indicando que não era o momento de recuar. Eles estavam ali para cumprir uma missão solidária, da qual Antônio, para seu próprio bem, não deveria se furtar.

Ele teria de aceitar o confronto com a realidade dos fatos, ver com os próprios olhos a verdade de Eveline, que não era mais a amante doce e sensual com quem passara bons momentos, mas uma mulher frágil, que não conseguiu administrar sua decepção, sucumbiu às dores de uma perda e se entregou aos braços da desilusão sem nenhum apego à própria vida e resquício de amor-próprio.

Antônio respirou fundo e caminhou rumo ao inevitável.

Chegando ao andar indicado pela recepcionista, ele logo avistou o irmão de Eveline, que o visitara em seu escritório. Estava em pé no corredor e encostado na parede, com o abatimento do guerreiro em suas últimas forças.

Herculano e Antônio se aproximaram lentamente. Ao vê-los, Nelson sentiu as esperanças renovadas. Naquele momento, não conseguia enxergar em Antônio o causador de toda aquela tragédia, mas o homem que poderia trazer sua irmã de volta à vida.

Houve uma formalidade embaraçosa durante os cumprimentos, e Herculano aconselhou o amigo a entrar sozinho no quarto de Eveline.

Nelson mostrou-se contrafeito a essa ideia, mas Herculano, com sua paciência e sabedoria, conseguiu convencê-lo de que o encontro dos dois deveria ser privado, até para que Antônio se sentisse à vontade para expressar seus sentimentos. Diante da concordância de Nelson, ele e Herculano desceram para tomar um café, enquanto Antônio entrava no quarto.

A moça estava sozinha e entregue a seu insondável e impenetrável sono. Antônio aproximou-se com as pernas trêmulas, e lágrimas brotaram-lhe dos olhos ante a imagem serenamente pálida de Eveline. Um *bip* intermitente era acompanhado do som compassado do respirador ligado a uma máscara, que encobria parcialmente as feições descoradas que ele não ousou tocar.

Após alguns instantes de silenciosa observação, Antônio arriscou-se a pronunciar suas primeiras e inseguras palavras.

Enquanto falava pausadamente, ele rememorava todos os acontecimentos vividos desde o momento em que vira Eveline pela primeira vez. Mesmo sem nenhuma esperança de que ela pudesse ouvi-lo, prosseguiu abrindo seu coração como uma ferida a ser expurgada no afã da redenção.

Antônio repetiu pedidos de perdão inúmeras vezes, exaltou todas as qualidades admiráveis que Eveline possuía e fez um relato premonitório de tudo o que ela poderia ainda viver e usufruir em autêntica felicidade. Depois, rebaixou-se moralmente ao admitir sua falta de escrúpulos e sua assustadora capacidade de dissimular a própria vida sem nenhum constrangimento, revelando, chocado, aquela faceta de sua personalidade que ele encobria com uma vergonha inexorável e pungente.

Ele chorou até se sentir exausto e, ao voltar o olhar luzente para aquele rosto tão pouco familiar agora, sentiu que todo o seu esforço fora em vão. Antônio não percebera nenhuma alteração, nada. Eveline permanecia exatamente como ele a encontrara.

Abatido, Antônio finalmente tocou nos cabelos da moça, deu-lhe um suave beijo na testa e saiu combalido.

Ao fechar a porta atrás de si, Antônio perdeu a oportunidade de presenciar uma lágrima solitária escorrer lentamente pela lateral da fronte de Eveline.

Nelson foi taxativo ao afirmar que seus pais e seus irmãos não aceitariam nenhum tipo de encontro com Antônio, pois permaneciam inabaláveis em suas convicções sobre sua responsabilidade na desgraça que se abatera sobre Eveline.

Herculano tratou de levar o amigo para o hotel sem mais argumentações. O sentimento da família deveria ser respeitado, por mais que Antônio desejasse se justificar e se desculpar.

— Para tudo existe o momento certo, meu amigo. Faça sua parte da melhor maneira e confie na vida — disse Herculano.

Chegando ao Majestic, os dois amigos tomaram um banho e pediram um lanche no quarto. Antônio mostrava-se arrasado, sem apetite algum e, em dado momento, desabafou:

— Entendo tudo o que me disse sobre minha responsabilidade em toda essa situação, Herculano, mas foi muito doloroso me defrontar com Eveline naquelas condições. Como ela pôde amar tanto um homem como eu? Um homem tão desprezível?

Herculano deu um sorriso apático:

— Não foi essa a imagem que você "vendeu" a ela, Antônio. Não preciso lembrar, mas não me furtarei de fazê-lo... Você mentiu muito, meu amigo, e a mentira não pode trazer bons resultados, especialmente nesse contexto. Tenho uma curiosidade: até quando e até onde você pretendia, ou achou possível, levar aquela farsa?

— Meu Deus! Eu não sei! — Antônio respondeu extenuado. — Não pensei sobre isso. Você não entende? Apenas fiz, como milhares de homens fazem, pois sempre foi natural...

— Enganar, mentir, ludibriar não são atitudes naturais, Antônio. Por mais que sejam socialmente aceitas em determinados casos, não são atitudes naturais. Em nossa cultura machista, tudo isso sempre foi considerado aceitável, mas não significa que seja certo. E se Beatriz o traísse? Como você se sentiria?

Antônio levantou-se desconcertado:

— Do que você está falando? Nem sequer cogito essa possibilidade.

Reclinando-se na poltrona, Herculano relaxou ao dizer:

— Pois deveria. Não que eu desconfie da honra de sua esposa, não é isso... mas homens e mulheres, todos nós somos humanos. Somos espíritos imperfeitos em processo de grande aprendizado. Você acha que uma mulher é incapaz de admirar a beleza de um homem que não seja seu marido ou seu namorado? Você vê as mulheres como criaturas desprovidas de desejos e sentimentos?

— Você está falando bobagens...

— Não, Antônio. Eu estou falando verdades que não o agradam. E acredite que existem mulheres que estão despertando e não é de hoje. Mulheres que estão começando a não aceitar que sejam colocadas em posição de subservientes aos desmandos masculinos. E elas merecem nosso respeito e admiração.

— Eu nunca disse o contrário. A mulher tem uma posição familiar de extrema importância.

— Familiar?! — Herculano exclamou com uma sonora gargalhada. — Antônio, você é um homem culto! Faça-me o favor! As mulheres espartanas já gozavam de mais independência que as atenienses. Na revolução francesa, as mulheres ingressaram em uma ativa participação política e militar. "Não fiz a guerra como mulher, fiz a guerra como um bravo!", declarou Marie-Henriette Xaintrailles em sua carta indignada a Napoleão Bonaparte, por lhe recusarem pensão de ex-combatente do exército apenas porque era mulher. E agora, mais recentemente, você se esqueceu da importantíssima participação feminina na Segunda Guerra? Elas atuaram como pilotos de aviões, enfermeiras, telegrafistas, motoristas de caminhões, de ambulâncias...

— Certo, Herculano, já chega! Você já conseguiu me fazer sentir suficientemente ridículo e primitivo — respondeu Antônio com ares de rendição.

Herculano bocejou fortemente e esticou o corpo preguiçosamente, enquanto saboreava o despertar da consciência do amigo.

Após o cansativo embate intelectual, Antônio falou recuperando a mansidão:

— O mundo está mudando, a sociedade está mudando...

— Os valores morais também, mas ainda há um longo caminho pela frente. Nenhuma sociedade alcançará o progresso, enquanto houver o descaso, a ganância e o desrespeito entre os seres humanos.

— Fui egoísta e abjeto, mas agora não tenho como consertar meus erros. Não posso voltar atrás, Herculano.

— De fato, é impossível voltar no tempo, mas é totalmente possível criar um novo tempo.

— Não sei como fazer isso...

— Se seu desejo for autêntico e movido por sinceras boas intenções, quando você menos esperar, o palco no qual poderá reestrear sua vida se descortinará bem diante de seus olhos.

Capítulo 32

Leonor se preparara para uma noite agradável e divertida, ao mesmo tempo em que poderia exibir suas ideias de vanguarda e seu posicionamento independente diante da sociedade. Achou que seria capaz de impressionar seu acompanhante com suas opiniões sobre relacionamentos abertos e autonomia financeira e com um incrível *savoir faire* para administrar, sem temores, sua nova condição de desquitada.

Domingos era contido, paciente e um excelente ouvinte, mas não foi preciso muito tempo de conversa para Leonor perceber que estava diante de um homem diferente... Muito diferente de todos os que ela já conhecera.

Em breves comentários, Domingos expôs sua admiração pela coragem de Leonor diante da vida e dos fatos recentes que ocorreram em seu casamento, eximindo-se, no entanto, de tecer qualquer opinião sobre a conduta de Eugênio. Mas, ao mesmo tempo em que demonstrava respeito pela tenacidade de Leonor, ele procurava mostrar-lhe que sua concepção de felicidade era mais voltada a uma vida sem grandes aventuras, em que cada dia era vivido com leveza e tranquilidade, em uma relação sólida e baseada em cumplicidade e companheirismo. A maneira gentil com que Domingos se dirigia a Leonor a fez se sentir acolhida, como talvez nunca se sentira antes.

Para Domingos, o estilo arrojado de Leonor era interessante, mas ele conseguiu alcançar a alma da mulher, que permanecia oculta sob uma protetora aparência emancipada. E esse toque sutil atingiu de maneira precisa o coração de Leonor.

O jantar se prolongou pela noite, embalado por uma conversa cada vez mais fluida e fascinante.

Ao longo de seus anos de estudo e dedicação ao elemento humano, Domingos tornara-se um homem de vasto conteúdo intelectual e de uma grande sensibilidade e capacidade de análise imparcial, que faziam dele uma companhia muito agradável e enriquecedora. Leonor descobriu que seria capaz de ouvi-lo por horas sem se entediar.

Domingos não seguia diretrizes religiosas, mas mantinha um especial interesse pelos estudos de Herculano, sempre buscando ouvir suas explicações sobre o posicionamento da visão espírita em relação a fatos cotidianos. Ele aceitava e compreendia o caráter progressista, científico — pelo conjunto de fatos e fenômenos que foram analisados, pesquisados e catalogados por Kardec — e filosófico, por conduzir o homem a uma jornada de autoconhecimento, buscando seu aprimoramento e as respostas aos questionamentos da existência humana e sua finalidade.

Enquanto escutava com atenção as palavras de Domingos, Leonor se lembrava, em alguns momentos, das conversas que tivera com Beatriz e não lhe escaparam da memória os eventos ocorridos com a amiga e que envolveram Ismael. Era fascinante a possibilidade de vida após a morte. Leonor pensava também em como respeitava e admirava a forma como Beatriz conduzira toda a crise em seu casamento, comparando-a com sua própria atitude intempestiva de jogar os pertences do marido pela janela e apressar o desquite, mesmo sabendo das dificuldades sociais que enfrentaria com essa atitude.

Quando chegou em casa, Leonor ficou imaginando como seria se seu comportamento tivesse sido mais ponderado como o de Beatriz. Tentou simular seus dias em outros rumos, mas percebeu que agora isso era inútil. E nessa noite, ela decidiu que gostaria de buscar renovação na condução de seus passos, pois sentia uma necessidade premente de amadurecimento, de conhecimentos diversos e de paz. E seu coração dizia que encontrara os meios para ela atingir seus objetivos.

O retorno melancólico de Antônio não impediu que Beatriz percebesse uma sutil diferença na postura e nos sentimentos do marido diante dos acontecimentos. Embora estivesse profundamente triste com a situação de Eveline, Antônio finalmente começara a compreender os limites de sua responsabilidade.

O sentimento de culpa é aniquilador e impede o progresso pessoal, tornando-se um fardo improdutivo, um inútil excesso de bagagem. Quando a consciência nos alerta sobre nossas imperfeições, é por meio da reforma íntima que podemos seguir adiante. O ato de se perdoar muitas vezes pode ser extremamente difícil, mas é necessário e fundamental.

Cada ser humano age de acordo com seus conhecimentos e sua evolução moral, comete enganos de avaliação, age impensadamente, fere e é ferido, cai e se levanta continuamente. E é por meio de todas essas experiências que vai lapidando sua joia interior.

Antônio desejava recomeçar sua vida conjugal, sem levar a sombra do passado e o peso de suas ações equivocadas e que lhe trouxeram tanto sofrimento. Beatriz, por sua vez, o recebeu com carinho e nada lhe perguntou, mas, aos poucos, Antônio foi lhe contando detalhes da viagem e de seus sentimentos diante do quadro lastimável com o qual se deparou.

Antônio lamentou profundamente que sua presença não tivesse surtido nenhum efeito na recuperação de Eveline, mas tinha consciência de que fizera o que estava ao seu alcance para levar um pouco de alento àquela família. Beatriz fê-lo ver que era esperado que os pais e irmãos de Eveline não aceitassem recebê-lo e pediu que ele os compreendesse e não guardasse nenhuma mágoa.

Não havia mais nada que Antônio ou Beatriz pudesse fazer. Era preciso seguir em frente e rezar para que Eveline superasse aquele momento difícil e recuperasse sua saúde.

Embora seu sentimento solidário fosse sincero, Beatriz queria esquecer. Não suportava mais a energia que a cercava cada vez que revivia todo aquele episódio. Sabia que o marido ainda estava ligado a Eveline de alguma forma e temia por sua estrutura emocional, caso ela viesse a morrer ou permanecesse em estado vegetativo durante um longo tempo. Mas a melhor maneira de ajudar a si mesma e a Antônio era prosseguir com sua rotina e incentivá-lo a fazer o mesmo. E ela sabia que podia contar com o apoio de Herculano.

Ana Raquel escrevia sempre para o irmão e o tranquilizava sobre a situação dos pais. Cada um, à sua maneira, buscava reencontrar o equilíbrio por meio do aprendizado.

Perto de completar um mês que voltara de Porto Alegre, Antônio recebeu uma ligação em seu escritório e ficou perplexo e emocionado ao ouvir a voz de Eveline do outro lado da linha.

Ela falava com dificuldade e pausadamente devido ao período que ficara desacordada, mas teve condições de expressar seus sentimentos com uma tranquilidade que impressionou Antônio.

Eveline disse a Antônio que o perdoara e que o ouvira quando ele foi visitá-la no hospital, embora não conseguisse manifestar sua compreensão. Ela deixou claro que a profunda decepção que ele lhe causara fora quase fatal, que acreditara nos sentimentos de Antônio e que jamais imaginara que o namorado seria capaz de enganá-la de maneira tão vil. Eveline pensou que não seria possível superar a tristeza e que não conseguiria voltar a acreditar nos homens e no amor. Ela acreditava que viver sem esperanças era pior que a morte, e isso a levara ao ato extremo de atentar contra a própria vida.

Eveline narrou que não conseguia ter uma percepção clara do que ocorrera com ela no tempo em que permanecera em coma, pois tudo ainda estava confuso em sua mente. Ela, no entanto, disse ter uma forte impressão de que conseguira avaliar tudo o que lhe acontecera e sentia ter recebido algum tipo de auxílio amigo. Um auxílio que ela não sabia explicar, mas que atribuía a Deus de alguma forma.

Ela reafirmou que a família não conseguia perdoar Antônio, mas que em seu coração já não havia rancor. Admitiu sua fraqueza ante a adversidade, porém, disse saber agora que sua felicidade poderia ser reconstruída por suas próprias ações e por seus desejos. Agradeceu a visita de Antônio e confessou ter ficado sensibilizada com suas palavras, que a fizeram perceber que havia um lado bom e generoso no homem que ela julgava ser apenas o destruidor de sua vida.

Eveline se despediu desejando felicidades a Antônio e que ele jamais se esquecesse do quanto uma atitude impensada e leviana pode machucar e transformar vidas.

Ao final da ligação, Antônio seguiu para casa, onde encontrou Beatriz. Ao vê-la, ele a abraçou fortemente e pediu--lhe mais uma vez perdão por tudo o que fizera. Ele decidiu contar à esposa sobre a ligação de Eveline, e, quando terminou de relatar a conversa, ambos sentiram que o assunto estava encerrado em suas vidas e que ficariam apenas os dolorosos, mas grandiosos ensinamentos para cada um.

Meses se passaram, e Leonor estava cada vez mais próxima de Domingos. Não havia ainda entre eles um relacionamento amoroso, mas os dois estavam sempre que possível juntos e os laços que os uniam se tornavam cada vez mais fortes.

Uma tarde, Leonor esperava Domingos para um lanche em uma confeitaria, quando foi abordada por Eugênio, que acabara de chegar ao local desacompanhado.

Ao vê-la, ele se aproximou receoso, mas a reação de Leonor foi contida e, embora surpresa, foi quase indiferente.

Ele pediu licença para se sentar um instante, recebendo o consentimento de Leonor.

Ela o estudava com curiosidade.

Eugênio estava abatido, precocemente envelhecido, e seu olhar embaciado parecia uma janela aberta para lugar nenhum. Por outro lado, ele não podia negar que a ex-mulher estava radiante, com um viço que a tornava ainda mais atraente do que ele se lembrava. Os olhos de Leonor brilhavam, e havia nela uma aura de alegria desconcertante. Não se parecia em nada com a última lembrança que ele guardara, quando foi furiosamente expulso de casa.

Ela finalmente perguntou:

— Você me parece cansado, Eugênio. Não está dando conta de sua jovem amante? — foi difícil conter o sarcasmo, resquícios de uma história com um triste desfecho.

Eugênio a olhou aborrecido:

— Ela não é minha amante! Não mais. Desde que você me expulsou de casa e de sua vida, estamos vivendo juntos.

Leonor deu de ombros:

— Eu tinha certeza de que você correria para ela. Parecia muito ansioso por isso.

Ele pediu um café, ainda com o semblante tenso:

— Você está ótima, realmente deslumbrante.

— Desculpe-me a franqueza, Eugênio, mas não posso dizer o mesmo de você. As coisas não parecem muito bem. Problemas no trabalho?

Eugênio a olhava calado e relutante.

O garçom trouxe o café e se retirou, percebendo um clima pesado entre o casal. Leonor começou a se sentir incomodada com a presença de Eugênio, pois sua atitude a estava incomodando:

— Eugênio, sempre fui muito franca e não será agora que farei gênero com você. Parece que não temos muito a nos dizer. Você fica aí parado, me olhando... E eu estou aguardando uma pessoa, logo, se você puder se retirar, será melhor para ambos.

— Um novo amor? — ele questionou com visível desagrado.

— Não que lhe diga respeito, mas vou responder: estou aguardando um amigo e me sentiria melhor se ele não o encontrasse aqui.

— Que tipo de amigo é esse que não pode me ver com você?

Franzindo o cenho, ela respondeu secamente:

— Você está sendo desagradável. Por favor, deixe-me sozinha.

Nesse momento, a expressão de Eugênio se transformou. Com um olhar angustiado, ele se desarmou ao perguntar:

— Leonor, você já me esqueceu? Esse homem, esse amigo, não representa nada mais para você?

— Não estou entendendo sua atitude, Eugênio. O que isso lhe interessa? Não está feliz com sua nova mulher? — ela perguntou intrigada.

Ele abaixou a cabeça levemente e depois voltou o olhar para ela:

— Eu preciso lhe dizer que estava ansioso para encontrá-la. Você saiu de nosso apartamento, e eu não tinha ideia de para que lugar havia se mudado. Por que fez isso?

— Queria ir para onde ninguém me conhecesse e me afastar dos cochichos da vizinhança. Parece que ninguém tem mais o que fazer, a não ser cuidar da vida alheia.

— Eu a procurei tanto... Até na Santa Casa eu estive, mas não tive coragem de abordá-la em seu trabalho. Queria vê-la a sós.

Cada vez mais admirada, Leonor disse:

— Por que queria me ver? O que está acontecendo?

— Eu me arrependi, Leonor. Não estou feliz com a vida que tenho.

— Foi uma opção sua.

— Eu sei. Estava encantado por ela. Novas perspectivas, uma chama que reacendia em todo seu fulgor, uma vida promissora, leve e alegre.

— E o que mudou? — Leonor agora já não imprimia malícia em sua pergunta.

— Fomos morar juntos, e, em pouco tempo, tudo voltou a ser novamente uma rotina. Ela é obcecada pela ideia de ser atriz, está sempre participando de testes, vive estressada e frustrada. É ciumenta e possessiva e sempre me aborrece quando quero fazer algum programa que não a inclui.

— Compreensível. Ela sabe do que você é capaz...

— Não seja irônica, Leonor.

— Estou apenas citando o óbvio.

— Eu e ela já não saímos como no início. Você recebia um salário bem razoável, e não me esqueço de que colaborava com nossas contas, o que nos permitia pequenos prazeres, juntos ou não.

— Você continua indo ao Jockey?

Ele lamentou:

— Há tempos não vou lá. Ela ganha um pequeno cachê que mal dá para "seus alfinetes". Tive que começar a segurar meus gastos. Quando pedi que ela deixasse o trabalho para ao menos cuidar melhor de nossa casa, foi um drama. Estou exausto e desmotivado. Pergunto-me: onde foi parar aquele encantamento? Achei que estava iniciando uma fase maravilhosa em minha vida, contudo, agora percebo que os problemas estão voltando a se repetir, como se fosse um filme que já assisti, só que em uma versão mal-acabada e entediante. Eu e você nos entendíamos tão bem...

Leonor se lembrou do senhor que Beatriz encontrara na Santa Casa e que perdera a esposa:

— É, Eugênio, você foi vencido pela ilusão. Se algo não estava bem entre nós ao ponto de você se envolver com outra pessoa, poderíamos ter conversado e tentado achar uma resolução juntos. Você sempre soube que eu estaria aberta a esse tipo de conversa. Sempre fomos um casal diferente, fora dos padrões tradicionais, mas você achou que a solução seria buscar o novo, esquecendo-se de que tudo, cedo ou tarde, deixa de ser novidade. E o que fica é a natureza verdadeira dos sentimentos.

— Se arrependimento matasse... — ele a olhou de soslaio. — Você me daria uma nova chance? Quem sabe não conseguimos reconstruir nossa vida juntos? Agora, eu sei que nunca deixei de amá-la.

Com um profundo suspiro, Leonor respondeu sem hesitar:

— Não existe essa possibilidade. Ao contrário de você, estou muito satisfeita com minha nova vida. Tenho muitos planos e estou feliz. Viver sem você me abriu muitas possibilidades e não consigo me imaginar mais ao seu lado.

— Está com raiva de mim.

— De forma alguma. Apenas nosso reencontro confirmou o que já imaginava: eu não o amo mais.

Nesse exato instante, Domingos chegou e não foi necessário esperar pelas apresentações para perceber quem era o homem sentado com Leonor.

Eugênio levantou-se visivelmente contrafeito, despediu-se e saiu apressado.

Ao sentar-se diante de Leonor, Domingos foi objetivo:

— Você está bem?

Leonor respondeu com um olhar vago:

— A vida é realmente surpreendente, Domingos. Geralmente, as pessoas correm tão ávidas atrás da felicidade, que não percebem que ela está ao alcance das mãos e ainda acreditam que mudanças externas resolvem todos os problemas. Mas a vida é um ciclo, e as situações acabam se repetindo. E aí vêm a frustração novamente, a sensação de vazio e a busca pelo novo... — ela sorriu. — Eugênio está descobrindo isso agora.

— Você está certa. Essa busca incessante é uma característica bastante juvenil. Todos nós passamos por isso, e é algo natural, mas, para algumas pessoas, a maturidade emocional leva mais tempo para ser alcançada. E isso não é uma questão de idade cronológica. Leonor, a vida é como um grande pomar. Se quisermos colher bons frutos, precisamos plantar, regar e só então conseguiremos colher. Toda plantação está sujeita a intempéries diversas, contudo, quando acreditamos na qualidade do resultado, vale a pena investir e recomeçar. A terra pode mudar, o clima pode ser outro, mas em algum momento os problemas ressurgirão.

— Muito interessante essa metáfora — Leonor respondeu, enquanto seu pensamento criava asas. — E como as estações do ano, a vida tem seu tempo de recolhimento, de introspecção e de aconchego invernoso, porém, a primavera sempre chega com sua alegria e suas cores.

— Exatamente! A vida é cíclica, e nós temos de aprender a lidar com suas alternâncias sem medo e perseverando sempre. Tudo passa, e, cada vez que encaramos os problemas e buscamos soluções, nos tornamos maiores e mais capazes.

Os olhos de Leonor sorriram:

— Mas mudar também é bom.

Domingos respondeu também com um sorriso:

— Bom e muitas vezes necessário. Em algumas situações, é inevitável. Algumas terras, depois de um tempo, se tornam inférteis, e toda semente tem o direito a bons campos para poder germinar.

— Todos nós temos direito à felicidade.

— Não só temos direito, mas o dever de ser feliz também. E cada um de nós merece uma oportunidade de escolher seu caminho.

— É... Eugênio, no entanto, parece ter se equivocado em sua escolha.

— Ele terá que aprender a lidar com isso agora e cabe somente a ele fazer suas opções e decidir como prosseguir.

As palavras saíram adocicadas dos lábios de Leonor:

— Eu sinto que encontrei essa tal felicidade.

Domingos se aproximou, tocou suavemente o rosto de Leonor e disse:

— Meu maior desejo é fazer parte dela.

E o primeiro beijo entre eles selou o amor que nasceu calmo, devagar, chegando para ficar.

o recomeçar. A terra, onde mudando o clima pode ser outra, mas em algum momento os problemas ressurgirão.

— Muito interessante essa metáfora — Leonor respondeu, deixando seu pensamento criar asas. — É como as estações do ano, a água em seu tempo de recolhimento, de introspecção e de arrefecimento invernoso, porém a primavera sempre chega com sua alegria e suas cores.

— Exatamente! A vida é cíclica, e nós temos de aprender a lidar com suas alternâncias sem medo e perseverando sempre. Tudo passa, e cada vez que enfrentamos os problemas e buscamos soluções, nos tornamos maiores e mais capazes.

Os olhos de Leonor sorriram.

— Mas mudar também é bom.

Domingos respondeu também com um sorriso.

— Sim, e muitas vezes necessário. Em algumas situações é inevitável. Algumas terras, depois de um tempo, se tornam inférteis, e toda semente tem o direito a bons campos para poder germinar.

— Todos nós temos direito à felicidade.

— Não só temos direito, mas o dever de ser feliz também, e cada um de nós merece uma oportunidade de escolher seu caminho.

— Eugênio, no entanto, parece ter se equivocado em sua escolha.

— Ele terá que aprender a lidar com isso agora e cabe somente a ele fazer suas opções e decidir como prosseguir.

As palavras saíram espontâneas dos lábios de Leonor.

— Eu sinto que encontrei essa tal felicidade.

Domingos se aproximou, tocou suavemente o rosto de Leonor e disse:

— Meu maior desejo é fazer parte dela.

E o primeiro beijo entre eles selou o amor que nasceu calmo, devagar, chegando para ficar.

Capítulo 33

Rio de Janeiro, inverno de 1957.

Dentro do carro, ao som de "Meu vício é você" cantado por Nelson Gonçalves, Beatriz admirava a paisagem da cidade que tanto amava. Ao seu lado, Antônio segurava carinhosamente sua mão, enquanto um sorriso acompanhava seu olhar amoroso.

Foram muitas horas de voo, mas Beatriz sentia-se renovada. Ela e Antônio viajaram para os Estados Unidos, onde Henrique acabara fixando residência após se apaixonar pela adorável Audrey. Estavam casados havia dois anos e moravam em Minnesota, estado natal da moça.

A princípio, Beatriz ficara apreensiva, pois não conhecia a namorada do filho e temia pelas diferenças culturais. Mas, ainda durante o noivado, Audrey foi com os pais conhecer o Rio de Janeiro e a família de Henrique, e a harmonia do encontro foi o suficiente para eliminar as preocupações de mãe.

Beatriz ficara imensamente feliz pela oportunidade de passar alguns dias ao lado do filho e da nora na residência do casal em Minneapolis, uma cidade encantadora, repleta de cultura e graciosidade. Sua visita ao *Minneapolis Institute of Arts*, fundado em 1915, fora, sem dúvida, um de seus momentos inesquecíveis.

Beatriz, no entanto, estava igualmente radiante por voltar para casa e para perto de sua primeira netinha, Thereza, filha de Ana Raquel e Rubens. O casal vivia feliz em um pequeno, mas confortável apartamento próximo à Praça do Lido, em Copacabana. Com a chegada de Thereza, Ana Raquel deixara de dar aulas temporariamente, contudo, garantira que, quando a filha estivesse um pouco maior, retomaria suas atividades. Não concebia a ideia de deixar de lecionar e era apoiada integralmente pelo marido.

Neusa passou a trabalhar na casa de Ana Raquel a pedido de Beatriz, pois lá ela seria mais necessária nos cuidados de Thereza. Beatriz e Antônio, agora vivendo sozinhos, podiam administrar suas vidas e a casa sem maiores contratempos. Neusa, no entanto, insistiu em fazer a faxina uma vez por semana na casa dos ex-patrões, e Beatriz achou que seria perfeito assim.

Domingos dirigia atento ao trânsito. Ele se mudara definitivamente para o Rio de Janeiro após iniciar seu romance com Leonor e morou durante meses na casa de Herculano, que o recebeu com imensa alegria. O lar de Herculano se parecia com um enorme e afetuoso coração.

Leonor estava feliz e nunca fizera nenhum tipo de cobrança ao namorado, mas ele tomara a iniciativa de apressar a união dos dois. O casal enfrentou alguns preconceitos em sociedade e uma ou outra maledicência que fazia referência a Leonor e à sua condição de desquitada. Ela já se acostumara à situação e procurava ignorar as más línguas, mas Domingos preocupava-se. Como não havia ainda divórcio no Brasil, ele decidiu levá-la para uma viagem ao Uruguai, país pioneiro na legalização do divórcio em 1907 e primeiro país sul-americano a conceder o direito feminino ao voto em 1932. Lá, eles se casaram, oficializando, assim, a união.

O casamento foi uma surpresa para Leonor. Domingos providenciara tudo em segredo e, no retorno, houve um grande jantar comemorativo na casa de Herculano.

Domingos e Leonor foram buscar o casal amigo no aeroporto. Enquanto ela ouvia as novidades sobre a América, se apressava animada a comentar os fatos em voga na cidade, sem caber em si de contentamento por ter ganhado de Beatriz um LP de Elvis Presley, o grande astro do *rock and roll.*

No Brasil, dois assuntos dominavam as rodas de conversas: o primeiro era a recém-estreia, aos dezesseis anos, de um jovem de apelido Pelé, que, jogando pela seleção brasileira de futebol na Copa Roca, fez seu primeiro gol contra a seleção da Argentina em pleno estádio do Maracanã. Após a derrota de 1950, o torcedor brasileiro vibrava com o rapaz que já mostrava ser a grande promessa do futebol nacional. Antônio jamais esquecera a cena que presenciara na saída do mesmo estádio, na final da Copa do Mundo de 1950, mas a lembrança de estar acompanhado de Eveline parecia agora uma foto antiga e desfocada do passado. O segundo assunto girava em torno da grande expectativa da população ante a mudança que o presidente Juscelino Kubitschek faria de transferir a capital federal para Brasília. Mas no Rio de Janeiro, em particular, um nome estava intrigando a população e os meios de comunicação: Daniel dos Anjos. Quem seria ele?

Naquela mesma noite, Herculano marcou um jantar para recepcionar Antônio e sua esposa. Estavam presentes, além de Domingos e Leonor, Ana Raquel, Rubens e a pequena Thereza, afilhada de Herculano.

A grande família do anfitrião enchia a casa de alegria, e a noite transcorria feliz entre conversas, risadas infantis e excelente comida até que, em determinado momento, Leonor comentou:

— E o Daniel dos Anjos?

Todos se entreolharam, e Antônio de repente falou entre divagações:

— É um grande mistério, mas parece ser um homem de muito conhecimento e educação primorosa.

— Será um religioso? — questionou Dorotéia, a cunhada de Herculano, querendo participar da conversa, mas sem nenhum conhecimento de causa, já que jamais lera um único artigo de Daniel dos Anjos. — Ou será algum charlatão querendo enganar as pessoas?

— Não creio que seja um religioso — respondeu Domingos. — Embora em seus textos haja menções frequentes a questões espirituais, ele faz análises com abordagem filosófica de notado conhecimento. Com certeza, é um homem culto.

— Não sei quem ele é — interveio a esposa de Herculano. — Sei apenas que o que ele escreve está fazendo muito sucesso. Não se fala de outra coisa! Todos aguardam com ansiedade sua publicação quinzenal em um dos jornais mais importantes da cidade. É, de fato, surpreendente.

— O que você pensa sobre isso, Herculano? — perguntou Antônio.

Passando a afilhada, com quem brincava enquanto conversava, para os braços da mãe, Herculano suspirou e deu um largo sorriso:

— Daniel dos Anjos é, sem dúvida, alguém que espero ter ainda o prazer de conhecer. Acompanho seus escritos desde a primeira publicação, e lá se vão mais de seis meses. Ele é muito lúcido em suas colocações, e a diversidade de assuntos que ele trata é de grande relevância para as pessoas, pois as fazem refletir sobre suas próprias vidas.

— É verdade — completou Ana Raquel. — Ele apoia a conquista de novos direitos das mulheres, sem parecer feminista, e exalta o papel da mulher como mãe e dona de casa, sem o viés machista.

— Me parece ser um homem judicioso — expôs Rubens.

Herculano retomou a palavra:

— O mais interessante é a maneira como ele coloca as questões espirituais no cotidiano de todos, explicando como podemos inserir esse conhecimento em nossas vidas, buscando encontrar mais equilíbrio, compreensão e felicidade. Ele, no entanto, faz isso de uma maneira que suas palavras, simples e objetivas, alcancem todos os tipos de leitores, o que deve justificar uma grande parcela de seu sucesso. E não tenho dúvidas de que ele estudou as obras de Kardec com afinco.

— Me parece alguém a ser levado em conta e consideração — concluiu Domingos.

Ana Raquel parecia intrigada:

— Por que será que ele jamais apareceu em uma fotografia? As revistas são repletas de novidades todas as semanas, mas nenhuma, apesar de toda a especulação, conseguiu obter mais informações sobre ele.

— Eu já ouvi dizer que ele, apesar da inteligência, é um velho de aparência terrível e que a visão de sua figura seria motivo de pesadelos para qualquer um. Deve ter ficado assim devido a algum acidente horroroso, um incêndio, sabe? — voltou a opinar a cunhada de Herculano com os olhos assustados e vidrados, arrancando pequenos sorrisos discretos de todos.

— Tal qual *Le Fantôme de l'Opéra*[1] — provocou Herculano com uma risada, enquanto a cunhada se benzia ao sinal da cruz sobre o peito.

Leonor, que após acender a discussão, ficara apenas observando atenta a cena, indagou:

— E você, Beatriz, o que pensa disso tudo? Está tão calada.

Ela deu algumas piscadelas rápidas, como se tivesse sido despertada subitamente de suas contemplações:

— É de fato algo intrigante, mas, sinceramente, pouco me importa quem ele é ou sua aparência física. Se o que ele escreve está levando algo bom aos leitores, isso é o que interessa. No entanto, compreendo que quanto mais mistério, mais curiosidade.

— Pode ser uma boa jogada publicitária. Se for, está no caminho certo — concluiu Ana Raquel.

— Não credito a nesse caminho, porque a postura de Daniel dos Anjos é bem séria. Ele não me parece alguém que se utilizaria de publicidade para algum fim — opinou Herculano.

A cunhada de Herculano decidiu que aquele assunto estava demasiadamente chato:

— Alguém tem acompanhado a série *Falcão Negro*? Costumo assisti-la com meus sobrinhos. Todos sabem que sou recatada em minha viuvez e que nada nesta vida me traz mais alegria ou alento, mas aquele ator, o Gilberto Martinho, é um tipão! Não acham?

Herculano olhou para a esposa com um brilho nos olhos, e ela entendeu a mensagem que ele estava passando. Durante anos, ele conversou com a cunhada, procurando mostrar-lhe a importância do desligamento sincero

1 - O Fantasma da Ópera.

do marido ausente, para que ele pudesse prosseguir em paz em sua caminhada espiritual. Fora muito difícil convencê-la sobre a continuidade da vida, pois ela se recusava a abandonar o sofrimento e o luto e ainda temia ser confundida com mulheres desavergonhadas e considerada leviana por não honrar a memória do marido. Agora, no entanto, parecia que Dorotéia estava retomando a graça da vida e quem sabe, em breve, ela aceitasse que ainda era jovem e que estava em tempo de reconstruir sua vida. Não tivera filhos, e tanto Herculano como sua mulher temiam pelo seu futuro, desejando-lhe apenas seu bem.

A reunião terminou tarde, quando todas as crianças foram vencidas pelo cansaço. Foi um encontro maravilhoso entre amigos sinceros e queridos, que seguiram para suas casas felizes, mas ainda com uma pergunta no ar: quem era Daniel dos Anjos?

Antônio e Herculano eram agora membros da diretoria da empresa na qual trabalhavam havia muitos anos e já corria "à boca pequena" que eles estavam estudando a viabilidade de, muito em breve, adquirirem ações da companhia para se tornarem sócios. Os negócios iam muito bem, e a situação financeira de ambos estava cada dia mais confortável e segura.

Antônio chegara a sugerir a Beatriz que comprassem um novo imóvel, talvez em Ipanema, um bairro mais tranquilo que Copacabana e repleto de novidades, e morarem mais perto da filha e da neta. Mesmo tentada, Beatriz preferiu continuar em sua casa no Grajaú, bairro que considerava a extensão de seu lar.

Depois que Ana Raquel e Henrique saíram de casa, Antônio ficou preocupado com a solidão de Beatriz. Ela já não fazia seu trabalho na Santa Casa havia anos, e, depois que Neusa foi cuidar de Thereza, ele achou que a esposa ficaria perdida, sem rumo.

Apesar dos temores de Antônio, ele podia captar, no entanto, uma grande tranquilidade na alma de Beatriz. Ele saía cedo para o escritório e voltava apenas perto da hora do jantar e sempre encontrava a esposa bem-disposta e alegre.

Incentivada por Antônio, ela costumava contar-lhe sobre seus dias quando se reuniam na sala após a refeição. A rotina de Beatriz era composta de cuidados com a casa, algumas saídas para compras, muitas leituras, alguns eventuais encontros com Leonor ou com alguma vizinha amiga e operar a máquina de escrever, que Antônio sabia ser quase um brinquedo para Beatriz. Talvez nela ela escrevesse seu diário, já que nunca mostrara ao marido o que escrevia. Antônio, no entanto, não se importava, pois apenas queria ver a mulher feliz.

As viagens a trabalho sempre fizeram parte da vida de Antônio, mas nunca mais houve qualquer tipo de situação constrangedora em relação a elas. Fosse qual fosse o lugar para onde ele teria de ir, Antônio sempre mantinha contato por telefone com Beatriz, deixando-a ciente de seus compromissos e de sua agenda. Todas as noites, ele ligava para a esposa apenas para lhe dar boa-noite e agia assim por opção e por sentir que dessa forma alegrava o coração de ambos.

Nunca mais passara pela cabeça de Antônio manter qualquer tipo de relacionamento extraconjugal. Todo o episódio com Eveline trouxera muito sofrimento a todos, mas também lhe dera a dádiva de um recomeço e de uma nova concepção sobre a vida.

Antônio renovou seus valores morais e os transmitiu principalmente ao filho Henrique, contribuindo, assim, para a nova geração com uma postura de respeito e honestidade nas relações pessoais ou profissionais e rejeitando para sempre os ideais machistas adquiridos culturalmente durante toda a vida.

Ele amava a mulher com quem se casara, a admirava e sabia que não queria viver sem sua família, o que o afastava de qualquer possibilidade de novas traições. Amava, acima de tudo, a segurança, a felicidade e o aconchego familiar e acreditava que nada valia mais que isso.

Capítulo 34

A revelação

A sala de reuniões estava particularmente agitada naquela manhã. O presidente do grande jornal estava presente, e isso raramente acontecia. Ele estava cercado por alguns dos mais importantes diretores, do editor-chefe, de secretários e dos jornalistas de renome da empresa.

O calor da expectativa deixara todos inquietos, pois dessa reunião sairia a decisão de um passo que daria mais fôlego ainda ao já reconhecido sucesso do impresso.

Em uma mesa ao canto da sala e supervisionada por uma secretária estavam várias caixas repletas de cartas. Eram cartas de leitores endereçadas a Daniel dos Anjos. Todas continham elogios a seu trabalho e algumas traziam agradecimentos pelas palavras escritas pelo misterioso colunista. Leitores narravam o renovado impulso de vitalidade após o contato com os artigos do escritor e a felicidade da descoberta de novas maneiras de encarar a vida. Muitos também lhe faziam perguntas sobre a espiritualidade ou sobre como solucionar um determinado problema que estavam enfrentando. Eram tantas cartas, que já estava se tornando difícil organizá-las.

Nenhuma dessas cartas, no entanto, teve uma resposta, simplesmente porque o jornal não sabia como fazê-las chegar ao destinatário, fato que nunca impediu que elas continuassem se acumulando a cada dia.

Um funcionário fora escalado para cuidar exclusivamente da correspondência, procurando justificar a ausência de contato por parte de Daniel dos Anjos e contornando a situação sempre com sucesso.

Enquanto aguardavam o início da reunião, o presidente Toledo Costa conversava com Randolfo, o editor-chefe:

— Deixamos isso ir longe demais. Já deveríamos ter buscado contato com Daniel dos Anjos há mais tempo. Uma hora seria insustentável mantê-lo longe dos holofotes — disse um sisudo Toledo.

— O senhor tem toda razão, Randolfo. Mas, conforme fomos percebendo a excelente repercussão de cada coluna publicada e como os artigos continuavam chegando pontualmente a cada quinzena, achamos que, por ora, bastava continuar brindando os leitores com os belos textos. Só não imaginávamos que as buscas por contato via correspondência começariam a se intensificar. Aí, realmente a situação ficou complicada.

— Você correu um risco ao aceitar publicar pela primeira vez um artigo de um total desconhecido. Um artigo enviado pelo correio, apenas com a assinatura e sem nenhuma informação adicional sobre o autor do trabalho.

— Eu sei disso, mas, assim que passei os olhos naquele primeiro texto, percebi que ele continha tudo o que os leitores gostariam de ler: esperança, coragem, determinação e respostas para questionamentos existenciais.

— E você acertou em cheio! E, hoje, finalmente vamos conhecê-lo! O senhor fará mesmo o convite para que ele integre a equipe de redação?

— Evidente que sim! Além de continuar a produzir seus textos, ele poderá ser aproveitado em outros trabalhos. Já vimos que talento ele tem de sobra.

— Faremos uma grande matéria divulgando sua contratação, e isso vai gerar um *frisson* na sociedade e grande visibilidade para nosso jornal.

— Ele está demorando. Você tem certeza de que esse homem virá? Não sabemos nada mais sobre ele. Pode ser que nem apareça...

— Quando ele finalmente nos enviou um endereço de caixa postal junto com o texto da quinzena, solicitei de imediato que entrasse em contato comigo.

— Sim, eu sei, mas você não conseguiu falar com ele.

— Mas recebi a ligação de sua secretária, com quem pude marcar esta reunião e de quem recebi a garantia da presença dele.

Bufando, Toledo disse encerrando a questão:

— Talentoso e excêntrico pelo jeito! Vamos aguardar apenas mais alguns minutos, pois não tolero atrasos.

O salto alto e fino estava absolutamente em harmonia com o *tailleur* elegante e sóbrio. Os passos eram firmes e sem hesitação, embora houvesse um leve tremor interno diante das possibilidades que se aproximavam. No entanto, era tarde demais para recuar. Ela se aventurara e agora teria que encarar a situação com determinação.

Quando a porta da sala de reuniões se abriu, ela entrou com uma bem dissimulada segurança:

— Bom dia, senhores. Beatriz Mendes.

Os homens a olharam decepcionados e desinteressados.

Após alguns segundos, Randolfo respondeu sem buscar esconder sua contrariedade:

— Bom dia, senhora. Não contávamos com sua presença. Onde está o senhor Daniel dos Anjos?

Toledo, mais impaciente e objetivo, não esperou a resposta:

— Minha senhora, é realmente um prazer estar diante de uma bela mulher, mas não aceito que o senhor Daniel envie sua secretária como representante. Fomos claros sobre a reunião ser diretamente com ele. Já esperamos demais. A reunião está cancelada. Talvez marquemos uma nova data, se ele resolver ter uma postura mais profissional. Pode enviar meu recado.

Beatriz puxou uma cadeira e se sentou, mais por suas pernas instáveis do que por confiança na continuidade do encontro. Depois, deu uma breve olhada para o rosto retesado de Toledo:

— Eu sou Daniel dos Anjos!

Quando Antônio chegou para o jantar, a mesa não estava posta e a casa se encontrava parcialmente às escuras. Estranhando o silêncio e a falta de movimento, ele foi para o quarto, onde encontrou Beatriz saindo do banho:

— Querido, desculpe. Acho que me atrapalhei com o horário. Estarei pronta em minutos — ela concluiu, enquanto dava um beijo no marido.

— Está tudo escuro lá embaixo, e não vi a mesa posta para o jantar.

— Desculpe mais uma vez, Antônio. Eu deveria ter lhe telefonado para consultá-lo. Vamos sair para jantar.

— Assim, no meio da semana? Alguma ocasião especial?

— Pode-se dizer que sim. Alguma objeção?

— Não, de forma alguma. Apenas estranhei. Pode me adiantar o que está acontecendo?

— Se importa se falarmos com calma no restaurante? — ela sorriu.

— Termine de se arrumar, enquanto tomo uma ducha rápida.

Em menos de uma hora, já saboreavam um vinho à mesa.

Beatriz estava muito feliz com o seu dia, mas, apesar de confiar na anuência do marido, o que tinha para contar a Antônio ultrapassava qualquer coisa que ele pudesse imaginar. A reação do marido era uma incógnita, o que estava deixando Beatriz com um pequeno receio.

Antônio mudara muito, mas o futuro de Beatriz agora, e consequentemente da família, iria sofrer uma grande mudança, e ela não sabia como o marido iria administrar as novidades. Beatriz, por fim, decidiu enfrentar a questão:

— Querido, sei que você talvez fique bastante surpreso, talvez chocado, mas gostaria de poder contar com sua aprovação.

— Você está me deixando preocupado. O que está havendo?

Ela relutou por uns instantes e disse:

— Eu sou Daniel dos Anjos.

Antônio a olhou perplexo:

— O que você está dizendo?! Isso é algum tipo de charada, de brincadeira?

— Não, meu querido, é a mais pura verdade.

Bebendo um gole de vinho, ele disse aturdido:

— Você pode me explicar?

Beatriz, então, começou a narrar como os fatos se sucederam.

Quando Antônio foi a Porto Alegre com Herculano para visitar Eveline, Beatriz decidiu que precisava se ocupar para não manter sua energia voltada para a preocupação gerada pela situação. Ela sentou-se, abriu a caixa de sua máquina de escrever e começou a produzir um texto, sem autocensura, deixando que seu coração conduzisse suas mãos.

Ao terminar o texto, Beatriz ficou admirada com a qualidade do que escrevera e com o conteúdo profundo de sua mensagem. Ela manteve o papel nas mãos por alguns momentos, e uma forte sensação de bem-estar a envolveu. Beatriz não sabia descrever exatamente o que sentiu a seguir, mas percebeu-se totalmente relaxada. Ela se deitou e fechou os olhos, mas tinha convicção de que não dormira profundamente. Acreditava que apenas tirara um rápido cochilo.

O pensamento de Beatriz permaneceu ativo, e ela teve a nítida impressão de ouvir alguém lhe dizendo para confiar que ela iria conseguir compartilhar seus escritos, mesmo que por meios inesperados. Logo depois, quando se levantou, ela tomou a decisão de continuar escrevendo.

Durante muitos meses, enquanto estava sozinha em casa, Beatriz produzia pequenos artigos, que falavam sobre situações cotidianas, sentimentos diversos como o amor-próprio, a compaixão, o respeito e a empatia. Ela discorria em seus textos sobre escolhas que todos temos que fazer, sobre a lei da causa e efeito e sobre a grandiosidade de nossa existência como espíritos capazes de transformar a vida em uma experiência fascinante, rica em possibilidades e feliz.

Beatriz acabou criando coragem e decidiu enviar seus textos para algumas revistas, acompanhados de uma carta em que se apresentava e esclarecia os objetivos de seu trabalho. Ela perdeu a conta de quantas vezes fora sumariamente ignorada e de outras tantas em que recebera apenas uma fria resposta em poucas linhas que definiam o desinteresse na publicação do material.

Depois de um longo tempo e de inúmeras decepções, Beatriz recebeu uma carta que considerou uma repugnante demonstração do machismo que imperava naqueles tempos. A carta fora enviada pelo editor de uma importante revista e nela ele esclarecia que, apesar do conteúdo voltado para o universo feminino, não havia na empresa nenhuma mulher ocupando o cargo de jornalista ou de redatora e que, embora tivessem qualidade, os textos de Beatriz não possuíam a perspicácia e o talento masculino em sua elaboração e certamente não despertariam o interesse geral se publicado sob a assinatura de uma mulher. O editor finalizou a carta dizendo ainda que era preciso vender matérias com credibilidade e perguntando o que uma dona de casa realmente teria a oferecer aos leitores.

Beatriz ficou muito indignada e foi assim que tomou a decisão de utilizar um pseudônimo. Não sabia que nome utilizar, mas, ao acordar em uma manhã, veio à sua mente aquele nome: Daniel dos Anjos. Ela, então, voltou a enviar os artigos, agora assinados sob o pseudônimo.

Um jornal finalmente decidiu fazer a primeira publicação, e ela quase não coube em si de contentamento quando se deparou com o exemplar com seu texto impresso. Beatriz, no entanto, conseguiu se controlar por não saber como as pessoas reagiriam. E, assim, foi enviando novos artigos a cada quinze dias, e o jornal prosseguiu publicando cada um deles.

Beatriz sabia que estava agindo sem pensar em nada, apenas no seu desejo de escrever e enviar as matérias. Ela começou a ficar curiosa sobre o rumo que aquilo tudo tomaria e preferiu guardar segredo. Beatriz, que sempre fora tão adequada e contida, foi arrebatada por um inesperado sentimento de transgressão juvenil que a divertia, e o palpite de não estar prejudicando ninguém a motivou a seguir em frente.

Quando o nome Daniel dos Anjos se tornou o assunto mais comentado dos últimos tempos, Beatriz decidiu, por fim, que era hora de se revelar ao jornal e que contaria para a família apenas depois de ter certeza de que a reunião seria bem-sucedida. E foi o que fez.

Ao final da narrativa, o coração de Beatriz batia no compasso da espera, da promessa de ser compreendida pelo marido e de não ser levada a julgamento por uma atitude inconsequente.

A expressão de Antônio remetia à esfinge, impassível e impenetrável, levando Beatriz a uma súbita constatação da irreverência de suas atitudes. Ela era uma senhora, mãe e avó, e sua postura não condizia com seu papel na sociedade.

Sua alma, no entanto, não aceitava esse fato. Ela não concordava com esse papel e sentia-se plena e satisfeita com suas atitudes, apesar da insegurança que o silêncio do marido lhe transmitia.

Lentamente, a mão de Antônio deslizou sobre a toalha, pousando em seguida sobre a mão contraída de Beatriz:

— Como você está diferente! Você mudou muito nesses últimos anos.

— Isso significa exatamente... — ela murmurou firmando o olhar.

— Que agora me dei conta de que, embora imprevisível, a vida é muito poderosa e que você está ainda mais encantadora e atraente. Existe hoje uma força de dimensão extraordinária em seus passos e uma autonomia poderosa que convivem em perfeito equilíbrio com sua doçura e feminilidade. E nem vou mencionar sua ousadia — ele concluiu com um sorriso breve.

— Você não vai me censurar, então?

— Como eu poderia? Você foi extraordinária, surpreendente, progressista! — Beatriz corou levemente.

— Sua ação foi transformadora para a vida de muitas pessoas. Não é à toa que Daniel dos Anjos se tornou esse sucesso absoluto. Mas... e quanto a essa reunião? Qual foi o desfecho?

Retomando o entusiasmo, ela respondeu sorrindo:

— Querido, você precisava ver a cara do Toledo, o presidente do jornal. Ele havia acabado de enviar um recado malcriado para Daniel, e logo em seguida eu me identifiquei. Percebi que ele teve que fazer um esforço imenso para não perder as estribeiras e confesso que, naquele instante, achei que seria colocada para fora.

Os dois riram, enquanto Antônio tentava visualizar a cena:

— Você se arriscou demais. Se lhe faltassem com o respeito, eu teria que ir tomar satisfações, e você sabe que eu o faria sem hesitar.

As palavras de Beatriz soaram repletas de ternura:

— Você mencionou as mudanças pelas quais passei, mas você também está muito diferente. Você se desvencilhou de uma carga que não pertencia à sua essência, descobriu o caminho para suas verdades e passou a viver baseado nos conceitos justos e fundamentais para uma existência terrena proveitosa e engrandecedora.

— Fico feliz que me veja dessa maneira. Sinto que as mudanças pelas quais passamos foram graduais e sólidas — ele deu um profundo suspiro, e seu olhar perdeu-se na névoa em sépia. — Só lamento que a origem de tantas transformações tenha sido o sofrimento.

— Meu querido, isso ficou no passado. E acredite que sou grata a cada um dos momentos pelos quais passei, inclusive os mais difíceis.

— Você diz isso de forma tão natural e com tanta tranquilidade...

— Algumas vezes, cheguei a pensar em como estaria minha vida se você não tivesse sucumbido à vaidade masculina e se nada daquilo tivesse acontecido. Não sei que tipo de mulher eu seria hoje. É impossível prever como estaria minha vida. Talvez, eu ainda estivesse trabalhando no hospital e sofrendo com a distância de nossos filhos agora casados... Não sei. Não consigo realmente imaginar.

— Se você não tivesse descoberto minha...

— Não diga nada. A vida atuou como um maestro perfeito, que conduz a orquestra à excelência. E todos nós soubemos captar o compasso e acompanhar o ritmo sem ensaio, direto ao palco, o que nos poupou repetições que só propagariam nossa dor.

— Você está certa. Todos nós, no final, soubemos converter a dor em energia de transformação positiva, e o resultado só poderia ser a paz e a felicidade.

— Por isso, mesmo que não as deseje, repito que sou grata às adversidades quando elas surgem — Beatriz sorriu.

— Mas, voltando ao assunto, o que aconteceu depois que esse Toledo ficou parecido com uma berinjela?

Antônio arrancou uma gargalhada de Beatriz.

— Houve um burburinho, e a desordem se instalou no local. Alguns membros da diretoria quiseram se retirar, e outros foram um tanto agressivos ao classificar meu comportamento como uma grande piada de mau gosto. No entanto, o editor-chefe, Randolfo, conseguiu arrefecer os ânimos, e conseguimos concluir a reunião. Toledo insistiu que eu continuasse a escrever como Daniel dos Anjos, disse que seria forjada uma personalidade e mantido o mistério, mas é claro que recusei a proposta.

— Estou ansioso! Enfim, o que aconteceu?

— Quem bateu o martelo, afinal, foi o próprio Toledo. Ele não só aceitou que eu passasse a assinar meus artigos como Beatriz Mendes, como me contratou como colaboradora do jornal. Não serei uma funcionária do jornal, mas receberei um pagamento justo pelo trabalho que realizar.

Uma equipe vai administrar essa revelação de forma a gerar um impacto positivo no público, contudo, eu já deixei claro que darei minha própria versão dos fatos, mostrando que as mulheres podem e devem contribuir das mais diferentes formas para o desenvolvimento mundial.

Antônio se levantou, puxou Beatriz com carinho para perto de si e beijou seus lábios, sem se importar com as pessoas ao redor:

— Tenho um orgulho imenso de você, minha querida.

— Nossa vida vai sofrer uma grande mudança. Você já parou para pensar que sua esposa está prestes a se tornar uma figura pública? Que muitos irão me admirar, mas, talvez na mesma proporção, outros irão me criticar?

— Claro que sim.

— Está disposto a enfrentar tudo isso ao meu lado?

— Nada me deixará mais honrado. Eu amo você, Beatriz. Obrigado por fazer parte da minha vida.

Epílogo

A repercussão acerca da verdadeira identidade de Daniel dos Anjos foi, como era de se esperar, bombástica. Homens e mulheres mais tradicionalistas criticavam e previam vida curta ao sucesso de Beatriz Mendes, mas muitos a festejaram desejando que seus artigos continuassem levando conforto, ensinamentos e boas reflexões aos público.

Beatriz foi convidada para dar entrevistas na rádio, na televisão e até nas revistas que recusaram inicialmente seu trabalho.

Ana Raquel e Henrique sentiram um orgulho imenso da coragem da mãe e a admiravam mais a cada dia.

Leonor, sempre considerada uma revolucionária independente, fez gracejo ao saber da novidade, dizendo que voltara ao jardim de infância e que teria muito a aprender com Beatriz sobre emancipação feminina. Ela ficara muito feliz com o novo projeto da amiga.

Herculano se emocionava ao ver a harmonia conquistada por aquela família tão querida, pois tinha um especial afeto por cada um. Às vezes, ele se pegava observando Leonor, agora esposa de seu irmão, e Beatriz. Ambas possuíam personalidades e histórias distintas, mas cada uma, conforme o conhecimento que tinham, soube conduzir seus passos rumo à felicidade.

Leonor, mais impulsiva, não cogitou aceitar a traição do marido e enfrentou com coragem o preconceito e a incerteza de um recomeço solitário. Beatriz, agindo com mais ponderação, soube refazer a história de sua família ao lado do marido. Não havia, portanto, uma atitude certa ou errada. Cada uma buscara o caminho que poderia conduzir à felicidade. Eram situações diversas, vivências espirituais distintas, mas o importante é que ambas souberam aproveitar cada acontecimento para crescer e construir novas esperanças. E com suas atitudes, permitiram que os que estavam próximos também participassem ativamente com seus aprendizados pessoais.

Elas semearam amor, compreensão e coragem e agora colhiam os frutos da realização pessoal envolta em felicidade e paz.

Herculano estava em um de seus momentos de quietude, sentado no jardim de sua casa, admirando o frescor de fim de tarde. Em silêncio, admirava a metamorfose lenta do céu, que se mostrava tingido das cores solares e quentes mescladas aos tons azuis, suaves, intensos e quase negros da noite. Ele reverenciava toda a criação Divina, a beleza da existência de todos os seres e a oportunidade de fazer parte dessa grande aventura da vida.

Porque é assim: viver, aprender, ousar e crescer. Deixar como legado uma presença construtiva, um nome a ser lembrado com amor e, entre erros e acertos, uma conduta a ser admirada e respeitada.

O sentido da vida está em cada coração.

Viva e seja feliz!

Fim

Coordenadora editorial: Tânia Lins
Coordenador de comunicação: Marcio Lipari
Capa e projeto gráfico: Jaqueline Kir
Diagramação: Rafael Rojas
Preparação: Janaina Calaça
Revisão: Equipe Vida & Consciência

1ª edição — 1ª impressão
5.000 exemplares — março 2017
Tiragem total: 5.000 exemplares

CIP-BRASIL — CATALOGAÇÃO NA PUBLICAÇÃO
(SINDICATO NACIONAL DOS EDITORES DE LIVROS, RJ)

M476c

Mello, Rose Elizabeth
Como esquecer / Rose Elizabeth Mello. 1. ed. - São Paulo : Vida & Consciência, 2017.
320 p. ; 23 cm

ISBN 978-85-7722-531-6

1. Romance espírita 2. Espiritismo. I. Título.

17-40378 CDD: 133.9
CDU: 133

Este livro adota as regras do novo acordo ortográfico (2009).

Vida & Consciência Editora e Distribuidora Ltda.
Rua Agostinho Gomes, 2.312 — São Paulo — SP — Brasil
CEP 04206-001
editora@vidaeconsciencia.com.br
www.vidaeconsciencia.com.br

Grandes sucessos de
Zibia Gasparetto

Com 17 milhões de títulos vendidos, a autora tem contribuído para o fortalecimento da literatura espiritualista no mercado editorial e para a popularização da espiritualidade. Conheça os sucessos da escritora.

Romances
pelo espírito Lucius

A verdade de cada um
A vida sabe o que faz
Ela confiou na vida
Entre o amor e a guerra
Esmeralda
Espinhos do tempo
Laços eternos
Nada é por acaso
Ninguém é de ninguém
O advogado de Deus
O amanhã a Deus pertence
O amor venceu
O encontro inesperado
O fio do destino
O poder da escolha
O matuto
O morro das ilusões
Onde está Teresa?
Pelas portas do coração
Quando a vida escolhe
Quando chega a hora
Quando é preciso voltar
Se abrindo pra vida
Sem medo de viver
Só o amor consegue
Somos todos inocentes
Tudo tem seu preço
Tudo valeu a pena
Um amor de verdade
Vencendo o passado

ROMANCES
EDITORA VIDA & CONSCIÊNCIA

Amadeu Ribeiro

A visita da verdade
Juntos na eternidade
O amor não tem limites
O amor nunca diz adeus
Reencontros
Segredos que a vida oculta vol.1
A beleza e seus mistérios vol.2
Amores escondidos vol.3

Ana Cristina Vargas
pelos espíritos Layla e José Antônio

A morte é uma farsa
Em busca de uma nova vida
Em tempos de liberdade
Encontrando a paz
Intensa como o mar
O bispo
O quarto crescente
Sinfonia da alma
Loucuras da alma

André Ariel

Surpresas da vida
Em um mar de emoções
Eu sou assim

Carlos Henrique de Oliveira

Ninguém foge da vida
Tudo é possível

Carlos Torres

A mão amiga

Querido Joseph (pelo espírito Jon)

Eduardo França

A escolha

A força do perdão

Enfim, a felicidade

Vestindo a verdade

Vidas entrelaçadas

Evaldo Ribeiro

Eu creio em mim

O amor abre todas as portas

Flávio Lopes

A vida em duas cores

Uma outra história de amor

Floriano Serra

A outra face

A grande mudança

Nunca é tarde

O mistério do reencontro

Ninguém tira o que é seu

Gilvanize Balbino

pelos espíritos Ferdinando e Bernard

O símbolo da vida

De volta pra vida (pelo espírito Saul)

Leonardo Rásica

Celeste - no caminho da verdade

Lucimara Gallicia

pelo espírito Moacyr

O que faço de mim?

Sem medo do amanhã

Lúcio Morigi

O cientista de hoje

Marcelo Cezar

pelo espírito Marco Aurélio

A última chance

A vida sempre vence

Coragem para viver

Ela só queria casar...

Medo de amar

Nada é como parece

Nunca estamos sós

O amor é para os fortes

O preço da paz

O próximo passo

O que importa é o amor

Para sempre comigo

Só Deus sabe

Treze almas

Tudo tem um porquê

Um sopro de ternura

Você faz o amanhã

Maura de Albanesi

pelo espírito Joseph

O guardião do Sétimo Portal

Meire Campezzi Marques

pelo espírito Thomas

A felicidade é uma escolha

Cada um é o que é

Mônica de Castro
pelo espírito Leonel

A força do destino
A atriz
Apesar de tudo...
Até que a vida os separe
Com o amor não se brinca
De frente com a verdade
De todo o meu ser
Desejo – Até onde ele pode te levar? (pelos espíritos Daniela e Leonel)
Gêmeas
Giselle – A amante do inquisidor
Greta
Impulsos do coração
Jurema das matas
Lembranças que o vento traz
O preço de ser diferente
Segredos da alma
Sentindo na própria pele
Só por amor
Uma história de ontem
Virando o jogo

Rose Elizabeth Mello

Desafiando o destino
Verdadeiros Laços
Os amores de uma vida
Como esquecer

Sérgio Chimatti
pelo espírito Anele

Apesar de parecer... Ele não está só
Lado a lado
Ecos do passado
Os protegidos
Um amor de quatro patas

VIDA & CONSCIÊNCIA
EDITORA

Rua Agostinho Gomes, 2.312 – SP
55 11 3577-3200

contato@vidaeconsciencia.com.br
www.vidaeconsciencia.com.br